日本の15歳はなぜ学力が高いのか？

5つの教育大国に学ぶ成功の秘密

CLEVERLANDS

The Secrets Behind the Success of the World's Education Superpowers

ルーシー・クレハン　橋川 史——訳
オックスフォード大学教授　苅谷剛彦——解説

早川書房

CLEVERLANDS

The Secrets Behind the Success of the World's Education Superpowers

by

Lucy Crehan

Translated by

Fumi Hashikawa

First published 2017 in Japan by

Hayakawa Publishing, Inc.

This book is published in Japan by

arrangement with

Unbound

through Japan Uni Agency, Inc., Tokyo.

私を教室に招いてくれたすべての先生たち、
そして私が頼めばきっとそうしてくれた、すべての先生たちへ

序文

今、この深い洞察に富んだ本が出版されようとする時点で、国際比較というもの、なかでも定期的な大規模調査を重要な情報源とする国際比較は、自国の教育システムや教師養成トレーニングを改革したいと考えている国々にとって、政策決定の重要な要因となっている。気がかりなことは、その調査結果を、自分の国が遅れているのではないかという危惧を国民に植えつけて、「あの国々の成績を見て、わが国の結果を見てごらんなさい。私が言いたいのは……」というような主張に利用する目的で使うことが多くなっていることである。

この種の悪用や意図的にゆがめた解釈だけでなく、フィンランドにおける教育改革の歴史をじゅうぶんに掘り下げないというような、甚《はなは》だしい過ちも存在する。国際比較には、倫理的配慮というものが必要だ。しかし、このことはあまりにも頻繁に無視される。国際比較の結果はきわめて慎重に取り扱う必要がある。データと解釈はまったく違うものだ。理にかなった国際的分析というものは、当然ながら、厳正かつ複雑なものであり、現在の状況だけではなく、社会や経済の中での複雑な相互作用や、過去の物事から生じる要因や傾向をも理解する必要がある。そうすることではじめて、特定の法的権限における「現在の状況」が、ある程度まで理解される。

ルーシー・クレハンは、数量的な面ばかり注目されていた国際比較に、生き生きとした、質的側面を加えた。本書は、国際間の比較から何らかの洞察を得たいと思っている人たちには必読の書であり、また、自分に都合の良い事実だけを取り上げる、無責任で近視眼的な「いいとこ取り」には活《かつ》を入れるものでもある。しかし、彼女の功績はさまざまな調査にたんに「彩りを添える」というようなものではない。優れた社会科学者、自然科学者がみなそうであるように、ルーシーは観察というものが理論に基づくということを熟知している。観察には、精密に見るためのレンズとしての理論が必要であり、その観察結果が、理論にさらに磨きをかける。ルーシーが書いたこの本には、彩りをはるかに超えたものが盛り込まれている。さまざまな国で教育がどのように機能しているかが、深く掘り下げられ、見通されている。異国の文化に興味を持っている人も、自分の仕事に生かしたいと思っている人も、本書を読むことで、非常に価値のある洞察が得られることだろう。本書をぜひ、教師や親たち、そして政策立案者たちに、隅から隅まで読んでもらいたいものである。

ケンブリッジ・アセスメント
評価研究および開発部門グループディレクター
ティム・オーツCBE（大英帝国三等勲爵士）

目次

第一章
出発！　最高の教育システムを探す旅へ

　校門の脇に座っている守衛の方へと歩きながら、気がつくと、私は頬《ほお》の内側を噛んでいた。ムッとするほど暑い上海《シヤンハイ》の夏のせいで、せっかくのおしゃれな靴も、中がベタベタして気持ちが悪かった。私は頭の中で、わずかに覚えてきた標準中国語を繰り返した。「我是老師《ウオシーラオシ》（私は教師です）」「我是《ウオシー》英国人《イングオレン》（私はイギリス人です）」「我看学校吗《ウオカンシユエジヤオマ》（学校を見ていいですか）？」

　授業時間帯に行って面倒をかけるようなことはしたくなかったので、私は朝早く、子どもたちが色とりどりのジャージ姿で登校する前に来たのだが、やはり守衛は思ったとおり、困った顔をして肩をすくめるだけだった。そして待った。私も待った。いかにも立ち去ってほしそうだったが、私は動かなかった。それからにっこり笑った。彼は受話器を取った。私の中国語力では、電話で何を話しているのかはわからなかったが、「見知らぬイギリス人女性が門の外に立って、学校を見たいと言っています。誰か英語の話せる人をよこしてくれませんか？」というようなことだろう。彼は受話器を置いた。私が「謝謝《シエシエ》（ありがとう）」と言うと、軽くうなずいた。

数分後、花柄のワンピースを着た小柄な女性が校庭を急ぎ足で横切って来た。その顔には好奇心と緊張がうかがえた。

「こんにちは！　お騒がせしてごめんなさい。お忙しいのはわかっているのですが」

女性は笑顔になると、丁寧にうなずいてから、「どんな御用でしょう」と言った。

私は、自分がイギリスから来た教師であり、上海の子どもたちは国際テストですばらしい成績を収めているので、どんな教育をしているのか、とても興味を持っていると話した。「もしご迷惑でなければ、学校を見学させていただいて、どんなことをやっているのか学びたいのです。日を改めて、うかがってもいいでしょうか」

いきなり門前に現れるのは、その地域で学校訪問をする機会が得られなかった場合の最後の手段だった。私はすでに、上海の極貧地区の学校で一週間教え、富裕層が暮らす地域の実験校でやはり一週間、授業とインタビューと見学をしていた。そこで是非とも、自分が滞在している教師宅に近い、上海郊外の住宅密集地にある、ごく普通の地域の学校に行ってみたくなったのだ。私の計画は、教師たちと生活を共にし、生徒たちとおしゃべりをし、「ビッグデータ」では掬《すく》えない文化の機微に耳を傾けて、この中国の巨大都市の、学校システムを理解することだった。ここに来たのは、上海の一五歳児たちが、読解と数学と科学のテストで、他のどの国や地域の同年代の子どもたちよりも優れた成績を収めているからだ。私はその手法を知りたかった。

私は教師である。ロンドンの貧しい地区の総合制中等学校で、三年間教えた。そこは貧困家庭の子どもたちのための学校だった。そういう事情のせいもあって、試験の成績も軒並み低調だった。仕事はきつかった。お昼を食べる暇もない日が何日もあり、トイレに行けないときすらあった。というのも、提出されていない宿題を回収しようと生徒たちを探し回ったり、前夜の一一時半までかかって作った教材のプリントをコピーしたりしていたからだ。私は家族に愚痴をこぼしたが、本当は、そんなことは少しも気にしていなかった。当時は、教師の仕事とはそういうものだと思っていたからだ。

本当にこたえたのは、これほどがんばって仕事をしても、私が教えている子どもたちに、たいした変化をもたらせないことだった。長々とした授業計画の作成、膨大な量の採点、こまめなデータ入力など、仕事の大部分は、上から与えられた目標を達成して、いちかばちかで学校視察に合格しようとする学校側の要請によるものだった。あとに残った時間とエネルギーだけでは、生徒の多くが直面している制度上の不利を乗り越えさせることは、とてもできなかった。そんな生徒の一人、ダナは、第一〇学年科学第四グレードだった。つまりダナは当時一五歳で、八つある科学のクラスの第四クラスに属していて、二年前にこのクラスに振り分けられて以来、「職業資格」取得を目指して勉強してきた。このコースはカリキュラムをこなすことだけを主眼にしていて、その内容は、受験資格を取るためのもう一つのコースより難易度が低かった。そのため彼女は上のレベルの科学の授業を受けられなかった（だから当然、大学で科学を学ぶこともできない）。

保護者面談のとき、私はダナと母親に、この職業コースで、彼女はCグレード（中等学校修了時の統一試験〔GCSE〕でA～Cグレードを取ると、大学進学コースに進める）に匹敵するぐらいの成績を取っていると言った。母親が目を輝かせた。「すごいわ！　ダナが科学が得意なのは知っていました。この子は科学の先生になりたがっているんです」ダナも微笑んで言った。「ええ、私、経験を積めるようにと思って、おばさんの学校にしばらく行かせてもらうことにしたんです」しかしイギリスの教育システムでは、この時点までに一つ上のレベルの科学の授業を受けないと、ダナが目標を達成するのは（あるいは、それに向けて勉強することさえ）、もう無理だった。しかし、こんなことにならずに済んだはずだ。もし彼女がもっと良い学校に行っていれば、もっと良い教師についていれば、もっと財産があって、もっとましな援助を受けられていれば。言い換えると、もっと良いシステムで教育を受けていれば、少なくとも目標を目指すことはできた。

私は、どうすれば教育システムがもっとうまく機能するようになるかを知りたくなった。教師がへとへとになるまで働かなくても、生徒がもっと成果をあげ、もっと良い機会を得られるようにするために、教育システムはどのようなサポートができるだろう。そこで私はその答えを海外に求めた。しかし、どの国が「うまく」やっているのか、どうすればわかるだろう。さまざまな国の教育の成果を比較する客観的な尺度があるだろうか？　その教育成果は、本当に価値のあるものだろうか？

PISAをめぐる政治

「ヨーロッパは子どもたちをダメにしている」[1]

「世界調査で判明、アメリカの生徒は世界に追いついていない」[2]

「PISAテスト――イギリスは伸び悩み、上海はトップクラス」[3]

「PISAの報告によれば、オーストラリアの十代の教育水準は一〇年前より低下」[4]

「ノルウェーは負け犬」[5]

「ＯＥＣＤの調査――フィンランドの十代は読解力一位」[6]
「カナダは科学テストでトップの栄冠」[7]

三年ごとに、新聞各紙にこのような見出しが躍る。ＰＩＳＡ（Programme for International Student Assessment）と呼ばれる国際テストの結果に言及しているのだ。このテストは読解力、数学的リテラシー、科学的リテラシーの三分野について行なわれる。参加する国々は、一五歳児の代表サンプルとして選ばれた子どもたちにテストを受けさせる。このプログラムが始まった二〇〇〇年には、四三カ国が参加した。それから一五年、テストの知名度が上がるにつれ、参加国はどんどん増えた。二〇一五年のＰＩＳＡには七一カ国が参加したが、これらの国々で世界経済の約九割を占めている。教育テストを受ける子どもの数の表現として、経済を引き合いに出すのはおかしいと思う人もいるかもしれない。しかしそれには立派な理由がある。このテストを行なっているのが経済組織、つまりＯＥＣＤ（経済協力開発機構）なのだ。

なぜこれほど多くの国が、このテストへの参加を決めたのだろう。この疑問には、二つの答えがある。一つはきわめて単純で、もう一つは少し皮肉だ。まず、ＯＥＣＤは、「義務教育の修了期にある生徒たちが、身につけた知識を実生活のさまざまな状況においてどの程度活用でき、社会の一員となるためにどの程度備えができているか」を、このテストで測定できるとしている。各国政府は、このテストで、もう一つの国際テストである国際数学・理科教育動向調査（ＴＩＭＳＳ）の結果を補完する情報を得ることができる。ＴＩＭＳＳは第八学年（日本では中学二年）の生徒が、それぞれの国で学ぶ数学と理科のカリキュラムをどれだけ習得したかを測定するものであり、どの程度活用できるのかを測定するものではない。[8]

両方の調査の結果は、科目、問題のタイプ、生徒たちの家庭事情等によって分析される。テストに参加した各国政府はそこから自国の教育システムの長所と短所がどこにあるかを見極めて、あるべき姿に向けた教育改革、能力開発、財政支援の追加などのターゲットにする。さらに、PISAは知識をたんに記憶、再生する能力ではなく、応用力を測定する目的で入念に作成されているので、PISAに参加すれば、自国の教育システムがどの程度までこれに成功しているかを確認することができる。このため、中国は二〇〇九年に上海の生徒たちを参加させることにし、二〇一二年と二〇一五年には他の数都市からも参加させた。

各国が国際テストに参加するのには、もう一つ別の、皮肉な理由がある。じつは、PISA自体が、その皮肉な理由に端を発している。PISAの構想と実施は、アメリカの共和党とフランスの社会党が手を結ぶという、めったにない事態が引き金となって始まった。当時の米大統領ロナルド・レーガンは、一九八三年の『危機に立つ国家』という、アメリカの教育に関する報告書（名前がまさにその結論を表している）の唖然とするような内容にショックを受け、国家レベルの改革を実行しようとした。しかし、教育はもっぱら自分たちの権限内の問題だと考える各州政府の抵抗に遭った。そこで彼は、教育政策を大統領の権限下に置くため、これを国際的な問題にできる方法を探した。

大西洋の向こうでは、フランスの国民教育相ジャン＝ピエール・シュヴェーヌマンが、自分の主張する教育改革の正しさを証明するために、彼がエリート主義的とみなしているフランス教育システムの欠陥を実証したいと考えていた。二人が必要としていたのは、さまざまな国の教育成果を比較できるような国際教育調査だった。彼らはその実現をOECDに持ちかけた。文化の異なる多くの国や地域を対象に、三つの分野における問題解決能力を正確に評価しようという試みは、非常に壮大な事業であり、開発には時間がかかったが、二〇〇一年、最初のPISAのテスト結果が発表された。そして世界各国の政府によって、教育改革の口実に使われた。ノルウェーでは、当時の大臣がさっそく、ノルウェーのひどい成績を教育改革遂行のためのスタートダッシュの材料として活かすと表明した。[9]アメリカでは、PISAの結果が、連邦の「学校アカウンタビリティ（成績責任）プログラム」（別名「トップへの競争」）の正当性を示す重要な根拠として使われた。ニュージーランドでは、物議を醸《かも》していた改革を擁護するためにOECDのデータが使われたことから、これを「OECD酔い」と呼ぶ教育者もいた。[10]

PISAの結果を改革の推進力として使うこと自体は悪いことではない。ドイツの人々は二〇〇一年に、自国の教育システムは世界一だと思っていたのに、じつは読解でも数学でも科学でも平均以下で、しかもOECD各国の中でも最も公平性を欠いた国の一つであると知った。いわゆる「PISAショック」だ。そこで教育に関する議論が巻き起こり、自己分析が行なわれ、テレビシリーズが制作された。多くの州で、科学的根拠に基づいたさまざまな改革が行なわれた結果、教育システムは改善され、PISAの成績もそれ以後一〇年以上にわたって上昇してきている。

もちろん、PISAのテストの一番のセールスポイントは、教育の特定の分野における成果が確認でき、もっと大きな成果をあげているように見える他国の教育システムから学ぶことができる点だ。

政治家たちは、それこそが自分たちのやっていることだと言っている。しかし悲しいことに、それを鵜呑《うの》みにはできない。政治家でなくても誰しもそういうところはあるが、彼らはとくに、自分に都合の良い証拠だけを選びたがる。最高の成果をあげているシステムの中から、自分の腹案を援護するようなデータや特徴だけを取り上げて言及し、自分たちが提案する改革案に疑問を投げかけるような証拠は無視する。[11] だからこそ、成果をあげている教育システムはどんなことをしているのか、データに基づいて行なわれた分析は何を提言しているのか、そういうことを、もっと多くの人たちがもっとたくさん知ることがとても重要になる。そうすれば、費用ばかりかかって効果がないかもしれない改革に政治家たちが着手する前に、待ったをかけることができる。

旅の動機とその方法

ここまで述べてきたような事柄は、すべてどこかに書かれているものだが、それを読んでいる人は少ない。そういう情報には、各国の報告書、ＯＥＣＤによる国際的な分析（読みたい刊行物が次々と出されるがとても読みきれない）、さらに教育コンサルタント、学者、ジャーナリストが次々と出す批評、分析、解説等がある。[12] いくつかは本書でも使用しているし、また本書で出したさまざまな結論は、ＯＥＣＤが出した結論と一致している（といっても、ＯＥＣＤの結論に引きずられたわけではない）。多くの専門家や学者による分析はきわめて貴重であり、彼らは私よりずっと有能だが、彼らが示しているのは全体像の半分でしかない。そこには効果量（統計用語。効果の大きさを表す）のような数値は盛り込まれているが、人間は除外されている。何と何が相互に関連しているかは説明できるが、それぞれの物事が文化とどう関係しているかは説明できない。「何」を知ることはできるが、「なぜ」や「どうやって」を知ることはできない。[13]

雨の降るイギリスで「成績上位」の国々とその教育システムに関する報告や分析を読みながら、私はこの国々を、もっと広く、深く、そっくり丸ごと理解したいと、心の底から願った。疑問が次々に浮かんだ。「教室内はどんな感じだろう？」「シンガポールの親たちは、自分の国の教育システムは優れていると思っているんだろうか、それともよその方がいいと思っているんだろうか？」「フィンランドの子どもたちにとって、学校が七歳まで始まらないのは、どんな意味があるんだろう。私は自分の子どもをフィンランドの学校に行かせたいと思うだろうか？」ＯＥＣＤの報告書を読めば、さまざまな国々の政府による取り組みについて何でも知ることができたし、学術論文にはどの政策がどんな効果をあげているかが書かれていたが、それぞれの国の事情を背景に、教育が全体としてどのように機能しているのかは、自分の目で見なくてはわからなかった。それをやらないうちは、全体像は見えてこなかった。

こんないろいろな疑問が心に浮かんだのは、ちょうど私が修士課程を終えかけていて、まだ定職もなく、住宅ローンもなく、子どももいないときだった。つまり、私をイギリスに繋ぎ留めるものは何もなかった。そこで私は、ある友人が「イカレた休暇」と呼んだものに足を踏み出すことにした。まず、ＰＩＳＡ成績上位国で働く教師たちのメールアドレスをインターネット上で選び出し、彼らの学校に少しだけ行って手伝いをさせてもらえないか、また、彼らのところに二、三週間滞在させてもらえないかとお願いをした（当然ながら、母は当時、この計画に渋い顔をした）。それから、頭がおかしいんじゃないかと思われたら誰も応じてくれないだろうと気づき、iPadを開いて、できるだけ正気に見えるように心がけながら、短い自己紹介ビデオを作って彼らに送った。

当時、PISAで成績トップ一〇に入っていた国や地域の中から、私は上海とシンガポールを、飛び抜けた高得点を取っているという理由で選び、日本を、小さな都市国家ではなく大きな国だという理由で選び、フィンランドを、最近まで東アジアを凌《しの》いでいた唯一の西欧の国であるという理由で選び、カナダを、文化的、地理的な多様性にもかかわらず上位に入っているという理由で選んだ。そして、最初に行こうと考えた国、フィンランドの教師たちにメールを送り、それから待った。もし誰も返事をくれなかったら、「教育に関するご意見を聞かせてください。話しかけて！」と大きく書いたカードを持って、ヘルシンキのコーヒーショップに座って待つという、もしものときのプランを実行することになるかもしれない、などと考えていた。ところがなんと、嬉しいことに、クリスティーナという教師が返信をくれた（彼女は次の章に登場する）。世界じゅうの教育者たちは、すばらしく心が広くて偏見がなく、私を彼らの学校に招き入れてくれるということがわかった。本書を執筆する上で彼らが果たしてくれた役割には、いくら感謝しても感謝しきれない。

それぞれの国へ訪問するとき、私は、教育関係者のお宅に滞在して彼らのライフスタイルと文化をできるだけ深く理解しようと努め、その教育システムの典型例とはいえない「ピカピカの」学校に案内されるのを避けるために、非公式な手段で学校訪問をし、学校関係者たちが私に慣れて普段通りでいられるように、一つの学校に少なくとも一週間は通うという方法を取った。[14] 一つの国に約四週間滞在し、そのうち三週間、学校に行った。教えたり手伝ったりしながら、常に質問をした。インタビューの中には記録に残した公式のものもあったが、たいがいは、地下鉄の中や、帰り道や、麺類のどんぶりをはさんでの、私的な雑談だった。私は仕事熱心な用務員や、傑出した指導者や、死に物狂いの中学生や、絶望した親たちに話しかけた。そんなふうにして、教育に対するさまざまな取り組み（そしてその背後にあるさまざまな考え）について、じつに多くのことを学んだ。本書で私は、みなさんを「世界最高水準」の教育システムへの旅にお連れし、そのいくつかをご紹介しよう。

問題はどこに？　私の意見

自分の研究をいろいろな場で発表し始めた頃、発表のあとでよく言われたのは、「なぜＰＩＳＡを重要視すべきなんですか？　テストの結果だけが教育ではないでしょう」というような、質問というよりも意見というべきものだった。ごもっとも。もしＰＩＳＡを重要視しないなら、ＰＩＳＡの成績上位国がどんな教育をしているか、気にすべきではないだろう。それはたいへん結構なご意見だし、よく指摘される点でもある。というのは、ＰＩＳＡの結果をめぐる騒動のせいで、各国政府が教育の非常に狭い測定値にばかり目を向け、子どもたちの教養的な知識や、社会の一員という認識や、個人的、社会的特性などを発展させるような、教育の持つそれ以外の重要な目的に悪影響を与えているという見方があるからだ。たしかにイギリスやアメリカの一部でそういうことが起きているのは間違いないようだし、それを擁護するつもりはない。ＰＩＳＡのランキングばかり重視して、幅広いデータを自国の教育システムを良い方向に導くための情報として使おうとしない政府の一例だ。しかし、だからといって、ＰＩＳＡやＴＩＭＳＳに意味がないとは私は思わない。

教育には、読解や数学や科学の能力より大事なものがあることは、誰でも知っている。しかしそれと同じように、その幅広い教育には当然、読解と数学と科学が含まれていることも、誰もが知っていることだろう。私が調査してみようと思った疑問の一つは、ＰＩＳＡの成績上位国は、この三分野でだけ成績が良く、他のすべてを犠牲にしているのか、それとも、数学、読解、科学に費やす時間を大きく増やすことなく、この三分野における理解や能力の向上をもたらす方法があるのか、というものだった。子どもたちが学校を出て人生に踏み出すうえで、この三分野で少なくとも基本的な水準に達していることは、とても重要だ。それにイギリスでは、現時点で、どの教科でもじゅうぶんな対応ができていない。二〇一二年にＰＩＳＡのテストを受けたイギリスの一五〜一六歳児の一七パーセントが、読解における習熟度の基準レベル（レベル２）に達していなかった。これは、ＯＥＣＤでは、彼らは「効果的かつ生産的に社会に参加するために必要不可欠なスキルを備えていない」とみなされていることを意味する。数学では、基準レベルに達していない子どもの割合は二二パーセント、つまり五人に一人以上になる。

コラム① レベル２とは、具体的にどんなもの？

レベル２に達しないとは、以下のような問題に正解できないことを意味する。

レベル２ ＰＩＳＡ数学問題

ヘレンは自転車で遠出して、最初の一〇分間で四キロメートル進み、次の五分間で二キロメートル進みました。

次のうち、どれが正しいでしょう。

A．ヘレンの平均速度は、最初の一〇分間の方が次の五分間より速かった。
B．ヘレンの平均速度は、最初の一〇分間も次の五分間も同じだった。
C．ヘレンの平均速度は、最初の一〇分間の方が次の五分間より遅かった。
D．この文章から、ヘレンの平均速度について知ることはできない。

（答えはB）

読解問題では、一五〜一六歳の子どものほぼ五人に一人が、その下のレベルの問題にしか正しく答えられなかった。例えば次のような問題だ。

レベル1a　PISA読解問題

歯磨きについて

歯は長く強く磨けば磨くほどきれいになるか？

イギリスの研究者たちは、ならないと言っている。彼らは実際にさまざまな磨き方を試し、完璧な歯の磨き方を見つけた。あまり強くなく二分間磨くと、いちばん良い結果が得られる。強く磨くと、食べかすや歯垢《しこう》がきれいに取れないし、エナメル質と歯茎を傷つける。

歯磨きの専門家ベンテ・ハンセンは、歯ブラシをペンを持つように持つのがいいと言う。「一方のコーナーから始めて、歯並びに沿って磨いていきましょう。舌を磨くことも忘れずに！　じつは舌には、口臭の原因になるバクテリアがたくさんいる可能性があります」

この文章は何についてのものですか？

A．最も良い歯の磨き方について。
B．最も良い歯ブラシについて。
C．良い歯の重要性について。
D．人それぞれの歯の磨き方について。

（答えはA）

ここに挙げた問題からわかるように、習熟度の基準レベルはかなり低い。しかも対象者は、学校で一一年も学んで、義務教育を終えようとしている者たちだ。ＯＥＣＤは何の根拠もなくこのレベルを設定したわけではない。オーストラリア、カナダ、デンマーク、スイスにおける子どもたちの研究に基づいている。これらの研究では何年にもわたる子どもたちの追跡調査が行なわれ、この基準レベル（レベル2）に達しない者は、より高度な教育課程に進んだり職に就いたりした場合、厳しい状況に直面しがちであることがわかった。[15] これは経済だけの問題ではない。人生において何をしたいと思うにしろ（プロのスケートボーダーになりたいとか、レストランのオーナーになりたいとか、家庭を持ちたいとか）、この程度の基礎的なスキルもないようでは、生きることがとても大変になり、自分の夢をかなえる機会も減っていく。

したがって、PISAの測定結果の中でも、この基準レベルに達した生徒の割合は、どの国にとっても重要な数値にちがいない。しかし、着目すべき点はそれだけではない。もう一つ重要なことは、PISAの最高レベルに達した子どもたちの割合だ。誰もが基準レベルには達しているものの、複雑な問題を解決できるほど頭の良い者が一人もいないような国ではまずいだろう。さっきとはまた別の基準で測定された、レベル5と6に到達した子どもたちの割合が必要だ。もちろん、最もよく知られている測定値は平均値で、新聞の見出しを賑わし、各国の成績を端的に示すという役割を果たす。

しかし、それで終わりではない。もし、レベル6以上の点を取った子どもたちがみな裕福な家庭の子だったら、そして基準レベルにも届かない子どもたちが、みな「貧困線」上かそれ以下の暮らしをしていたら、あなたはどう感じるだろう。それは不公平ではないだろうか。社会背景とテスト結果との連関は、世界じゅうで見られる。そしてその多くは生徒の家庭環境に起因していて、教育システムはこれを良くも悪くもできる（完全に是正する責任を持つ必要まではないが）。この測定値（生徒の環境が得点結果に与える影響）は「公正さ」を測るためのものだ。レベル2になんとか達した生徒の割合、レベル5と6に達した生徒の割合、平均値に加えて、この測定値があれば、考察を進めていくにはじゅうぶんだ。けれども必要に応じて、子どもたちの心の健康や、本書で旅する五カ国で報告されている幸福度のような、計測が困難なものについても触れていきたい。

特定の結果を重視すれば、それだけで最良の方法が自動的に明らかになるというわけにはいかない。重視すべき価値観や達成したい目標と、望んだ結果をもたらすために実際に「機能する」もののあいだには、決定的な相違がある。価値観や目標は、高いところから教育に携わる人たち（親、教師、政治家、実業家）によって叫ばれるべきだろう。彼らの掲げる価値観や目標は、民主国家においては、正当で重要なものだ。しかし、どうやったら望ましい結果をもたらすことができるだろう。その答えは、世界に目を向けなければ、つまり具体的な証拠を見つけなければ得られない。また数値、関連性、分析結果を見るだけでなく、子どもたちを観察し、教師たちの声に耳を傾け、大きな構想を探し、これらすべてを繋ぎ合わせ、組み合わせて出来上がる、より完成度の高い理想像を目指す必要がある。

本書を読むことで、より大きな理想像の一部を分かち合っていただきたい。私は、その理想像の一部を構成している、世界で最も優れた教育システムを有する五つの国と地域の教育がどのようなものなのかをお見せし、なぜそれらの国と地域が成果をあげているのか、手がかりをいくつか示そう。それらの国や地域の歴史、文化的要素、能力の異なる子どもたちへの教育方法、教師という仕事を魅力的なものにするための政府の取り組み、親の考え方や方針が子どもの成績に及ぼす影響なども、垣間見ることができるだろう。また、それらの国や地域の成功の根底にあるものを知るためには、人々の心理に目を向けることがどんなに大切かがわかるだろう。では、フィンランドに行こう。

第二章　落ちこぼれを出さないために

「木は根元から登るもの」

——フィンランドのことわざ

「遅くなってごめんなさい、フィンランド人らしくないわね！」クリスティーナがヘルシンキ中央駅の時計の下にいる私のところに大急ぎでやってきたとき、約束の時間から、まだ二分しか過ぎていなかった。クリスティーナは、他にも多くの点で典型的なフィンランド人だった。謙虚で、歯切れのよい話し方で、頼りになって、とても引っ込み思案だ。それなのに、自分の学校に来て教えたいという、見知らぬイギリス人女性の私を引き受けてくれ、私の旅の計画は浅はかな思いつきなどではないと確信させてくれた。私たちは、私が教えるスケジュールや、ズンバ（ラテン音楽などに合わせて行なうフィットネス）のクラスなど、私の一カ月のプランについて熱心に話し合った。途中から、彼女の友人で同じく教師をしているエルサがお茶に加わった。二人とも完璧な英語を話し、二人が唯一私に尋ねた英語は、私が聞いたことのない植物の名前だった。

家に着くと、クリスティーナの二人の金髪の娘たち、六歳のエリナと四歳のヴェンラが「ショー」で出迎えてくれた。二人は居間を跳ね回り、くるくると回転しながら踊った。その夜、私は最初の

「フィンランド語の手ほどき」をエリナから受けた。そう、彼女は六歳で、じつはまだあまり字は読めなかったが、日用品の絵の下にその名前がフィンランド語で書かれた絵本を持っていて、それぞれの単語を指でなぞりながら読んだ。「サテーンヴァルヨ（傘）」と発音して、期待に満ちた目で私を見る。「サテーンヴァルヨ」と、私もうやうやしく繰り返した。

エリナはまだ就学前なので、読むことは教えられていなかった。フィンランドでは、子どもたちは七歳になる年の八月（つまり六歳の途中から七歳の途中までのあいだ）まで学校に行かない。その前にほとんどすべての子どもが一年間、幼稚園に通うので、エリナも日中は幼稚園に行く。そして多くの子どもはまたその前の何年か、国が助成している保育園に行く。翌朝、私たちはエリナの妹のヴェンラを保育園に送って行き、ちょうどクリスティーナがそこの教師に話があったので、私も一緒に入った。園庭を通ると、ポンポンつきの毛糸の帽子をかぶり、明るい色の上着を着てゴム長靴を履いた、砂まみれの子どもたちがたくさんいて、走り回ったり、小さなプラスチックの風車に水をかけたり、砂場で熱心に穴を掘ったりしていた。扉に、（せっかくエリナにフィンランド語を教わったのに）全然読めない言葉がたくさん書かれていて、中に短い疑問文があった。帰りに通ったとき、クリスティーナに意味を尋ねた。「『今日は遊んだだけ？』という意味よ。なぜ遊びが子どものためになるか、その理由のすべてがここにあるの。保育園や幼稚園では、子どもたちは机に向かって勉強するんじゃなくて、遊びを通して学ぶのよ」

（どうやって？）私は自問した。（フィンランドの一五歳の子どもたちは、みんな七歳になるまで遊んでいるというのに、どうやったら読解と数学と科学で、国際テストのトップクラスになれるんだろう。間違いなく彼らは、学業を五歳で始めるイギリスの子どもたちより二年進んでいるのではなく、遅れているはずなのに……）

　そこで私は文献を調べた。まず、幼少期に遊ばせるのは、子どもたちに思い切り楽しませてあげたいからだけではない。子どもの身体、認知能力、社会性、情動の発達にとって遊びが有益であることを示す研究に基づいてフィンランドの人たちが選んだ、考え抜かれた方法なのだ。[1] 幼稚園時代は、子どもたちに読解や算数の準備をさせることを目指しているが、あからさまに教えるのではなく、「準備活動」を通して行なう。[2] これはどういう意味だろう。

　フィンランドの子どもたちは、社会的スキル、自分に対する肯定的な見方、善悪を判断する力などを発達させることを目指したカリキュラムに加え、読み書きや計算を学ぶのに必要な理解力、スキル、考え方を発達させるような活動や環境について手ほどきを受ける。就学前の子どものために国が定めたカリキュラムには、「読み書き能力の芽生えの基本は、子どもたちが耳を傾けること、耳を傾けてもらうこと、話しかけ、話しかけられること、人が彼らと話をすること、子どもたちが質問をして、答えてもらうということである」と書かれている。フィンランドの人たちはこれを、おとぎ話や物語や詩について話し合ったり、子どもたちがすすんで読んだり書いたりするように手助けをしたりすることによって行なっている。

　そういうときに話されるおとぎ話の一つに、ワイナミョイネンという男を海に産み落とした「海の母」についての物語がある。彼女は七〇〇年間身ごもっていたので、生まれた子はすでに老人だった。生まれたときから大変な知恵者で、白いひげを長く伸ばしていた。彼は産着でくるまれる必要も、教育を受ける必要もなかった。もちろん普通の子どもたちはひげを生やしていないし、ちゃんとした教育を受ける必要がある。そこで問題は、教育の開始時期はいったいいつがベストなのかということだ。

子どもの仕事は遊ぶこと

フィンランド人は世界の水準から見ても、きわめて識字率が高い。しかし、だからといって、就学開始の遅さが子どもたちのその後の読み書き能力に悪影響を及ぼす可能性がなくなるわけではない。学校教育を始めてからなんらかの形で開始の遅さを埋め合わせているのかもしれないし、子どもは遊ぶ必要があるというフィンランド人の誤ったロマンチックな理念を克服する、文化的な何かが存在するのかもしれない。歴史的には、フィンランド全体の識字能力の高さにはしっかりした土台がある。一六世紀の昔には、聖書の一節を読むことができない者は結婚できなかったし、もっと近年では、図書館から借りる本の数が世界でいちばん多く、一人当たり年間平均一八冊借りるほどの、読書好きの国民だ。だからフィンランドの子どもたちは、七歳になるまで勉強を始めなくてもいいという事実にもかかわらず、一五歳で読解力に優れているのかもしれない。

とはいえ、就学を開始する年齢が少し遅くても、その後の読み書き能力にはほとんど差がないということが、すでに世界的に実証されている。これについては、国によって就学開始年齢が違うという事実を最大限に活用して、二つの国際的な調査が行なわれている。その年齢は五歳（一五の小さな島国を含む二四カ国）、六歳（一四三カ国）、七歳（三八カ国）と幅がある。一九九二年に、国際教育到達度評価学会（ＩＥＡ）が、五歳から就学する国と七歳から就学する国の子どもたちの読解力の違いを調べる研究を行なった。その結果、九歳の頃の読解力において、四年間学校に通った（五歳で始めた）子どもたちと二年間しか読むことを学んでいない子どもたちの差は、わずかしかないということが判明した。

この違いが子どもたちが成長するにつれて完全に均等になるのかどうかに興味をそそられて、ニュージーランド出身で今はドイツを拠点に活動しているセバスチャン・サゲイトは、五四カ国のPISAのデータ（六歳から就学する国々も含む）を用いて分析を行なった。そして、就学開始年齢による読解力の差は一五歳までになくなっていることを発見した。つまり、義務教育を終える頃には、二年早くスタートしても同じになっていたのだ。[4]とはいえ、これだけで、早く学業を始めることに利点はない、と言い切ることはできない。ひょっとしたら就学開始年齢の遅い国々では、就学前に何か勉強のようなもの、つまり子どもたちが静かに席に着いて、決まったやり方で素材に取り組み、一定の結果を評価されるような、高度に構造化されたレッスンをやらせているのかもしれない。私は五四カ国全部で就学前に何をやっているか見たわけではないが、こういうタイプの就学前のプログラム（あるいは早い就学開始年齢）と、フィンランドで行なわれているような、あまり堅苦しくなく、より遊びを基本とした就学前のプログラムの比較調査は見たことがある。結果はほぼ同じだった。早い年齢からの学問的なプログラムは、最初の二、三年のうちは学業の成果に良い影響を与えることが多いが、遅く始めた子どもたちが追いついたり、場合によっては早く始めた子たちを追い越したりして、小学校を終える頃までにはその効果は消えてなくなる傾向にある。この結果は、さまざまな国の内部（アイルランド、ドイツ、アメリカなど）[5]、あるいは国際的比較（スロヴェニア、スイス、イングランド）[6]で見られ、また読解力だけでなく算数においても見られた。[7]

ここまで調べてきて、私も、フィンランドの就学開始年齢の遅さにあまり懐疑的ではなくなった。もし、学業の成績に長期にわたる大きな違いがないのなら、遊びを基本にして学ぶ期間が少し長くなっても悪くはないだろう。学校教育を少し遅く始めることの、もっと幅広い影響に関する研究をさらに読んで、良い影響もありうるという証拠を見つけたとき、私の疑念はほぼ完全になくなった。[8]たとえばデンマークの研究者たちは、就学開始が一年遅くなれば（五歳半に対して六歳半）、七歳時点での不注意と多動が大きく減少し、この差は一一歳まで続くということを発見した。[9]ノルウェーのある分析によると、遅い年齢で学業を始めた男の子たちは、一八歳の時点でメンタルヘルスが低下しにくく、女の子たちは十代で妊娠する傾向が低くなるという。[10]もし、学校教育を一年遅く始めても学業成績に長期の影響を与えず、社会的には良い影響がありそうなら、就学をなぜそう急ぐのか。

とはいえ、これだけではまだ誤解を招く恐れがある。子どもたちが学業を早く始めすぎさえしなければ、就学前に何をやっていてもまったく同じという印象を与えかねない。しかしそれは、間違いも甚だしい。イギリスで、早期に能力別教育をされた三〇〇〇人の子どもについて綿密に調査した研究によると、幼稚園や保育園に行くことは、それが質の高いものであるかぎり、発達全般に良い影響をもたらし（**コラム②**を参照されたい）、早く始めれば（二歳と三歳のあいだ）、知能や社会性のより良い発達につながるという。また、幼稚園や保育園は、とくに恵まれない環境にいる子どもたちに有益だという。[11]具体的には、その後の読解力に大きな違いが出る。ＯＥＣＤは、「就学前の施設に通った子どもと（中略）通わなかった子どもは、ＰＩＳＡの読解において、平均して五四点（あるいは学校教育一年以上）の差がついている」[12]ことを発見している。この差は、早期の言語スキルに関しては、質の高い保育園、幼稚園が与える影響によって説明できるだろう。[13]

コラム②　すべての保育園、幼稚園が同じではない

フィンランドの保育園と幼稚園は、常に質の高い結果を保持し、またその結果を生み出す基準の多くを満たしている。

・保育士一人あたりの子どもの数の少なさ[14]

保育士が子どもたちと適切に触れ合える人数比率と集団の大きさが、質の高い保育園の特徴だ。フィンランドで最も推奨される比率は三歳以上で一対七（二歳以下なら一対四）だが、これはOECDの中でも最高水準を誇る。

・高いレベルの資格を持つ保育士とカリキュラムの理解[15]

保育士の持つ資格のレベルが高ければそれだけ保育の質は高くなり、子どもたちも、より進歩する。フィンランドでは、保育の専門職には少なくともユネスコが制定している国際標準教育分類（ISCED）でレベル5（学士相当）と同等の卒業資格が必要で、助成つきの専門的能力開発にも参加しなければならない。

・教育的内容を伴う、発達上適切なカリキュラム[16]
「発達上適切な」とは、何もかも子どもにイニシアティブを委ねるという意味ではない。EPPE（効果的な幼児教育に関する、大規模なイギリスの調査研究）によると、「理想的な」環境では、教える保育士と教わる子どもが半々にイニシアティブを握るとバランスが良いという。フィンランドの幼児向けカリキュラムは、学習的な内容や社会的技能の習得を中心とした基本構成だが、それらが遊びを通して発達するように組み立てられている。

ここでは何が起こっているのだろう。なぜ子どもたちに早く勉強を始めさせないことが、読解力と数学の習熟に持続的な効果を発揮するのだろう。保育園では子どもたちに勉強を教えないのに、その後の発達にどうやって差がつくのだろう。フィンランドの子どもたちは七歳まで学校教育を受けないが、遊びを基本とした上質の保育園や幼稚園に通うのだから、本当の疑問は、「フィンランドの幼児期への取り組みはどのような効果を発揮しているか」ということだ。

この疑問に答えるために、ちょっと聖書に目を向けてみよう。

種を蒔《ま》く人が種蒔きに出て行った。蒔いているあいだに、ある種は道端に落ち、人に踏みつけられ、空の鳥が食べてしまった。ほかの種は石地《いしじ》に落ち、芽は出たが、水気がないので枯れてしまった。ほかの種は茨《いばら》の中に落ち、茨も一緒に伸びて、押しかぶさってしまった。また、ほかの種は良い土地に落ち、生《は》え出て、百倍の実を結んだ。（『ルカによる福音書』八章五 - 八節、新共

同訳）

サゲイトはこの農夫の寓話を用いて、子どもたちが読むことを教わる時期の相違によって生じる効果の違いを説明している。[17] 道端に種を蒔くように、一、二歳の子どもたちに読むことを教えようとしても、彼らはまだ習得できるだけのスキルも言語能力も認知能力もないから、うまくいかないだろう。石地に種を蒔くように、三、四歳の子どもに読むことを教えることはできるだろうが、読むのに必要なスキルがじゅうぶん発達するのを待つよりずっと多くの労力と教える量が必要になるだろう。それに、教えるために多くの時間を使うと、文字と発音の一致に気づいたり、より多くの言葉を覚えたりする、この時期に必要な知識や技能を発達させる時間を減らしてしまう。

種を良い土地に蒔くのに相当するのは、発育していく子どもたちの、読むことを覚える以前のスキルや、計算を教わる以前のスキルに目を配り、土が良くなるまでじっと待つことだ。子どもたちに準備ができて速く吸収できるようになったときに、高度な内容を教えたり、評価したりすればいい。サゲイトはこれを「ルカ効果」と呼んでいる。そしてこれこそが、フィンランドの教師たちが使っている方法だ。彼らは子どもたちに読むことを学ばせる前に、それに必要な技能が発達するように働きかける。また子どもたちは、全員が七歳で学業を開始するわけではなく、幼稚園にいるうちに学校に行く準備ができているかどうかを評価され、まだ早いと判断されれば、もう一年幼稚園に通う。これとは逆に、早く準備の整った子どもたちはどんどん読むことを勧められ、幼稚園の先生たちからも、そういうサポートを受ける。ただし、あくまで早く準備のできた子どもにこういう機会があるだけで、すべての子どもに要求されるわけではない。

能力が伸びる時期

いったん読むことを学び始めると、フィンランドの子どもたちはすばらしい速さで習得していく。私はマルヨ＝リタという若い小学校の教師と、ある日の放課後、長く話をした。彼女によれば、子どもたちは一年生のクリスマス（教え始めてからわずか四カ月後）までには文字を読めるようになるという。これはフィンランドでは可能かもしれない。というのも、フィンランド語は綴りがわかりやすく、とても読みやすいからだ。発音と文字が基本的に一対一で対応していて見た目どおりなので、子どもたちはかなり簡単に読むことができる。これに対して英語は、たとえば“gh”は「trough（トローフ）」（桶《おけ》という意味の名詞）と「though（ゾウ）」というふうに、単語によって発音が異なる。したがって、英語を話す子どもたちは、読むことを学ぶのに長い時間を必要とする。[18] だから早い時期に教え始めなければならないのだと主張する人もいるが、必要な基本が備わっていなければ、うまく覚えることはできない。「ルカ効果」は、やはり当てはまる。

英語を話す子どもたちは学ぶことが多いが、それでもまず、発音と文字の集まりとが対応することをしっかり理解しなければ、「trough」と「though」を読み分けることはできないだろうし、そもそもtrough（桶）が何なのかを知らなくては、あまりうまく覚えられないだろう。教師たちもこのことは理解しているが、あまりに多くの子どもたちに早く覚えさせるよう、システム側から（推奨ではなく）要求されれば、早期教育の基本的な段階を急いで消化せざるをえない。もし子どもたちが高い要求に応じる準備ができるまで丸一年待つことに意味がないというのなら、すべての五歳児たちに"gh"のような綴りの読み方を教えようとすればどうなるか考えてみてほしい。発達の早い子どもなら、もうこの齢《とし》でも、文字は結びつき方によって発音が違うということを理解できるようになっているだろう。理解できる語は、まだ彼らの語彙《ごい》の範囲内に限定されるし、そう長い期間、他の子より先行することもないだろうが、たとえ意味がわからなくても、単語をどう発音するのかはわかるにちがいない。しかし、文字が発音と一致することをやっと知ったばかりの子どもたちは、悪戦苦闘することだろう。

このことを実証するように、読むことを早く学び始めた子どもは、遅く学び始めた子どもにくらべて、学習に対する姿勢が積極的でないとする研究がある。[19] また、ケンブリッジ大学のデヴィッド・ホワイトブレッド教授は、子どもは繰り返しやればやるだけ上手くなると指摘している。[20] 読むことが好きになり、学校以外でもどんどん読む気になった子どもたちは、まだ準備ができないうちから読むことを強制されたせいで本に興味を失った子どもたちより、読むのが上手くなっていくだろう。フィンランドの小学校を訪問したとき、私は、一年生の子どもたちが静かに本を読んでいる教室を覗いてみた。かなり大きくて分厚い本を読んでいる子もいてショックを受けたが、教室に入ってよく見たら、読んでいたのは、立派な装丁の、ドナルド・ダック（フィンランドでとても人気がある）のコミックだった。

ラップランド大学のカイサ・キーヴェリとカーリナ・マアッタは、小学校一年生になる直前のフィンランドの子どもたちに直接、読む勉強を始めることをどう思うかと尋ねた。[21] この年齢の子どもたちのほとんどは、まだ自分では字が読めないと思っていたが、「ちょっとだけ」なら読めると言った。全体として、子どもたちは自分の学習能力に自信を持ち、「勉強はきっと楽しい、と思っていた」という。すでに字が読めると評価された子どもたちもいた。一人で家で覚えたり、友達と一緒に覚えたりしたもので、楽しくて驚きに満ちた経験だったようだ。「初めて字を読むのは、えーと……まるで初めてジェットコースターに乗ったときみたい。おんなじくらい、すごくワクワクしたんだ！」

もちろん、フィンランドで七歳頃に学校に入る子どもたちの読む能力は、さまざまだ。しかし、幼稚園時代に子どもたちの読む能力の差が大きくなる、とする研究もある。読む前に優れたスキルを身につけた子は、そうでない子たちより速く上達するという。それでは、全然公平な教育システムじゃないじゃないか、と思われるかもしれないが、じつはそうでもない。サゲイトが行なった、就学開始年齢に関する大規模な国際的調査によれば、就学開始年齢の早い国ほど、子どもたちの得点のバラつきが大きいという傾向が見られたという。幼稚園の時期についた得点差の影響が長く続くかもしれないという予想とは、反対の結果だ。この謎は、フィンランドの七歳児が学校に入ってからどうなるかを見ていくと解けてくる。図1のグラフをご覧いただきたい（次ページ）。

このグラフは、初期の教育のいくつかの重要な段階における読む能力を測定した、ウッラ・レッパネンらの研究によるものだ。彼らは、幼稚園の六歳頃の子どもたちを二カ月、幼稚園の六〜七歳の子どもたちを九カ月、小学校一年生で七歳頃の子どもたちを二カ月、一年生で七〜八歳の子どもたちを九カ月、それぞれ測定した。[22] そしてその結果を分析し、子どもたちを、幼稚園の初期段階で比較的よく読めた子どもたち（第1グループ）、幼稚園ではあまりよく読めなかったが、小学校一年生のあい

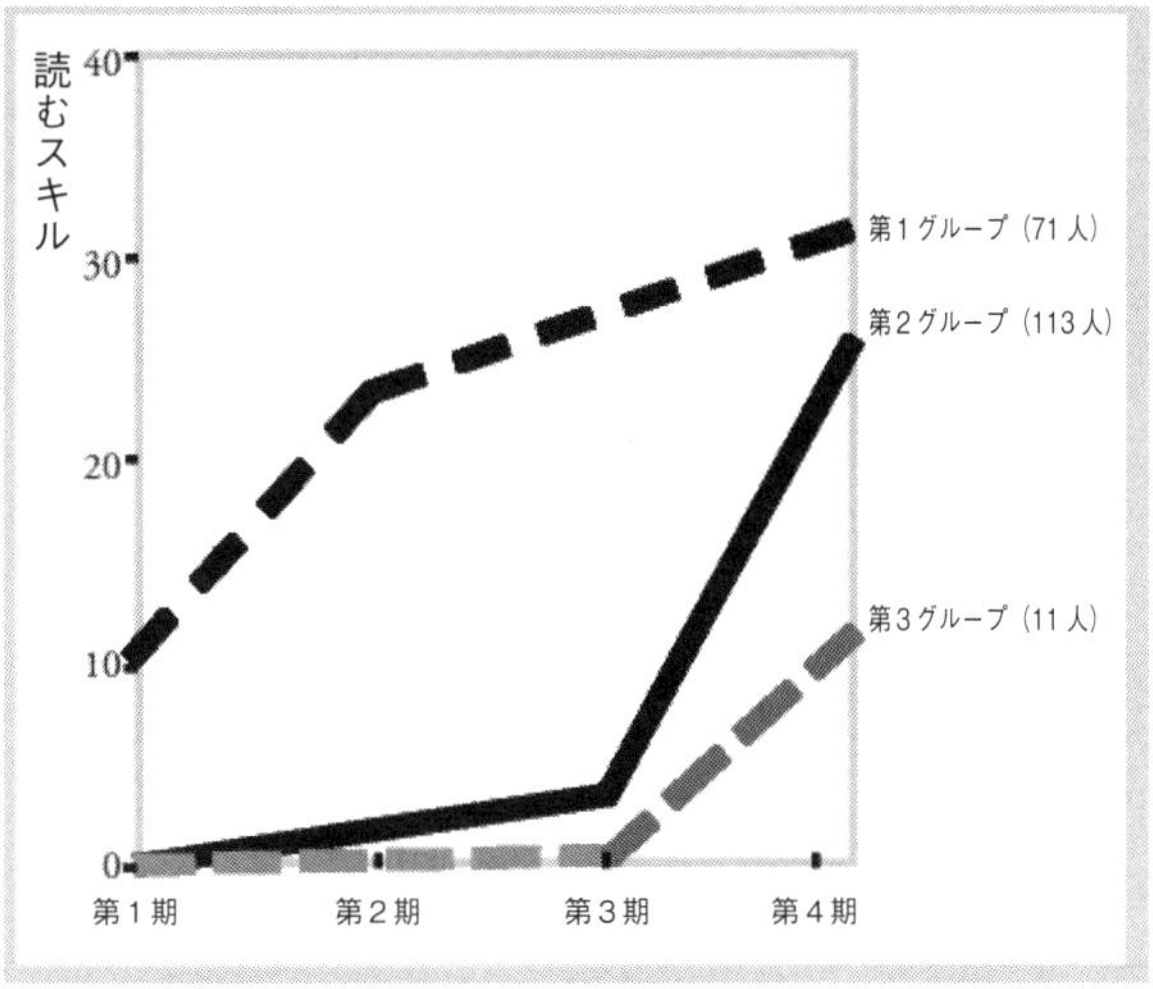

図１：レッパネンらによる調査（2004）[23]

第１グループ：幼稚園の初期段階（第１期）で読みのレベルが高かった子どもたち（71人）
第２グループ：幼稚園（第１～２期）では読みのレベルが低かったが、その後小学校１年生（第３～４期）で急速に伸びた子どもたち（113人）
第３グループ：幼稚園（第１～２期）ではレベルが低く、一年生のあいだ（第３～４期）も比較的伸びの遅かった子どもたち（11人）

だに急速に進歩した子どもたち（第2グループ）、幼稚園ではあまりよく読めず、小学校一年生になって、ゆっくり読めるようになっていった子どもたち（第3グループ）の、三つのグループに分けた。就学前には、最初からよく読めていた子とあまり読めなかった子の差は広がっていったが、小学校一年生になると第2グループが急速に進歩していき、第3グループも緩やかながら進歩していったせいで、その差は縮まっていった。

レッパネンらはこの動きを次のように説明している。読み方を覚えることはたいていの子どもにとって同じようなプロセスであり、まず、読めない状態から読めるようになるという急激な質的変化が起き、そのあと進歩はゆるやかになり、その間に語彙と理解力が広がっていく。読む力が急速に発達するタイミングの違いは、スキルを身につけた時期の違いだ。つまり急激な発達が起きる前には、それに先立つスキルが必要なのだ。

　しかし、もし第2、第3グループに準備ができる前に誰かが読むことを覚えさせようとしたら、何が起きていただろう。グラフ上の、第2グループの進歩を示す太い実線は、もっと早い段階で急上昇していたかもしれない。しかし、もし彼らが読むことは難しいし楽しくないと思ったら、このグラフに見られるように能力が急上昇することはないだろう。第3グループでは、もっとひどくなるだろう。サゲイトは、早期に学校教育を始めている国々で得点のばらつきが大きいのは、達成しなければならない内容がまだ難しすぎるせいで、能力の低い子どもたちにストレスが溜まったり、彼らが自分は勉強ができないと思いこんだりすることに原因があるのではないかという仮説を立てている。[24] しかもこのようなストレスは、発達の早い子たち（早く生まれている場合が多い）は感じることがないので、能力の差はますます大きくなってしまう。

　フィンランドはこれを回避できている。一五歳までの子どもたちの得点のばらつきが非常に少ないのは、「得点の低い」者たちが比較的高得点を取っているからだ。けれども、就学開始年齢を遅くすることは、フィンランドの取り組みの一部にすぎない。

必要に応じたサポート

読み方を早々と覚える子もいれば、いろいろな問題のせいで、七歳になってもうまく覚えられない子もいる。こういう子がいる場合、フィンランドの教師たちは、すぐ問題に対処する。入学前でも、子どもたちは学習が困難かどうかを検査され、早い対応を受けられる。マルヨ＝リタは、「読み書きがうまく覚えられない子どもたちにはクラス担任が追加指導をします。こういう指導は週に一回、授業時間の前かあとに行ない、必要があれば、特別教師にサポートを頼むこともできます」と語った。ただしこれはかなり特別な場合だ。特別教師は訓練を受けた介入の専門家で、子どもたちが直面するさまざまな種類の問題と、それらを克服させるための支援のしかたに関して特別に訓練を受け、資格を与えられた教師たちだ。通常の授業を受け持つことはないので、必要に応じて支援の手を差しのべることができる。「最近では、すべての学校にこのような支援要員の教師がいます。ですからこの点で、私たちはとても恵まれています」

しかしこれは、問題を（専門家の給料という形で）金銭で解決しているのではない。問題が生じたとき、クラス担任はただちに特別教師に子どもたちを引き受けてもらうわけではない。彼らはまず、自分がやれるかぎりのサポートをする（特別な支援を受けるためには自分の行なったサポートを記録しなければならないが、これが大変らしい）。授業についていけない子どもが利用できるサポートには、一般、特別、超特別の三段階がある（正式名称ではない）。一般サポートは担任が行ない、できることは何でもやってみる。放課後に特別に教えたり、手助けしてくれるようなできる子の隣に座らせたり、課題を全部こなせるよう、授業中に手を貸してあげたり、ほかにも教職の訓練で学んだ、もっと高度なやり方を使ったりしてみる。ある教師は私に言った。「手法の問題だといつも思うんです。

手法を知らなければならない、手法を学ばなければならないって。もちろん自分で思いつくこともありますが、たいていは実例を知っていると楽です」

もし、これだけ努力しても子どもが抱える問題が改善しなければ、「頻繁な」サポートを受ける。これには特別教師による週一回の支援も加わり、クラス担任が子どもの保護者と話し合って作成した特別プランが実行される。しかしこれらをすべて行なっても思わしい改善が見られず、その子が授業についていけなかったら、その場合にだけ、いくつかの教科に別のカリキュラムが組まれる。つまり学校はまず、通常の国家カリキュラムを子どもがなるべく習得できるように、できるかぎりのサポートをし、それでも無理だとわかって初めて、その子が普通のクラスでは学べないことを認める。もし保護者が同意し、ケアチームが認可すれば、子どもはそれ以後、より手厚い配慮を受けられるような別の少人数のクラスで教えられる。

これは比較的新しいシステムだ。かつては問題のある子どもたちは、当然のように特別クラスで教えられていた。しかし今では、みんなが一緒に学ぶことが重要視されている。そこで、子どもがこういう特別な援助を受けて別のクラスで学ぶようになる前に、さまざまな段階が設けられている。これに対し、教師たちからはさまざまな反応があった。教師たちは一つのクラスの中で、それまでよりずっと幅広い要望に対処しなければならないので、仕事は明らかに大変になっている。私は特別教師のミカエルとも話した。彼は、担任が最初に自分自身で問題に対処し、それを記録する義務があるため、そのせいで、子どもが専門家の手厚いサポートを受けるのが遅くなることを心配していた。「第三段階まで行くにはとても長い時間がかかるので、七年生で問題を抱えていた子が、八年生の終わりになってやっと、特別なサポートを受けられるということもあるんです。本当なら、気づいたその年から始めなくてはなりません」

専門家チーム

フィンランドの学校は、たんに子どもを教えるよりずっと多くのことをしている。フィンランド人は、子どもが授業についていけない原因は、ときには勉強がうまくできないことではなく、人づきあいや感情面でのトラブルや、健康面での問題だったりすることを知っている。私は、教えに行った学校の一つで、心理カウンセラー、ソーシャルワーカー、スタディ・カウンセラーに会うことができたが、残念ながら歯科医、看護師、言語療法士、ファミリー・カウンセラーには会う機会がなかった。これらの専門家たちはすべて、一つの学校に配属されるか、あるいは学校の規模が小さい場合は地域に配属され（フィンランドの学校の三〇パーセント以上は、常勤の教師が三、四人しかいない）、数校を掛け持ちする。

子どもの福祉チームとして知られる多方面の専門家たちのグループは、フィンランドの教育の要《かなめ》であり、どの学校にもいるように、法律で定められている。大きな学校では、このグループは週に一度、二時間のミーティングを行なう。最初の一時間は、ある一つのクラスについて担任をまじえて話し合う。どのクラスについても年二回ずつぐらい話し合われる。彼らは子どもたち一人ひとりを取り上げ、人間関係も勉強もうまくいっている子にはあまり時間を費やさず、問題を抱えた子たちにもっぱら焦点を当てる。次の一時間は教師たちが自由に参加できて、いろいろな子どもについて話し合う。ミカエルは、「ミーティングでは、一人ひとりの生徒に総体的に、また人間として、何が必要かを分析し、個々の問題だけの解決策を見つけようとするのではなく、『彼らが抱えている問題の根底にある原因は何だろう。それにどう対処したらいいのだろう』と考えます」と説明した。

この話を聞き、私はイギリスの教師として思い当たることがあった。イギリスでは学校ごとに取り組み方が大きく違うが、多くは、問題の根底にある原因ではなく表面に出た兆候に対処しようとしている。たとえば、もし一人の生徒が数学の模擬試験で及第点を取れなかったら、その子を放課後、数学の補習に出席させようとする。しかし彼が落第点を取った原因が、落ち込んでいて勉強できなかったせいなのか、いじめに遭っているせいなのか、軽い算数障害《ディスカリキュリア》があるせいなのか、考えようともしない。生徒の抱えている問題の根底にある原因を理解することは、それに対処する最良の方法だ。フィンランドでは、まさにこういう問題を研究してきた専門家たちが現実に学校にいて、手助けしてくれる。しかしそれだけではない。そこにはある願望が関係している。フィンランドの学校の目的は、生徒を試験に合格させることよりはるかに広いのだ。

フィンランドの学校における子どものための福祉活動の目的は、「学習と成長のための健全で安全な環境を作り、精神の健康を守り、社会からの疎外を防ぎ、学校というコミュニティの幸福を促進する」ことだ。子どもたちの精神の健康と幸福を、教育面での成果と密接に関連づけると同時に、同じくらい重要視している点はすばらしい。イギリスの教師たちもきっとそう思うにちがいないし、多くのイギリスの校長たちも、福祉の専門家が集まったチームを学校に配備することに賛成の挙手をするにちがいない。しかしあまりに費用がかかるため、イギリスの学校では実現できない。フィンランド教育文化省のアルヴォ・ヤッピネンは、セント・メアリーズ大学のジェニファー・チャン博士との対談の中で、このコスト面への懸念に対して、こう答えている。「子どもが社会に出てから脱落した場合にかかる費用ほど高くはつきません。大人になってからでは、それこそたいへんなお金がかかります。ちなみに私たちは、子どもが学校で落ちこぼれたせいで、実社会から脱落した場合の費用を計算してみました。するとそれには、最低でも一〇〇万ユーロもかかるのです[25]」

社会から脱落した者たちにかかる費用は、イギリスでもとても高額だ。罪を犯した子どもたち（一五〜一七歳）が入る少年院には、一ヵ所につき年間平均一〇万ポンドの費用がかかる[26]。こうした子どもたちの大多数は、どこかの時点で学校から落ちこぼれていて、彼らの半数は小学生程度の読み書き能力しかない。アメリカでは、小学校四年生までに読む能力を持てなかった子どもたちの三分の二が、やがて投獄されるか生活保護を受けることになる[27]。識字率と受刑者のあいだの強い連関は、テキサス州の刑務所設計者たちが、一〇年後にいくつの監房が必要になるかを割り出すのに、州内の学校での読み書きできる者の割合を使ったという都市伝説まで生んだ。もちろん、読み書きできないことだけが犯罪の原因ではない。しかし、たとえば虐待やネグレクトによるトラウマと学習困難のように、福祉と学習の両方に関連する要因が存在する。だから子どもたちの就学中、フィンランドの福祉チームはその要因の監視を怠《おこた》らない。それに、これほど資金を注ぎ込んでも、そうしないより費用はかからない。ヤッピネンが言うように、「学校の方が、ずっとずっと安い」のだ。

第三章　平等という選択

「教育はあなたを溝に突き落とさない」
――フィンランドのことわざ

一九六三年一一月二二日、アメリカのJ・F・ケネディ大統領が暗殺された。しかしこの日はフィンランドにとっては、新しい教育システムが生まれた日でもある。大統領暗殺のニュースが伝えられる直前、フィンランドの政治家たちは、ある法案の通過を祝っていた。それは、子どもたちを一〇歳で異なるタイプの学校に振り分けるというそれまでの分岐型教育システムに代わる、すべての子どもたちのための総合制教育システムの構築を命じる法案だった。約五〇年前のこの教育改革について振り返ることは、きわめて重要だ。この政策こそが、二〇〇〇年のPISA第一回テストにおいてフィンランドに輝かしい成果をもたらした根源であり、この成功の原因を探るうえで、一番の手がかりを与えてくれるものだからだ。

マーリトは、私が滞在させてもらった歴史と政治の教師だ。最近退職したばかりで、とてもおいしい〈シスターのソーセージ・スープ〉が作れる。教師としてのキャリアは、まだ古いシステムの時代に、上級初等学校の臨時教師として始まった。しかし彼女自身は、こういう学校には行かなかった。

「私が子どもの頃は、四年生で試験に合格すると、そこから中等学校に行けたの。試験に通らなかった子はそのまま初等学校に通い続けて、それから上級初等学校に行ったわ」

ヘルシンキ近くのある県で基礎教育部門を担当するイルポ・サロネンは、ある雨の朝、庁舎の五階で私との面会に応じ、フィンランドの教育に関する自分の意見や経験を話してくれた。彼も分岐型システムの時代に学校に通った。「古いシステムには上級の学校と、職業訓練に進むための学校があって、どちらかに入ってしまえば、もう変更はできませんでした。私もそうでした。一方のコースに進めば大学に行き、もう一方のコースに進めば職業訓練を受けます。それを一〇歳で選ぶのです。変更はききません」

一九六三年に議会を通過した教育法案は、成立までに長い時間を要した。そもそも総合制の教育システムという構想は、その約一六年前に、超党派の委員会（二〇〇回も会合を重ねた）によって提案されたものだった。そしてこのシステムがフィンランド全土で実施されるまでに、さらに一六年がかかった。一九四七年に提案された構想がようやく完全に実現したのは、一九七九年になってからだった。じれったいほど遅い気がするし、もし自分が、関係する政治家か政策立案者か子どもの親だったらたまらないと思うが、システムのその後の安定と成功は、そのおかげなのかもしれない。

最初に提案されてから議会を通過するまでの一六年は、衝突と議論を経て、最後には合意の形成に至るのに要した時間だった。当初は、総合化はさまざまな弊害のもとになるのではないかと考えた大学や、グラマースクール（大学進学の予備教育を行なう中等教育機関）の教員組合などから、激しい批判が出た。その後、一九五九年に提出された、総合制教育への移行を推奨する報告書は、政党間の合意を得ることができなかった。しかし論争や議論を重ねた結果、最終的には、当時の子どもたちが受けていた教育よりもっと高いレベルの教育を全国民が受けなければならないということに、多数の政治家が納得した（賛成一六三人、反対六八人）。サロネンは、「いま、わが国の人口は五〇〇万人ですが、誰一人落ちこぼれさせるわけにはいきません。一人ひとりが大切なのです」と語り、マーリトは、「フィンランドでは全員に可能性を持たせてあげたいの」と言う。

そのような長い議論を重ね、与党が反対などお構いなしに強行採決するのではなく、超党派で合意したことが、その後のフィンランドで総合制教育システムが目立った争いもなく持続している理由だろう。二〇〇〇年に行なわれたPISAのテストでフィンランドがトップになるという驚きの結果が出る前も、出たあとも、フィンランド国民は自分の政治信条にかかわりなく、ひとしく自国の教育システムに満足を表明している。これは、スウェーデンやノルウェーなど他のスカンジナビア諸国とは対照的だ。この両国では自国の教育システムに対し、保守派より社会民主派の方が好感を持っている。

フィンランドの成功に寄与したもう一つの要因に、導入を急がなかったという点がある。一九六〇年代後半は新制度の学校のための新しいカリキュラムの開発と試行に費やされた。能力も家庭環境も異なる子どもたちが同じことを教わるという、このまったく新しいシステムには、どのような方式が最もうまく当てはまるのかが模索されたのだ。何百人もの教師たちが、この一大プロジェクトに参加した。最終的に実施する段階になっても、一斉には施行されなかった。まず、教育改革が最も急がれた北部のラップランドで始められた。そしてそれ以後七年かけて、ゆっくりと全国に広げられていった。それと同時に、教師たちが新しいカリキュラムを意図されたとおりに教えることができるように、特別研修も行なわれた。教師たちはそれまで、勉強のできる子どもたちに普通科の科目を教えるか、「勉強向きでない」子どもたちに易しくしたものを教えるか、どちらか片方を行なうように訓練されてきたので、これは大変だった。フィンランドの人たちがこの改革を完全に実施できたのは、すべての子どもたちによりレベルの高い教育を受けさせることが重要だと、最終的な合意ができていたことが大きいだろう。

この新しいシステムは、どう見えただろう。すべての子どもたちが同じ学校で、同じカリキュラムで、四年ではなく九年間教えられることになった。その構想は、まずすべての子どもが脱落することなくこのカリキュラムに沿って学習し、しかるのち一五～一六歳になった時点で、ギムナジウム（大学入学を目指すための中等学校）に進みたいか、職業専門学校に進んで職を身につける勉強をしたいかを選択するというものだった。

このシステムはそれまで「上級初等小学校」と「中等学校」に分かれていたものを一つに統合することを意味していた。これは法的な命令がなければ実行できず、手続きも面倒だった。もっと独特だったのは、政府は私立学校もすべてこのシステムに組み入れたことだった。私立学校の運営資金はすべて政府が出資することになり、学校が授業料を取ったり生徒を能力で選抜したりすることは許されなくなった。だから一般に信じられているのとは違って、フィンランドには現在も私立学校が存在し、教会のような国ではない組織によって運営されている。ただしそれらは他の国々の私立学校のような経済的、社会的、学問的選択権を持ってはいない。

総合制教育は学力格差を改善する

さて、フィンランドが何かを行なっているからといって、かならずしもそれが優れていたり有益だったりするとはかぎらない。総合制学校が有益かどうかを他のものとの比較で判断しようとするなら、参考にできる測定値がいくつかある。成績全般に対する影響、家庭環境が子どもの成績に関係するかどうかの影響（システムの公平性）、成績のばらつきへの影響（均等性）などだ。成績の良さや公平性の高さが価値のある目標であることは、たいていの人が認めるところだろう。これに対して成績の均等性は、かならずしもすべての人が良いことだとは考えない。最高点と最低点の幅を狭めることが、最低点を引き上げることなのか、最高点を引き下げることなのかで大違いだからだ。この点に関する総合制システムの影響を調査した研究があるが、どんなシステムの研究でもそうであるように、この調査のもたらした発見を、何が有効かの「証明」ではなく、改善への手がかりとして捉えることを忘れてはならない。教育改革の成功は、その改革の内容だけにかかっているのではない。それがどこで、どのように実施されたのかということも重要な要因なのだ。

この種の調査は、子どもたちが初めて、その時点の能力に応じて違う学校（「職業訓練コース」と「進学コース」が多い）に分かれる年齢に関連して行なわれる。フィンランドでは総合制への改革で、最初の選択年齢が一〇歳から一五～一六歳に変わった。総合制教育とは簡単に言えば、すべての生徒を一つのタイプの学校に通わせることだ。別々のタイプの学校へ分かれる時期を、子どもたちが大きくなるまで先延ばしにするシステムとも言える。

もしある国で、ある年齢で最初の選択を行なったときの方が、違う年齢で行なったときより、成績、均等性、公平性のすべてにおいて優れていたのなら、調査によって与えられた手がかりをそのまま生かす方向に進めばいい。しかし、公平性や均等性は向上するが成績は下がったり、成績は上がるが公平性は低くなったりすれば、どちらを重んじるかで意見が真っ向からぶつかり合うだろう。成績向上のために公平性や均等性の低下には目をつぶるべきだろうか。あるいは、大多数の子どもたちのために、優秀な子どもたちを犠牲にすべきだろうか。しかし幸いなことに調査結果によれば、この三つの目標は互いに衝突することはない。

この分野における最も卓越した研究の一つは、エリック・ハヌスヘックとルドガー・ウイスマンという二人の経済学者によって行なわれた。二人は成績のばらつき（「不均等」）と平均成績に対する早期の選別の影響について調査した。[1] 彼らは国々を比較するのに賢い手法を用いて、国内の経済格差や教師の質の違いが影響していないことをきちんと確認してから、最初の選別年齢と成績のばらつきのあいだの関係について調査した。調査は、それぞれの国における、初等学校での成績（進路選別はまだ行なわれていない）と、中等学校前半終了時期の成績（選択が行なわれた国も、行なわれていない国もある）の、それぞれのばらつき具合を比較するというものだった。図2のグラフ（次ページ）は、ばらつきの変化を示している。注目してほしいのは、早期の選別を行なった（能力別に分けた）国々は、一国を除くすべての国で、中等学校においてばらつきが増大しているのに対し、遅い時期まで生徒の進路を分けなかった（あるいは能力別の選別を行なわない）国々は、二国を除くすべての国で、中等学校ではばらつきが減少しているという点だ。

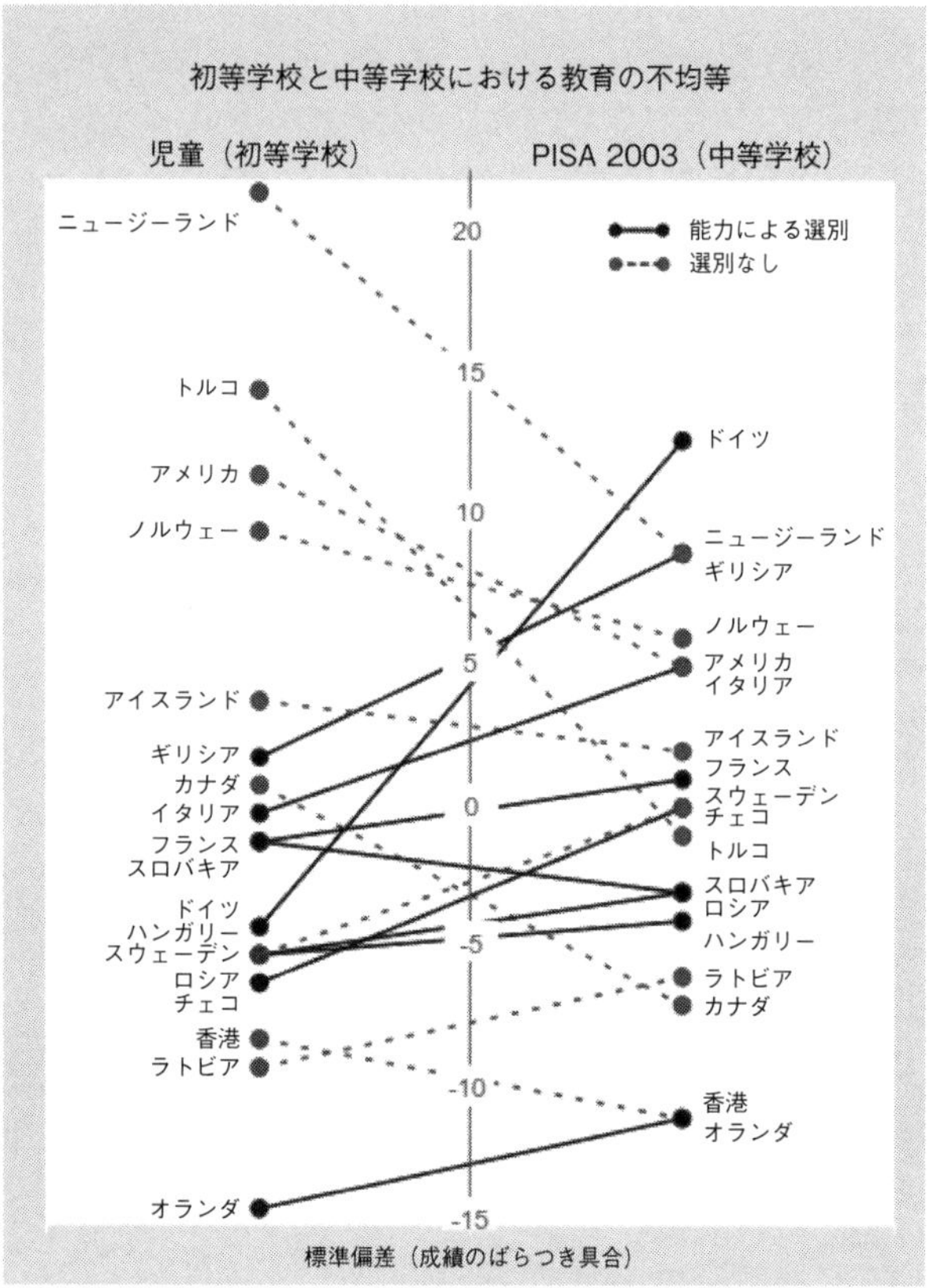

図2：ウイスマン（2009）[2] より

成績のばらつきは、べつに問題ではないと言う人もいるだろう。早期の選別を行なえば、さまざまな出自を持つ優秀な子どもたちがすばらしい能力を発揮でき、それによってばらつきは生じる――そのように考えている人は、とくにそう主張するだろう。そこでさらなる疑問は、それは貧しい家庭の子どもたちにどう影響しているのか、つまり、「早期の選別は公平性にどんな影響を与えているのか」ということだ。早い時期に異なるコースへ振り分けることは、さまざまな家庭環境にいる優秀な子どもたちに上の学校に行くチャンスを与えて、公平性を支えているのだろうか。それとも、家庭で手厚いサポートを受けられなかった子どもたちのチャンスを摘むことによって、公平性を減退させているのだろうか。

ウイスマンは何人かの研究者とともにＰＩＳＡの二〇〇三年のデータを分析し、ＯＥＣＤが調べた生徒たちの家庭環境の測定値を用いて、さまざまな選別方式をとっている国々で、家庭環境は得点にどう影響しているかを調べた。[3] 彼らが突き止めたのは、先行研究と同じく、子どもたちを違うコースに振り分ける年齢が遅ければ遅いほど、家庭環境の影響は出にくくなるということだった。[4] 世間の常識がどうであれ、子どもたちを違うタイプの学校に振り分けるのを少し遅くまで待てば、一五歳時点での得点は彼らの努力と本来の能力をより大きく反映するようになり、親の収入に左右されにくくなるということが、調査結果によって示されている。

このことはフィンランドの現状と一致している。フィンランドには、成績のばらつき（均等性）という点でも、家庭環境の影響（公平性）という点でも、世界で最も平等な教育システムがある。これはたんにフィンランドには社会格差が少ないせいではないか、という疑念を持たれないように、ここで、フィンランドはかならずしも階級差の少ない社会ではなかったということに言及しておこう。一九一七年にフィンランドがロシアから独立してまもなく内戦が起こり、階級間に深い断絶が残った。オープンな教育システムは、それ以来続いていた趣味嗜好や振る舞い方（そして聞いたところでは言葉づかい）における社会階層間の格差を徐々に解消していくのに役立つ要因の一つだった（空前の繁栄という要因もあった）[5]。もちろん、総合制の教育システムにするだけでは、教育上の公平性をもたらすのにじゅうぶんではない。イギリスやアメリカのように、形の上では総合制教育システムをとっているが、公平性に関しては誇れるもののない国もある。その理由についてはもう少しあとで触れよう。とはいえ、総合制システムは、公平性を目指す助けにはなりそうだ。

これまでのところ、総合制教育の採用は賢明な選択のように見える。しかし、全体的な教育成果についてはどうだろう。より公平なシステムを作れても、生徒の学力を犠牲にしているということはないだろうか。ハヌスヘックとウイスマンはこの点にも目を向けている。全体的な成績は、選別年齢と成績のばらつきの関係ほど明快な結果が出ない。たしかにシステムのタイプによって、得点には統計的に有意な違いが見られたが、その違い（選別年齢が遅いほど好成績だった）はわずかでしかなかった。ちなみに別の研究によって確認されているところでは、選別年齢を遅くした結果、少なくとも学習成果全体に悪い影響は出ていないし[6]、ポーランドやリトアニアなどいくつかの国では、選別年齢を遅くしたことで成績に良い影響が出ている[7]。

フィンランドの総合制教育改革に対し、一九七〇年代、もう一つの懸念が批評家によって指摘されていた。たとえ全体の学習成果には悪影響がなくても、優秀な子には不利になるのではないかという懸念だった。これは、勉強のできる子を持つ親たちが等しく感じる不安だ。教育の公平性は大切だが、それを追求することでわが子が能力をじゅうぶんに伸ばせなくなるのではないかという心配は当然生じる。しかしありがたいことに、その方面の調査によると、そういう子はどちらのシステムでも結果は変わらないという。ハヌスヘックとウイスマンは、選別システムで学ぶ子どもと、選別のない（あるいは遅い）システムで同程度の能力を持つ子どもたちの比較を続けたが、どの能力のグループでも、最も優秀なトップ五パーセントにおいてすら、選別が遅くなることの悪影響は見つからなかった。それだけでなく、選別年齢を遅くすれば貧しい家庭の子どもたちは学力が上がるように見える一方で、恵まれた家庭環境にいる子どもたちはどちらのタイプのシステムでもレベルに違いが出ないことがわかった。これについては、またあとで詳しく触れる。

システムは変わっても……

　全体像で見ると、生徒がコースの異なる学校に振り分けられる年齢を遅くすることは、学力の平均値に及ぼす効果はごくわずかであるものの、公平性という目的には有効なようだ。しかし全体像の奥には、目を凝《こ》らして見ないとわからないような、微妙で細かい点もたくさん隠されている。フィンランドの微妙で細かい点も見てみよう。

　フィンランドの総合制教育への改革が実施されて何年も経ってから、その効果に関する調査が行なわれた。当時はＰＩＳＡはまだなかったし、国内のさまざまな地域における義務教育課程修了時の得点を比較できるような全国的な試験もなかった。ところで、フィンランドの男子は全員、一八歳で六

〜一二カ月の兵役に就く。歴史の大部分が他国の支配下にあった国としては、無理もない政策だ。入隊するとき新兵は、言語的推論、数学的推論、論理的推論という三つの認知能力テストを受けなければならない。

これらのテストのうち、言語的推論と数学的推論は、国語と数学の授業で教わった内容とおおよそ対応しているので、この得点は、新兵が受けた教育内容をある程度反映していると考えられた。分析を行なったトゥオマス・ペッカリネン、ローペ・ウーシタロ、サリ・カーが、総合制システムで教育を受けた新兵と、それ以前の分岐型システムで教育を受けた者たちを比較したところ、言語的推論のテストでは前者の平均点がごくわずかに上回り、他の二つのテストは両者とも同じであることがわかった。[8] しかし、平均点では見えないものが出てきた。親の教育レベルが低い者たちどうしに際立った違いが見られたのだ。新システムの教育を受けた者の方が、三分野すべてで高得点をあげていた。これは国際的なデータとも一致する結果だ。

つまり、総合制教育への改革は、フィンランドの教育システムをすばらしく公平なものにすることに貢献したようだ。ただし、新システムで高得点をあげられるようになった理由までは、この結果だけでは説明できない。けれどすでに述べたように、構造的な改革自体は全体像の一部でしかない。ペッカリネンらは改革の最初の四年間の効果を調べたが、それよりあとで効果をあげ始めた要因が、まだたくさんあった。ここでは、人の考え方、教師の奮闘、一緒に学ばせる教育方針の三つを取り上げよう。人の考え方については、サロネンが説明してくれた。

「学校のシステムといっても、形の上での変化と人の心の変化はまったく別物です。構造的な変化は七〇年代、一九七二年から七九年に起きました。北部から始まり、しだいに南に進んでいきました。しかし古いシステムから現在行なっている総合制教育へと、人の考え方が変わるのには時間がかかりましたし、今でも古いシステムがときどき顔を出します」

私が「古いシステムの考え方とはどんなものですか」と尋ねると、彼は、最近閉校したある学校を例にあげた。国じゅうが改革に向かって進んでいるにもかかわらず、旧式の考え方を持ちつづけていた学校だった。「この学校は古い考えを持ち続けていました。『全員が大学に進学しなさい。職業訓練を受けてはいけないということを理解してください。この学校からは、一人も職業訓練校に行ってはいけません』と。彼らは間違ったプライドを持っていたのです」

古い考えとは、限られた子どもたちだけが高等教育に向いていて、高等教育は本質的に職業訓練より優れている、というものだ。この考えは、改革が基本としている新しい考えとは相容《あいい》れない。新しい考えとは、すべての子どもが「国家カリキュラム」によって設定された一定の学習レベルまで到達でき、同じ価値を持ついくつかの進路のどちらへ進みたいかを、一六歳で選ぶことができるというものだ。総合制システムへの転換によって新しい教育構造が導入され、それに伴って新しい価値観も導入されたが、こちらは根を下ろすまでに少し時間がかかった。教師たちの信念や期待は、生徒の学習成果そのものに強い影響を与える。これについては驚くような調査結果があるが、それは日本の章で紹介しよう。教師たちが新しい価値観を受け入れず、限られた生徒だけが上に進めるという考えを持ち続けたら、総合制システムへの転換の効果は徐々に弱まっていっただろう。しかし幸いなことに、古い考え方は新しい、より懐《ふところ》の広い考え方に道を譲ったと、サロネンは感じている。

総合制教育がうまく機能するのに必要だった第二の要因には、やはり教師が深くかかわっている。教師は、子どもたちは全員やり遂げられるという信念を持つだけでなく、それを実現するためのノウハウも持たなければならない。フィンランドの改革が始まって最初の数年間、それまでまったく違う教育システムで教えるように訓練されてきた教師たちは悪戦苦闘した。私はマーリトに、新しいタイプの学校で最初はどのように教え方を身につけたのか尋ねた。

「大変なんてものじゃなかったわ。だって私は歴史と政治を教える訓練を受けていたの。つまり、何ていうのかな、進学資格のある、選ばれた子どもたちを教える訓練を受けていたのよ。ところが新しい学校の子どもたちは、そうじゃなかった。本当に大変だった。あまりにも違い過ぎるから、新しい教え方を一から考え出さなきゃいけなかった。最初は本当に厳しかったわ」

政府は、この新しいカリキュラムの教え方について、教師たちに学校内でトレーニングを行なったが、彼らが慣れるのにはかなり時間がかかった。もちろん今日《こんにち》では教師たちは教育修士号取得の課程で、この新しいカリキュラムの訓練を受けている。

第三の要因は、一九七〇年代にはまだ存在していなかった。それがなかったことが、数学的推論のテストで、新しいシステムが新兵たちの平均点を上げられなかった説明になるかもしれないし、質の高い統計資料であっても鵜呑みにしてはいけないという良い例にもなる。じつは総合制への改革が最初にフィンランドで実施されたとき、生徒たちは、実際に全員が同じカリキュラムに従っていたわけではなかったのだ。数学と語学では、生徒たちはまだレベル別のコースに分けられていて、違う内容を教わっていた。マーリトはこう説明している。「新システムのもとで、私は歴史と政治だけを教えたわけではなかった。英語が不得意なので普通のクラスに入れない生徒たちの英語クラスも教えたの。最初の頃は、できる子向けや苦手な子向けに、二つか三つの語学のグループがあったわ」

子どもたちを能力に応じて違うクラスに分けるやり方を「能力別クラス編成」と呼ぶが、このやり方をすると、調査をいくぶん不透明にする。フィンランドではこの方式が二科目でしか使われなかったが、他の国々では、最初から子どもたちを選別して違う学校に進ませるのではなく、同じ学校で能力別にクラスを編成する場合もある。しかしこのやり方をとる学校も、公式には総合制と呼ばれる場合がある。たとえばイギリスのある中等学校は、選別制ではないが、一一歳の新入生を入学時点で能力別の三つの集団に分ける。この学校ではその集団によって違う内容を教えるだけでなく、違う建物で教え、違う制服を着せる。教育的に見て、これは生徒を選別して別々の学校に入れるのとなんら変わりはない。能力別に違う学校に行かせるのも、一つの学校で能力別にクラス分けするのも、科目ごとに能力別クラスを設けるのも、子どもたちをごく小さな意味ありげに見える階層に分けているだけなのだということに、いいかげん気づくべきだ。だから、科目ごとの能力別クラス分けに関する調査結果と、別々の学校への早期の振り分けについての調査結果が、似通《にかよ》っているのも当然だ。しかもこのやり方は、子どもたち全体の学習成果にはほとんど効果をあげないうえに、低所得者層の家庭の子どもたちに著《いちじる》しい不利益をもたらす。[9]

一緒に進む

フィンランドでは、数学と語学におけるこの能力別編成が物議を醸《かも》した。そこで国内で調査した結果、能力別編成の実施により地域的・社会的不公平や男女の不平等が増大したことが判明したため、ついに一九八三年にこのやり方は廃止された。[10] 試験の点数をもとにして子どもたちを違うクラスに分けることは違法となった。フィンランドのクラスには、今ではさまざまな能力の子どもたちがいて、ほとんど全員が、国家カリキュラムによって設定された同じゴールを目指している。能力の劣る子どものためには、目標を下げるのではなく支援を増やしてやる。サロネンは、これが、フィンランドがＰＩＳＡで高い成果をあげた理由だと考えている。

「ＰＩＳＡの成績とフィンランドで思い浮かぶのは、わが国の学校の教室は昔から、いつも異質な者たちが混ざり合っていたということです。おかげで私たちは、人を選別し、勉強のできに応じてグループ分けするのではなく、『一緒にすれば一緒に進む』という考え方をしています。それも一つの要因でしょう」

とはいえ、能力の混在という基本にも、例外的な配慮はある。何がなんでも子どもたちを一緒にするわけではない。すでに見てきたように、普通の教師や特別教師がサポートするだけでは対処しきれない、特別な配慮を必要とする子どもたちは、別の少人数のクラスで本人に合わせたカリキュラムに沿って学習する。移民としてこの国に来て、まだフィンランド語の話せない子も普通の学校で教わるが、一年間は特別クラスに入り、そこで言語の理解を集中的に学び、その後普通の教室に移る。戦乱で荒廃した地域から来たり、故国で学校に行ったことのない十代の子どもたちは、フィンランド語を学ぶ（それだけでもかなり大変）以外にも学ばなければならないことがたくさんあるので、最初の一年が過ぎても特別クラスに残る。だから、他の授業もある程度は分けて行なわれる。

しかし注目に値するのは、学力に秀でた子のためのクラスが存在しないことだ。それをとくに取り上げるのは、他の才能に恵まれた子どもたちにはそれぞれ対策が施されているからだ。音楽や体育や語学を専門的に学べる学校があり、そういう学校では各学年に一つずつ、たとえば音楽の時間を追加するというように、少しカリキュラムを増やしたクラスを設けている。私が知り合ったエンマは、そういうクラスの生徒だ。今は音楽を学んでいる高校生で、来年は音楽大学に出願するつもりだが、最初に出会ったときは音楽クラスの九年生（義務教育の最終学年）だった。頭もとても良かったので（といっても彼女はフィンランド人なので、自分からは言わない。彼女の優秀さは、担任の教師から聞いた）、私は彼女に、勉強で自分に敵《かな》う者がクラスに誰もいないというのはどんな感じかと尋ねてみた。

「ガリ勉たちは、嫌なやつだと思ってるかもね。英語はいつもいちばん最初にできたから、他の子を手伝ってあげた。『オーケー、できた？　じゃあ、全部やっちゃおう』って感じで。うん、別の子も手伝ってあげてってよく頼まれたし。あっちの子もお願いって。どうってことないし、気にしたこともなかった。でもたしかに考えてみれば、もっと先まで勉強するとか、いろいろできたかもしれない」

こういう問題に関して、今のシステムでは優秀な子を伸ばしてやれないという批判があり、フィンランド国内で大きな議論が起こっているという。しかし、私が出会った何人かの教育者たちは、かなり楽観視していた。ある教師はこう言った。

「とくに優秀な子どもたちは、勉強させたことは何でもよく学びます。彼らは助力の必要な子どもではないのです」この教師は学位を五つも持っているので、できる子のことをよく知っているのだろう。サロネンも同じ意見だった。「もし、あなたがすばらしい才能に恵まれていたとしたら――現実には才能に恵まれている人も恵まれていない人もいて、人生は人それぞれですから、ラッキーなことですよね――その場合、何を学んでも、その才能を伸ばしていくことができます。そうやって精いっぱい学ぶのなら、何の問題もありません。しかし一方で、自分のようには才能に恵まれなかった誰かをサポートすることになったら、それはそれで別のことを学べます。もしそういう人と同じグループにいたら、遅かれ早かれ、『ほら見て、こんなふうにやるの』と言う立場になるでしょう。そのときあなたは、違うレベルの学習をしているのです。そういう意味で、あなたの学習はさらに進み、別なレベルのことも学べますし、才能に恵まれない生徒の学習も進みます」

おそらくこういう理由のせいで、一五歳以前に上級クラスがなくても、全国レベルでトップの成績の生徒たちには大きな影響がないのだろう。二〇〇九年、フィンランドは、PISAのトップレベル（レベル5と6）に入った生徒の割合が、科学で世界第四位、読解で第七位、数学はそこまで上位ではなかったが、しっかり平均以上に入る一五位だった。一五歳から先、これらの生徒たちは、希望すれば選《え》り抜きの優秀な学校に進み、さらに大学へと進む。オックスフォード大学やケンブリッジ大学には、北欧の「総合制教育」を受けた学生たちが集まっている。ただ、もしまだ改良の余地があるとしたら、フィンランドの学校はもっと、優秀な生徒たちが力を発揮できるようにしていくべきだろう。

第四章　教師のモチベーション

「達人の通る道からは障害が消える」
――フィンランドのことわざ

もし、長くて寒くて暗い冬に耐えられるなら、私はフィンランドの教師になりたい。もっとも、冬にフィンランドに戻ってくるかもしれないとエンマに言ったら、真顔で「死ぬわよ」と言われたけれど。採点にどんなマーカーを使うかまで指示されていたイギリスの学校からいきなりやって来ると、仕事のやり方に関して、フィンランドの教師はたいへんな自由を持っているように見えた。イギリスでは、授業計画を全部所定のフォーマットに書き込んで、上に報告しなければならなかった。ところがフィンランドの教師たちは、いったん資格を与えられれば、もういっさいそんなことはする必要がなく、授業視察すらない。彼らは監視されない。専門家としての彼らの意見がすべてにわたって尊重される。たとえば私がある職員会議に顔を出したとき、最後の検討課題は、食堂に新しくどんな備品を注文するかということだった。

学校の視察はない。教師の審査もない。教師に責任を負わせる全国試験もなく、一五歳になるまでは生徒の進級は教師が決める。では、いったいどうやったらフィンランドがＰＩＳＡでこんなに素晴らしい成績を収められるのだろう。それにどうやったら国じゅうの学校で同じような成績を出せるのだろう。まだ見えてこないものがいろいろある。そこで本章では、前半はモチベーション、後半は高レベルの維持に向けた取り組みについて取り上げる。

もし自分の国の教育システムに、学外試験も、教師の審査も、学校の視察もなかったら、教師たちはあれだけ熱心に授業をするだろうか。改善の必要な学校は、重い腰を上げて必要な変革に取り組むだろうか。フィンランドの学校で教師たちと話していて、私は学生時代に学んだモチベーションに関する研究書を思い出し、最近読んだダニエル・ピンクの『モチベーション3・0――持続する「やる気《ドライブ》！」をいかに引き出すか』を思い出した。[1] ピンクは、じつに多くの企業の方針や業務が、彼が「モチベーション2・0」と名づけた時代遅れの動機づけを基本としていると書いている（ちなみに、モチベーション1・0は、たんに生存するためだけの生理的なもの）。

モチベーション2・0は、人間は報酬を求め、罰を避けたがるから、人を動かす最良の方法は、アメとムチによる外発的動機づけだという前提に基づいている。モチベーション2・0によれば、外部からの動因がなければ人間はやる気を起こさず、進んで仕事をしない。しかし、一九四〇年代に行なわれた研究で、人間には第三のやる気（内発的動機づけ）があり、それによって、人は外部からの報酬がなくても、ただその活動自体によって自分の内面から湧き出る満足感のためだけに、何らかの活動を続けられるということが立証されているという。ピンクはこれを「モチベーション3・0」と呼ぶ。

二人の卓越した心理学者、リチャード・ライアンとエドワード・デシによれば、人を内発的に動機づけるための三つの要素があるという。

・熟達――自分の行なっていることをどんどん上達させたいという欲求
・関係性――他人と良い関係を持ちたいという欲求
・自律性――自分で決めたいという欲求[2]

より新しい研究[3]に基づいて、ピンクはモチベーション3・0に貢献する四つ目の要素を加えている。

・目的意識――自分より大きな何かの一部になりたいという強い欲求[4]

フィンランドではじつにさりげない形で、内発的に動機づけられた教師を育てるのに必要な心理的要因が整った教育システムが作られてきた。

目的意識

これはわかりやすい。目的意識という観点からすると、人を教えることは、自分の身を捧げることだ。次の世代を担う子どもたちを教育するのは大事なことだと考えて教職に就くのは、フィンランドの教師だけではない。イギリスの教育シンクタンクLKMcoによれば、じつに多くの人たちが、子どもたちの将来のための力になりたいという動機で教職に就くという。[5]しかしフィンランドには昔から、教師にならねばというもっと強い使命感があった。国を作りたいという、文字通りの使命感だ。

サロネンは次のように語った。「わが国の文化における教育の役割はとても大きいです。一八六〇年代、わが国はロシア帝国の一部ではありましたが、自立した大公国でした。そこでロシア人の中に、フィンランドをロシアに併合すべきだと、ロシア皇帝に迫る者たちが出始めました。これに対抗してフィンランドでは、公立学校建設を命じる法律が発布され、誰もが学校に行くことが義務化されました。その結果子どもたちに『私たちはスウェーデン人ではありませんし、ロシア人にもなりたくありません。フィンランド人でいさせてください』という主張を教えることができたのです」

このように教育システムは、国家としてのフィンランドの土台だった。その当時、盛んに言われていたのは、もし自分たちがフィンランド人としての大衆文化とアイデンティティを築き上げることができれば、いずれは独立を要求することもできるということだった。だから教師たちは、フィンランド人の自意識の拠《よ》りどころとしての大きな責任を担い、非常に尊敬されていた。その後、第二次世界大戦後に多くの兵士たちが教師になったときも、この評価は変わらなかった。

七〇年後の今も教職は相変わらず人気があるが、もう同じように尊敬されているわけではない。ちょうど将来の進路を選ぶ年頃になったエンマは、「実際に教師になりたい人をたくさん知っているけど、どうかなあ。たしかに尊敬されてるけど、そんなすごくでもない」と言っている。たとえば、医者よりは落ちるという。バーキーGEMS財団が行なった国際調査でも、エンマと同じ見方がされている。二一カ国で、それぞれ一〇〇〇人を選んでさまざまな職業について質問し、どの程度の社会的地位なのかをもとにランクづけしたところ、フィンランドの回答者たちによる教師の格付けは、イギリスやアメリカより低かった。[6]

とはいえ全体としては、教師はやはりとても人気の高い職業であり、教師の養成コースはたいへんな高倍率（首都ヘルシンキでは一〇倍）なので、入学選考基準はとても厳しい。小学校教師のコースはとくに人気が高い。けれども中学校教師は、科目によっては定員割れするコースもあり、数学と自然科学の教師が全国的に不足している。教師の養成コースに入るには、志願者は筆記と実技の二種類の試験で合格しなくてはならない。まず筆記試験では、教育関連の論説をいくつか読み、それに基づいた小論文を書く。次に、教師としての潜在的な能力を見るための実技試験、そして面接。目的意識があるのは当然なので、教えることへの道義的使命感がとくにチェックされる。

かつてほど社会的地位が高くないのに、なぜ教職はいまだにこんなに人気が高いのだろう。エンマがその手がかりをくれた。「教師になるには、信じられないほどのトレーニングを積まなきゃならないの。だから尊敬されているの。『まあ、こんなに勉強をやっているの？　それだから教えられるの？　すごいわねえ！』って。ほんとにすごく勉強をしなくちゃならないし、誰でもなれるわけじゃないから」フィンランドでは、結婚相手の職業としても教師は高くランクづけされている。だから、地位は高くないし、ＯＥＣＤの平均からすると給料もそう高くはないが、強い道義的使命感と高い専門性から敬意を払われている。イギリスやアメリカの教師と違うのは、あとの方の専門性の高さだ。

熟達

「信じられないほどのトレーニング」とエンマが言ったのは、教育修士号取得のための五年間の教育のことで、国の援助により無償で学べる。小学校の教師になるには、国内の八つの大学のうちの一つで学び、教師になるためのトレーニングと教育実習を行なう。また、小学校で教えなければならない全科目を学ぶ（うれしいことに、体育にアイススケートが入っていた）。中学校の教師になるには、教える科目を基本とした学位を取得したあと、一年間の修士課程に進む。やはり全部で五年間学ぶが、教育を重点的に学ぶのは最後の一年だけだ。

修士号を取得するためには、どのコースにも調査研究が含まれ、全員が自分の選択した教育的テーマで修士論文を書かなければならない。知り合いのレータは、英語の教科書に使われている性差のある言葉をテーマに修士論文を書いた。彼らは、教育の実践に関する最新の研究に基づいた最新の教育科学を教わり、研修医のように、教師訓練校で教育実習をする。これはトレーニングの最も重要な部分だ。エンマも宗教の授業で、最後の学期いっぱい、教育実習生から教わった。担当の教師は教室の後ろに座ってノートを取っていた。

多くの人が、この修士レベルの教師養成トレーニングをPISAにおけるフィンランドの高い成果の理由として挙げているが、この特徴自体が重要な要素かどうかについては、はっきりした証拠はない。[7] それに修士レベルの資格を加えたこと自体が、フィンランドの得点の上昇に貢献してもしなくても、フィンランドの教師たちは、義務教育が始まった当初から優れた教育を受けてきたのだ（これが彼らに熟達しているという印象を与えるもとになっている）。そしてまた、修士号が必須条件になる前から、教師を目指す学生たちは教え方について二～三年の教育を受けて、専門的知識の必要な仕事であることは認識していた。

マルヨ＝リタに、教師として成長し続けるために何をやっているのか尋ねると、彼女は、毎年受けなければならない一定数の「勉強」があり、各自が必要に応じて選ぶのだが、それとは別に、空き時間を使って多くを学ばなければならないと言った。イギリスの公立学校で働いていた身として、私は、「しなければならない」という言葉を「強制されたうえで、ちゃんと従ったかどうか監視される」という意味だと思ってしまう。しかし、そうではなかった。彼女が言ったのは、優れた教師になるためには、本を読み、文献を調べ、研究や調査について同僚と議論しなければならないということだった。「いつも勉強していないと、ちゃんとした仕事ができる気がしないもの」ここには、フィンランドの教師たちが内発的動機づけに必要な要因のうちの二つを獲得していることが、みごとに示されている。ちゃんと目的意識を持った人が選ばれ、教育学的研究を理解してそれを実践する訓練を受けている。

関係性

私には、フィンランドの教師たちが人より強い「関係性（他人との良好な関係）」を持っているかどうかはわからない。小学校では、彼らは少なくとも週一回は集まって一緒に計画を立てる。初めて教えるときには指導者がつくし、授業と授業のあいだの一五分の休憩時間には、ものすごく濃いコーヒーを飲みながら職員室でおしゃべりをしたりもする。しかし、どれもみんな普通のことだ。校長以外は、学校内で特別な権限を持ってはいない。たとえば、同じ教科の教師は全員が同じ職業的立場にいる。実績によって給料が変わるわけでもないし、他に彼らを互いに競わせるようなものもない。けれどもたぶん、こういうことが関係性に貢献しているのかもしれない。

フィンランドの教師たち（そして生徒たち）が関係性を構築するのに役立っているものに、小規模な学校の多さもある。一九九〇年代初頭までは、生徒数が五〇人未満という学校が二〇〇〇校以上あった。こういう学校は地域に密着していて、数学の教師が週末に郵便局の窓口に並んでいるときに生徒の母親と顔を合わせたりするので、生徒が宿題をサボっていると親に叱られる。しかし、九〇年代に起こった不景気以降、こういう学校の多くは閉校し、子どもたちは大きな学校にバス通学するようになった。この二〇年で田舎の学校の数はどんどん減少し、二〇一二年には六六〇校になった。このことが生徒の成績に影響したようには見えないが、[8] 生徒や教師の人間関係のありかたには影響を与えたかもしれない。そして、こういう学校の閉鎖は、共同体の中心として学校を頼りにしてきた周辺の村々の、存在意義や活気を減退させる恐れがある。[9]

フィンランドの教師たちが他の国より強い「関係性」を持っているかどうかはさておき、全体像を理解するために、その内発的動機づけへの効果に加えて、なぜ「関係性」が重要なのかについての興味深い研究を紹介しよう。「関係性」は「社会関係資本《ソーシャル・キャピタル》」という概念と似ている。ソーシャル・キャピタルとは人と人との関係の強さと、その関係から生じる価値のことだ。学校という世界にいる教師たちにとって、考えや学んだことを互いに分け合うこともそれに含まれる。強力なソーシャル・キャピタルを持つとは、このような人間関係が高い信頼と親密な交流によって強まることだ。

生徒の学習成果に対するソーシャル・キャピタルの影響は、ピッツバーグ大学のキャリー・リアナ教授が行なった、ニューヨークの小学校の一〇〇〇人以上の教師に関する研究で詳しく調査されている。この調査では教師たちに、アドバイスが必要なとき誰に相談するか、アドバイスをくれた人をどの程度信頼するか、という質問をし、同時に児童の算数の進歩状況についても、一年にわたって追跡調査を行なった。その結果わかったのは、子どもたちの算数の成績が向上するのは、教師が算数を中心に同僚と頻繁に話しているときと、教師どうしの信頼や親密さが実感されているときだということだった。[10] つまり、教師どうしの関係は二重の重要性を持っている。個々の教師のモチベーションを高めると同時に、彼らの教育能力も高めているのだ。

自律性

もし、優れた教師になるためのマルヨ＝リタの努力が、煩雑な事務仕事や重箱の隅《すみ》をつつくような管理体制に挫《くじ》かれることになっていたら、熟達、関係性、目的意識があっても、何の役にも立たないだろう。いや、間違ってはいけない。フィンランドの教師にも事務仕事はある。たとえば、問題を抱えた子どもに教師が行なったサポートの数々を、特別教師に介入を頼む前に書類にまとめる仕事などがある。しかし、彼らは〈どう〉教えるか、そしてある程度まで〈何を〉教えるかを、自分で決める自律性を有している。フィンランドでは、教師は本当に信頼されているのだ。いったん資格を与えられれば、教師を評価するプロセスはない。彼らがやっていることを監視する者はいない。

サロネンはそれについても教えてくれた。「わが国の文化に一貫しているのは、給料をもらって責任ある立場になれば、誰からも監視されたくない、という気持ちです。じっさい監視なんかされたら、仕事の効率も下がります。それに、歴史的理由もあります」彼は言葉を止め、片方の眉を上げた。

「どんな？」と私は尋ねた。

「いい質問ですね！　食いついてきましたね」彼は続けた。「フィンランドの歴史を簡単にお話しすると、一一〇〇年代にスウェーデン人が十字軍としてやって来て、その後二、三〇〇年かけてフィンランドを、そう、どんどん支配していきました。その後、私たちは一八一二年までスウェーデンに支配され、それから、ロシア人がやって来ました。スウェーデン人もロシア人もフィンランド人を二級の国民とみなし、私たちを監視しました。私たちフィンランドの文化に染みついたこの何百年もの歳月のせいで、私たちには『おい、私のことは放っておいてくれ、あっちへ行け、監視するな』という気持ちがあるのです」

こういう気持ちを、一九七〇年代の総合制システムへの改革に際して教え方を指示されたときの教師たちは、とりわけ強く持った。すでに触れたように、彼らは能力に差のある子どもたちを相手にしたうえに、全員をかなり高い学習レベルに到達させなければならないという、それまで経験したことのない状況に置かれた。これには新しい教育テクニックだけでなく、教育に対する新しい考え方が必要で、当時はそういう考え方を持っていない教師もいた。そこで教師たちは職場でのトレーニングに加えて、厳しく集中管理された運営システムによる定期的な査察を受け、定められたとおりの新しいカリキュラムを教え、古いやり方を続けていないかどうかをチェックされた。

けれどもいったん総合制教育システムが確立され、教師たちが定められたとおりに教えるようになると、査察は廃止され、中央が認可した教科書を使うという規定も取り下げられた。一九八五年に新しいカリキュラムの枠組みが導入され、基本となる国家カリキュラムの解釈のしかたについては、地方自治体と学校に大きな自律性が与えられた。ただし現在でも、各教科に費やす時間については国の規定がある。最近では、教師の自律性はフィンランドの教師のあいだでとても大切にされていて、辞職したら自律性まで失ってしまう気がすると言う人までいるほどだ。[11]

というわけで目的意識と熟達は、フィンランドで義務教育制度が始まった当初から教師たちが持ち続けている特徴だが、自律性という特徴は、もとから持っていたわけではなかった。たしかに、自律性はかならずしも持てばいいというものではない。自律性を行使する人の資質や信念や専門スキルの高さに左右される。フィンランドの教師たちは、つねに高い教育を受けてきたが、積み重ねてきたトレーニングとそれまでの経験が、彼らに課された新しい膨大な仕事にはもうあまり役に立たないという時代があった。ただ、この自律性が失われた時期は、フィンランドのその後の成功に必要なものだったということは忘れてはならない。そして一九八〇年代以後、教師の仕事は高い質を保つようになり、査察はもう必要ないと決定され、フィンランドの教師たちは教え方や教材についての自律性を手に入れた。こうして、内発的動機づけを支える関係性、熟達、自律性の三本の柱は完成した。

本当に自律している？

一九九六年、イギリスのイースト・アングリア大学の研究グループが、フィンランド国家教育委員会の招きを受け、カリキュラムに関して与えられた自由を教師たちがどのように行使しているのかを理解するために、国じゅうの五〇校の学校を訪問して授業を見学した。その報告に記された発見は、驚くべきものだった。

「クラス全体が、教師が指示したペースで、教科書に載っている内容を順々に勉強していく。美術でも数学でも地理でも、何列かに並んだ子どもたちが全員、同じことを同じように行なう。私たちは学校から学校へと見てまわり、ほとんど同じ授業風景に出くわした。教師を取り換えても、子どもたちは違いに気づかないのではないかと思うほどだった[12]」

　これは一例にすぎないが、二〇〇〇年のＰＩＳＡのテストでフィンランドが最高得点を取ったことが世界じゅうに知らされるわずか四年前の報告だ。どの学校でも、どの教師でも、よく似た教え方をしていることがわかる。エンマは授業の構成について、先生たちのあいだにあまり大きな違いはないと思っている。彼女は典型的な授業について、こんなふうに話した。

「教室に入って、席に着いて、宿題の答え合わせをする。もし、やってなかったら、はらはらしちゃう。だって先生はランダムに生徒の名前を呼んで答えさせるから、もし自分が当てられたら、もうたいへん！　それから先生が意見や質問がありますかって訊いてから、今日の内容に入って、質問して、授業を進める。『これはこうなって、それはそうなります』って。私たちはノートをとって、議論する。それから、先生はワークブックの練習問題をいくつか解かせて、それで授業はおしまい。質問があれば、先生がその人のところまで行く。でも、それも科目によるかな。数学はそんな感じだけど、語学になると、二人一組で会話したり、ゲームをしたり、また定番のやり方があるし」

　アイスランドとフィンランドの数学の授業の様子をビデオに録画して比較した調査でも、フィンランドの教師たちは、教師が指導するという昔ながらの授業方法を一貫してとっているが、クラス全員による議論や生徒の発表のように、しっかりしたクラス全体の交流がある[13]。フィンランドで撮影された二〇の授業はすべて、復習‐授業‐練習問題という構成になっていて、エンマが説明してくれた授業風景と同じだった。これは、アイスランドの教師たちのやり方とは対照的だ。アイスランドは多くの点でフィンランドと似ている国だが、ＰＩＳＡの成績はかなり低い。ビデオに録られた教師たちの半数は、生徒たちにもっと個別に対応し、生徒は一人ひとりが別々の勉強をするのに多くの時間を使い、時間が許すかぎり一対一で教えてもらっていた。昔ながらの授業方法がフィンランドを好成績に導いたかどうかはわからないが、フィンランドの教師たちは、たしかに他の国々とくらべて驚くほど教え方が似通っている。

フィンランドの学校ではこのように比較的似通った教え方をするので、学校や地域が違っても、得点の開きがとても小さい。しかしそれでは、フィンランドの教師は本当に自律性を持っているのだろうかという疑問が生じるかもしれない。何らかの隠れた圧力のせいで、彼らは同じようなやり方をするのではないだろうか。その疑問はもっともだが、彼らの答えは「ノー」だ。フィンランドの教師たちは本当に思うとおりに教えている。国じゅうで教え方と授業構成が似通っているのは、授業のやり方や構成が強制されているからではなく、教員養成と教材が高いレベルで維持されているおかげだ。

高いレベルを維持する取り組み

フィンランドの教育システムや、この国の教師たちの仕事における自由度を見て、他の国の教師たちも自分が正しいと思うような教育をどんどん進められるようにすれば、生徒たちの数学や読解や科学の得点が上がるのではないか、と考える人がいる。しかし、かならずしもそうとはかぎらない。教師や学校運営の質によって、生徒の成績が向上する学校もあれば、低迷する学校もあるだろう。自分の教育は完全無欠だと思っている人には、正しい意図と、目標の実現に必要な専門知識、すなわち目的意識と熟達が備わっていてこそ価値がある。目的意識がなければ、教師たちは課せられた仕事をサボるかもしれない。発展途上国で残念ながらよく見られる、机で居眠りをしている教師がそれだ。また熟達していなければ、教師たちは新しい教え方を生かす知識もスキルもなく、やみくもに教えるだけになるかもしれない。

　フィンランドでは、教師の意欲と専門知識の両方で高いレベルが維持されているので、教師への信頼度は非常に高い。まず教師になりたい多くの志願者から、教育への意欲と情熱を持っている者だけが選ばれる。それから、ほんの一握りの一流大学だけで教師になるための訓練が行なわれるが、その内容は高レベルで、卒業生は高い教育スキルを持つ。

　フィンランドで教師になるのはこれほど難しいのに、志願者がたくさんいるのは、歴史的な理由もあるだろうが、これまで述べてきたさまざまな点で魅力的な仕事だからだ。多くの人が、有意義な仕事に就きたい、専門家になりたいと思っているし、これほど重要な仕事を任されることには心魅《こころひ》かれるだろう（国によっては視察や査察のせいで余分な仕事があるが、それもない）。フィンランドモデルをそっくり真似しようとすると、卵が先かニワトリが先かというジレンマに陥ることになる。思い出してほしいのは、フィンランドの教師たちも最初からこれほどの信頼を置かれていたわけではないということだ。大学でも仕事に就いてからもトレーニングを積んで、もう立派に一人前の教師だと認められるまで、彼らにも査察は存在していたのだから。

　教師の養成課程を国が調整している（しかし命令するのではなく、地方ごとの違いや主導権には配慮している）[14]という事実も、教師の教え方が似通っていることの説明になるかもしれない。もし、研究の結果、生徒にいちばん合ったやり方というものが見つかっているならば、違うやり方をする必要はない。子どもたちの興味のあり方や必要なものはさまざまなので、それに合うように、授業はいろいろな例や活動を駆使して行なわれるが、教わっている子どもの頭脳の働き方自体は、フィンランドのどの地域でも変わりはしない。たとえば、国じゅうどこに行っても、いや、世界じゅうどこでも、医者が虫垂炎を治療するやり方に大きな違いはない。しかしそれは、医者に自律性が欠けているからではなく、彼らの治療がしっかりした研究に基づいているからだ。

成績のばらつきのなさに貢献していると思われる、フィンランドのシステムの二つ目の特徴は、質の高い教科書が共通して使われていることだ。たとえば数学や科学の授業で、フィンランドの教師の大多数は基本的に教科書を使っている。[15] 教科書は一九八〇年代の半ばまで国家教育委員会の認可が必要だったが、今はもうそんなことはない。教師の養成課程と同じように、教科書の内容や紹介されている活動は、どうすれば子どもたちがよく内容を理解しスキルを学べるかについての研究が下敷きになっている。これはたんなる学問的な研究ではない。教科書作りには、教育現場でさまざまなやり方を実践してきた経験豊富な教師たちも加わっている。教師たちは教科書を使うように強制されるわけではないが、とても良くできているので、自分で一から全部作るのは時間の無駄でしかない。

マーリトの息子は、血筋なのか、数学と科学の教師をしている。彼は私にこう言った。

「生徒が使う教科書にはすべて、指導用のガイドがあります。普通、どの学校でも手に入ります。内容はたいてい授業の推奨プランで、その他にも例題、課題、グループワークのテーマ、プリント、単元ごとの授業の時間配分など、いろいろな教材が入っています。通常、こういう教科書の出版元は、学校が利用できるインターネット教材も提供しています。教科書は科目ごとに数社の出版社から買え、新しい本を買う時期になると、どれを選ぶかは教師が任されることが多いです。出版社どうしが競争することになるので、教師も生徒も質の高い教科書を使うことができるんですよ」

他の多くの国々との重要な違いは、一八歳になるまで統一試験がないということだ。だからフィンランドのほとんどの教科書会社は、生徒がしっかりと取り組み、深く理解できるような教科書作りを競っている。イギリスでは最近までこれとは逆に、教科書会社の競争は、特定の試験で生徒が最高得点を取れるような教科書を作ることを、基本としてきたように思える。

私はレータに、教科書についても尋ねた。すると彼女は、フィンランドではどうしてこんなに教科書を使うのかを説明してくれた。

「フィンランドの学校では、教科書が主な道具なの。経験豊富で有能な先生たちが教科書会社と協力していて、カリキュラムに沿った、興味が持てて、楽しくて、やる気の出る教科書を作ってる。この頃では、先生たちは授業の計画以外にもやることがたくさんあるから、みんな、教科書をすっごく頼りにしてるでしょうね。このシステムはフィンランドならではのもので、全国共通よ。もちろん例外もあって、何でも自分でやりたがる先生は教科書も使わないんだろうけど、そんな人はごくわずかだわ。時間がないもの」

でもそれで、教師たちは教え方の自律性を保てるのだろうか？　保っている。教えた内容や教え方に関して、高いレベルを維持できているか？　できている。これは、矛盾するのではないか？　いや、不思議かもしれないが、矛盾してはいない。そして、冬が死ぬほど寒いにもかかわらず、私は今でもこの国で教えたい。

今後の展望

二〇〇六年のPISAが、フィンランドの頂点だった。二〇〇九年には数学も読解も科学も点数が下がり、二〇一二年はさらに下降した。この下降の陰には、いったい何があるのだろう。誰にも本当のところはわからないが、理由はいくつか考えられる。

フィンランドは、教育以外の世界で大きな困難に直面している。それが点数が下がったことに関係しているのかもしれない。フィンランドの教育者で著述家のパシ・サールベルク教授は、フィンランド教育の事実上の代弁者でもあるが、フィンランドではこの二〇年で、収入の格差の広がり方が他のOECD諸国より速くなってきており、それが増加する社会問題、貧困の拡大、子どもたちの学習達成度の低下と結びついていると指摘している。[16]また、OECD国際教員指導環境調査（TALIS）によると、専門能力の開発トレーニングに参加する教師が減っており、教師の仕事への評価を受ける機会も少なくなったという。自律性のために監視を受けないからといって、「湯水と一緒に赤ん坊を流す」（いらないものと一緒に大事なものまで捨ててしまうという意味のことわざ）ようなことになってはいけない。自律性を保ったまま、評価をしてくれる同僚や校長の助けを受けることはできる。

二一世紀になり、人口構成も変化してきている。他の諸国と同じく、フィンランドでも外国生まれの国民の数は劇的に増加し、二〇一〇年には一九九〇年の一〇倍の人数になった。しかもそのほとんどは、二一世紀に入ってからの流入だ。[17] 二〇〇九年には、フィンランドに移住してきた子どもたちは他の国々の移民より良い成績を取ったが、二〇一二年には、そうではなくなった。また、フィンランド生まれでない生徒たちのPISAにおける数学の点数は、フィンランド生まれの生徒たちより二学年分も低く、フィンランド全体の成績の低下に影響を与えている。[18] これはけっして避けられない現象というわけではない。ただ、多様化していく子どもたちを教育するという難問を解決するには、一九七〇年代の総合化のように、教育手法や考え方の転換が必要なのかもしれない。

しかしこれらの問題にもかかわらず、フィンランドはいまだに世界でも得点の高い国であり、二〇一二年は三分野の平均でアジア以外ではトップの成績だった。質の高い保育園や幼稚園に行かせたあと七歳で正規の学校教育を始めるという、幼少期における取り組みのおかげで、ほとんどすべての子どもたちが最初から学校のカリキュラムに対応でき、一緒に進歩することができる。異なるコースの学校への振り分けを一六歳まで延ばすという決断は、生徒たちの驚くほど公平な成績を生んだ。そしてフィンランドの教育制度には、教師の内発的動機づけをもたらす、自律性、熟達、関係性、目的意識という要因がしっかりと根づいているので、教師たちは自由に自律性を発揮して、何でも最高のものを選べるという羨《うらや》ましい立場にいる。面白いことに、同じく高い成果をあげているアジアの国の一つが、文化の大きな違いにもかかわらず、フィンランドと同じような取り組みをしている。ではその国、日本に行ってみよう。

第五章　教室は生活の場

「出る杭は打たれる」
——日本のことわざ

日本には、もう少しで入国できないところだった。入国カードに滞在先の住所を記入しなければならなかったが、その住所は携帯電話に入っていた。そして携帯は悲しいことに、機内できちんと電源を切っておかなかったせいでバッテリーが切れていた。じつのところ、滞在先の確かな住所を持たずにどこかの国に入国するのは初めてではなかったが、これまで問題は起きなかった。他の国では、町の名とかホテルの住所とかを書けばいいと言われたからだ。日本では違っていた。

とても礼儀正しい空港の職員が、不運な外国人を助けるためにやって来た。私は、ジュリエットという名のイギリス人教師宅に滞在予定で、彼女は到着ロビーで私を待っていると説明した。そこで、「ルーシー・クレハンさんという方が必要な情報を持たずに到着されましたので、お出迎えの方は到着ロビーの案内カウンターで滞在先のご申告をお願いします」という放送が空港じゅうに流された。五分後、空港職員が滞在先の住所をイミグレーションのあちら側からこちら側まで持ってきてくれて、私はそれをカードに書き込み、しょんぼりとうなだれて入国することになった。日本では文字通り、物事は規則通りに進められる。

規則に従い、文句は言うな

ジュリエットは西日本の小さな町に二五年住んでいて、いくつかの高校と大学で英語を教え、日本人の夫ユタカと、三人の美しくて聡明な娘たちを育てている。二〇歳のハナ、一八歳のリリー、一五歳のマヤだ。彼女たちは小学校、中学校、高校と地元の日本の学校に通ったので、学校の規則に従ってきた経験について率直に話してくれた。

「中学生になると、先生たちが意味のない規則を強制し始めるようになる。先生はろくに理由もないのに、思いつきで規則を作るだけ。なのに先生の言うことには何でも従わなきゃいけないし、言うことをきかないと怒られる。どうしてやっちゃいけないのかなんて、全然説明してくれなくて、ただ『駄目です』って言うだけ」とリリーは言った。

「集合のときは、こんなふうに座ってもいけなかった」リリーは話をしていたソファから床に移動し、足を組んで座った。「こうしなきゃいけないんだけど」と、両膝を立ててそれを両腕で抱え、「話がすごく長いからお尻は痺れてくるし、背中は痛くなるし。でも、動いちゃダメなの」

あとの二人も同意見だった。やはり中学時代には学校での行動が厳しく規制されたという。それに日本各地からやって来た、ハナの大学の友人たちも、小学校との大きな違いを、中学生になったときに経験していた。小学校では、ほとんどの地域で子どもたちは制服を着ないが、中学校では服装一式が定められていて、特定のブランドのソックスを履かなければならないし、ヘアスタイルも制限されている。体育の時間には足並みを揃えた行進のしかたを教えられるし、列からはみ出すと大声で注意されるので、中学生になるのは「軍隊に入ったみたい」だったという。リリーなど、人生のあの三年間は「自由はないし、勉強は多いし、先生はすごく厳しいし、地獄のようだった」と言っているほどだ。ハナはもう何年も前に中学校を卒業して大学に通っているが、先生の態度の変化について、こんな理由を挙げた。

「たぶん、中学校がすごく厳しいのは、高校に行く準備をさせようとしているからじゃないのかな。先生たちは生徒を本当にきちんとしつけようとしてる。それに中学校を卒業してから高校に行かず、社会人になる人もいるから、学校はその準備もさせようとしているんでしょう」

　ハナの言葉を聞いて、ある学術書の中の日本の教育史に関する一節が浮かんだ。日本で生まれ、日本文化と日本人に関する多くの著作を残したハーヴァード大学のエドウィン・O・ライシャワーは、戦前の日本では「教育は何よりも、近代国家に必要とされるさまざまな熟練技能を習得できる従順で有能な国民を訓育するための、政治の一手段とみなされた」と述べている。[1]ジュリエットの娘たちや日本の教師たち、それにこの二日後に会ったＰＴＡの親たちとの会話から、これは今でも、ある程度当てはまっているように思われた。

　私は冷え冷えとした会議室のきれいに磨かれたオークのテーブルに着き、緑茶をすすりながら、ＰＴＡの五人の日本の母親たちが、教育システムについて議論するのに耳を傾けていた。一人の母親が、ハナとほとんど同じことを言った。「日本は、社会の一員となるならルールに従わなくてはならない国なんです。だから、まず学校でルールに従うことを学ばなければいけません」この話題は、日本の教育システムの長所と短所はどこだと思いますか、と私が尋ねたのがきっかけで始まり、母親たちは声を揃えて、そのどちらもが、学校における自由のなさだと答えた。

この社会で暮らしていくうえで、子どもたちがルールと行儀を身につけることを学べば、もうああしろこうしろと言われずに済むようになるから、それは良い点だと彼女たちは言う。その反面、これに「ついていけない」生徒たちがいる。興味深かったのは、こういう生徒たちの身に起こる悲劇が、規則に厳しい文化の問題点だとは誰も考えていないことだった。自分たちも経験したように、これは誰もが通る一つの通過儀礼だと思っているようだ。この原因は、日本の文化において〈我慢《がまん》〉が重要視されているという点にある。我慢とは禅《ぜん》に由来する言葉で、「耐えがたいことに忍耐と威厳をもって耐える」という意味だ。日本の子どもたちは学業を通じてこの特性を培うものとされている。とりわけ、高校と大学の入試に向けて猛勉強しなければならないときに。母親の一人は、「この程度の試験のプレッシャーは普通のことで、我慢しなければいけませんし、重すぎるとはとても言えないでしょう。誰もが通ってきたし、これでいいと思います」と私に言った。別の母親も「子どもたちは時々たいへん過ぎて、本当にかわいそうだと思いますが、私たちもそうしてきたし、そんなものです」と同調した。

〈我慢〉を実践しなければならないもう一つの例は、日本の学校内における極端な温度の高低差に関係している。かなり北の地方は別として、日本の学校には暖房やエアコンの設備がない。ほとんどの学校にプールがあることを考えると、明らかに資金不足のせいだとは思われない（冷暖房設備の設置状況は、都道府県によって差が大きい。文部科学省は摂氏一〇度以上、三〇度以下であることが望ましいとしている）。

私が滞在した町の気温は、冬は夜間に摂氏二度まで落ち込み、日中の最高気温も一〇度までしか上がらない。一方、夏は蒸し暑くて三〇度台にもなる。女の子たちは冬じゅう、薄いセーターにブレザーを着るだけで、ソックスとスカートで過ごさなければならない。先生は寒い日にはコートに手袋で来てもいいのに、とマヤは悔しがった。そこで生徒たちも、いかにもティーンエイジャーらしい創意工夫による賢い対抗措置として、男の子も女の子も携帯カイロを買って、とても寒い日にはソックスに入れたり背中に貼ったりしている。マヤが二つばかりくれたので、私も三月に学校訪問をしたときは、セーターを三枚重ねた下に貼って、大いに重宝したのだった。

教えるべきは勉強だけじゃない

私が滞在したとき、ジュリエットの次女リリーはちょうど大学入試を終えたばかりだったので、とても親切に、私がさまざまな学校を訪ねるのに同行して通訳を務めることを引き受けてくれた。彼女の仕事ぶりはすばらしく、本来の意味での通訳をしてくれただけでなく、学校訪問などに伴う多くの形式的な礼儀について教えてくれたり、目の前の光景を私が理解できないときには、子どもたちや先生たちの行動について説明してくれたりした。初めて地元の中学校の校長先生に挨拶したときは、相手の名刺を両手で受け取って、面談のあいだはテーブルの上に置いておくようにと注意してくれたので、私は失礼を免れた。もっとも実際の校長先生は、気を悪くするような人ではなかったし、気を悪くしていたとしても、それを表には出さなかった。彼は銀髪で、笑うと目尻に皺《しわ》が寄り、驚くほど物腰が丁重で、リリーにも私にも、とても魅力的な人物に思えた。

ハシモト校長は、私がこれまでいろいろな人としてきた話に説明を加えてくれ、またそれ以降の私の授業見学に光明を与えてくれた。彼は、日本の教育の目的は「子どもたちを育成すること」だと説明した。これは読み書きや数学や科学を教えることより、はるかに広い範囲のものを含む。「日本の教室は学ぶためだけの場所ではありません。生活する場所でもあるのです。ですから日本のクラス担任は学問的なことだけを教えるのではありません。道徳のほか、あらゆる種類のことを教えます。教育とは生徒の人格を育成することだと法律に明記されており、私も本当にその通りだと思います」

校長室に座っていて、最初にリリーの通訳でこの言葉を聞いたとき、私は「生徒の人格《パーソナリティー》を育成する」とは、欧米と同じように、生徒一人ひとりの個性《パーソナリティー》を引き出し、それぞれの独自性を際立たせるという意味だと思い込んでいた。ところが日本では、この思い込みは実際とはかけ離れていた。他の人たちとの会話や文献に照らして、ハシモト校長の言葉をじっくり考えてみると、彼が「人格の育成」という言葉で意味していたものは、英語では「developing character（人格の形成）」と考えれば、よりはっきりと理解でき、「developing their individual characters（個々の性格の発展）」とは正反対の意味になる。彼はそのあと、学期始めに行なわれた職員会議について話してくれた。このとき教師たちは二時間かけて、生徒たちにどんな人になってほしいかを話し合ったという。ハシモト校長は、生徒たちには礼儀正しい人になってほしいと思っている。親たちは、ルールを守り、一生懸命勉強することを身につけてほしいと思っている。ジュリエットの娘たちに、学校はあなたたちにどんな人になってほしいと思っているの？　と尋ねたところ、最初はクスクス笑いながら「ロボット」と言っていたが、そのあと、「大事なことには真面目に取り組み、自分に厳しく他人にはやさしい人」

という答えが返ってきた。

価値教育（行動や意思決定の判断基準となる価値観を育てる教育）の効果は簡単には測れない。データを重視する教育システムでは、価値教育など無意味だと言われかねない。そうなると、生徒の特性や振る舞いを考慮したり、育成したりする時間は削られてしまう。それがあるべき姿だと言う人もいる。学校は子どもたちを賢くするためだけのところだ、というのだ。しかし私は二つの理由から、それでは不十分だと思う。一つ目の理由は、測定手段に関することだ。生徒の持つ向学心やレジリエンス（逆境にも折れにくい弾力性のある精神）といった特性の育成を図ることによって、また努力や忍耐を目に見える形で評価することによって、等級づけのような測定可能なものとしてそれらを伸ばしていくことは可能である。もちろんやり方にはピンからキリまであるが、価値教育の研究をまだ導入していないところに、有益なプログラムをどんどん紹介していくべきだ。

学校は「子どもたちを賢くする」以上のものであるべきだと私が考える二つ目の理由は、より根元的なものだ。私は日本滞在中に広島平和記念資料館を訪れた。想像がつくだろうが、それは途方もなく心を揺さぶられ、苦悩を伴う体験で、私は教育の目的について深く考えさせられた。原子力テクノロジーは高度な技術であり、開発した学者たちは、数学と科学でさぞかし高得点を取っていたことだろう。しかし、破壊的な目的のために使われるのなら、知識とはいったい何なのだろう。自分の家が核爆弾で破壊されてしまうなら、子どもが九九を全部覚えたって何の役に立つだろう。私たちは過去の過ちを繰り返さないために、こういうことについて子どもたちと話す必要がある。道徳教育は重要だ。たとえその教育の効果がずっとのちに、誰かが大きな赤い発射ボタンを押さない決断をするまで現れないとしても。

日本の道徳教育の定義は意外に幅広い。「国際社会の平和と発展に貢献する人間を育成する」という目標に加え、個々の生徒の勉学に対する心構え（「学習に取り組む意欲を養う」）や身の回りをきちんとすること（「望ましい生活習慣を身につける」）まで目標に含まれている。しかし、私がいろいろ調べた結果見えてきた日本の教育の中心テーマは、子どもたちが集団の一員として生きるように教えることだった。これは日本の教育システムの基本であり、生徒たちが成長するにつれて自分をどう認識するかに強く影響する、社会化の一つの形態だ。じっさい、このような教育は学校教育が始まるずっと前、生まれたときから始まっている。

日本の母親たちは自分の赤ん坊から離れられず、子どもたちの〈甘え〉という依存心を助長する。日本の子どもたちは一般に、四、五歳になるまで両親と同じ寝室で寝て、中には十代になるまで続ける者もいる（それがわずかなプライバシーを外に求めるカップルのための「ラブホテル」という現象を説明しているかもしれない）。ジュリエットは、マヤが六歳で初めて学校に通うようになったとき、保護者会に出席した。このとき校長は親たちに、「スキンシップ」や、子どもと一緒に寝たり入浴したりすることの大切さを説いたという。そうすることによって、子どもたちは人間関係の重要性に引き込まれ、集団生活において避けられない個性の束縛を受け入れやすくなる、という理屈だ。[2]

マヤは小学校の初日に、〈班《はん》〉に入れられた。班とは四、五人の子どもたちで構成される集団で、マヤは班が組み替えられるまでの最初の一カ月、何をするのもその班の仲間と一緒だった。日本の子どもたちは班の仲間と一緒に座り、一緒に勉強し、一緒に給食を食べ、一緒に学校じゅうを掃除する（見ているととてもかわいい。ただ、まるで『アニー』の孤児院の中を歩いているような気がする）。子どもたちは班として褒められ、班として叱られる。しかし、このような集団社会化を目的としながらも、小学校と中学校では行動管理がかなり違っているように見える。私はこの違いをなかなか理解できず、別の二人の外国人に説明してもらって、やっとわかった。

ソフィアとは、地元のスターバックス（外国人と会っていても違和感のない場所だ）で、彼女のパートナーと一緒に会った。二人は日本で外国語指導助手（ＡＬＴ）をしているときに出会って、その後、日本人の小さな男の子を養子にし、公立学校に通わせている。私は二人に、最初に日本に来たとき、日本の教育のどこにいちばん驚いたかを尋ねた。「私は小学生の行動にショックを受けたわ。ほんとにひどいの。子どもたちは授業中に平気で立ち上がったり歩き回ったりするし、危険でなさそうなら、たいてい、好きなことをしていいの」とソフィアは言った。もう一人のＡＬＴ、ミネソタから来たアダムも、私が小学校での経験について尋ねたとき、同じ点を指摘した。

「今年は小学校に、何人か本当にひどい子たちがいたよ。ぼくの授業中に教室の外を走って、廊下で遊ぶので、ぼくはとうとう彼らを追いかけ始めた。そして日本語で厳しく、席に着くように言った。ところが彼らときたら、『怒鳴らないでよ！』なんて言うんだ。担任はただそこに立っているだけなので、ぼくは『ここはあなたの教室でしょう！』と言ってしまったよ。だからぼくたちＡＬＴはみんな、日本では規律のあり方が違うんだと気づいた。子どもを罰として廊下に出すことはできない。アメリカだったら、授業の邪魔をする者は教室から放り出せばいい。ところがここでは、我慢するしかない」

私も、リリーと一緒にある小学校に行ったときに、驚くような光景を目撃した。ちょうど最上階に上がったとき、足音が聞こえてくると思ったら、八歳児の一団が角を曲がって猛スピードで走ってきて、そのあとを先生が追いかけてきたのだ。どうして日本の小学生の行動は、欧米人の目から見て、こんなにひどく思えるのだろう。私は、それには二つの要因があると思う。一つは、総じてクラスの規模が大きすぎるという点だ。子どもの数が四〇人になれば二クラスに分けることができるが、それはつまり、三九人もの児童を抱える大規模なクラスがあるということだ。ハナは小学校のときのクラスは二〇人で、比較的ゆったりと過ごせたが、リリーとマヤはどちらも人数の多いクラスだった。「だから先生はクラスを制御できなくて、いつもストレスを溜めてた」とマヤは言った。とはいえ、それだけで一見無秩序の状態になっているわけではない。クラスの大きさは一つの要因にすぎず、じつはこの無秩序状態は、主として教師の意図的な戦略により生み出されているのだ。

ソフィアは日本で数カ月過ごすうちに、この戦略に気づいてきた。「子どもたちは、どう行動すべきか自力で学ぶように仕向けられているのよ。先生は、子どもたちが自然に集団の一員になりたがり、仲間の方も勉強に加わるように働きかけるだろうと考えて、あまりうるさく言わないの」つまり教師は、子どもたちが集団生活の重要性を理解し、自分から行儀よく振る舞うようになることを優先し、当座の平和と静寂の必要性を後回しにしているのだ。たとえば、一人の子どもが席を離れて参加しなければ、教師は「黄色班はまだ終わっていませんね」というようなことを言う。するとその言葉に刺激されて、黄色班の他の子どもたちは、わがままな子を咎《とが》め、戻ってきて一緒に課題を終わらせようよ、とお願いをする。このようにして、子どもたちは自分が集団に必要とされていることを学び、集団として達成した成果に誇りを持つことを学ぶ。こういう感覚と信念は日本の社会ではとても重要で、中学生や高校生になっても大人になっても、一人ひとりに根づいている。

クラスというアイデンティティーと画一性

中学生になってもグループの重要性は重視され続けるが、前述したように、きちんとした振る舞いがずっと強く求められるようになる。まだ班は残っているが、クラス全体としてのアイデンティティーがより重要になるので、彼らが一員だと感じるべき集団は、より大きくなる。このクラスというアイデンティティーは、子どもたちが同じ教室ですべての授業を一緒に受けることによって強められる。教室から教室に移動するのは先生だ。生徒たちは教室を好きに飾りつけてよく、みんなで決めたクラスの標語を高々と張り出したり、自分たちの作品を壁に飾ったりする。「日本の教室は学ぶためだけの場所ではありません。生活する場所でもあるのです」というハシモト校長の言葉を思い出してほしい。

クラスというアイデンティティーは、クラス同士を互いに競わせることを通しても強化される。クラス編成は習熟度別ではないので、学力を競わせても不公平にはならない（公立小中学校では原則として学校やクラスを能力別に分けない）。各クラスはスポーツや芸術活動でも競争するので、体育祭や文化祭ではクラスじゅうが一丸となって、良い結果を出そうと真剣に取り組む。小学校では、運動会前の数週間は毎日二、三時間がその練習に充てられ、前の週ともなると一日じゅう練習が行なわれる。文化祭にも同じように多くの時間が費やされ、生徒の個人的な時間にまで及ぶことも多い。マヤは、「クラスのみんなで時間をかけて文化祭の準備をしたから、ひどいものにしたくないの。そんなことになったら、みんながっかりするでしょ」と説明した。

これがすべて、帰属意識と、クラスの成果に対する共通の責任感を養う。そういう気持ちは、日本的な行動管理方式によってさらに強められる。小学校では班単位で褒められたり叱られたりするのに対して、中学校では、クラス単位の行ないが重要視される。これは〈連帯責任〉と呼ばれる。教師は、品行の悪い子どもに個人的に注意することはあまりない。もし、一人の子どもの素行が悪かったら、全員の足並みを揃わせるのはクラス全体の責任であり、そうしなければクラスの全員が迷惑をこうむる。

この連帯責任は、男女一人ずつの生徒を「学級委員」にすることで具現化される。学級委員の仕事は、クラスがちゃんと規律を守り、時間を守るようにすることだ。この役目は一年のうちにクラス内で持ち回りになるので、生徒たちはなおさら、学級委員の言うとおりにしようとする。自分の番が回ってきたときにも、言うことをきいてほしいからだ。マヤも何度か学級委員をやったが、あるときなど、近くの国立公園に遠足に行ったとき、クラスの何人かが靴のうしろを踏んで履いていたせいで、先生たちの前に呼び出されて叱られるというひどい目に遭った。

マヤのこの話を聞いて、私はむしょうに腹が立った。子どもたちが連帯責任という感覚を持つ、という考えは悪くないと思うが、私が親だったら、他人の不品行のためにわが子が罰せられるようなシステムなんて耐えられない。ジュリエットもイギリス出身なので、日本の教育システムのこういう面に我慢できないで苦しんだ。だから今でも、ごく自然に受け入れている日本の親たちと違って、この日本的方式には納得していない。集団的なアイデンティティーと集団責任の難しさは、不当な処罰が生じるという点だけではなく、個性というものに対して悪影響が出る点にある。

私はアダムと、彼の空き時間に人のいない教室で、日本式の社会化について話をした。そのとき彼は、簡潔にこう言った。「ぼくはその社会的側面は好きだけれど、ここの生徒たちに、箱から外に出るような独創的なことを考えさせたり、何かについて批評的な考え方をさせたりするとなると……歯医者に行く方がまだましだ、という気分になる。というのも、あの子たちは間違いたがらないんだ。独創性を求めない。箱の外に出てはいけないからだよ。彼らは集団の外に出てはいけないんだ」

リリーも、その良い点と悪い点を挙げた。「こういうクラスの集団意識には良いことも悪いこともいろいろあるわね。みんなで一緒に厳しい状況をくぐり抜けるから、他の子に親近感が持てる。先生に足並みを揃えて行進しなさいって怒鳴られているときとかね。でも一方で、コントロールされているような感じも受ける。自分の意見が言えないとか、他の人と違うふうには考えられないとか」

集団の中でうまくやっていけることと、「箱の外」で考えないことのつながりが、いま一つわからなかったので、私はジュリエットとハナに尋ねた。すると二人は、このつながりを解き明かすのに役立つ二つの日本的概念を教えてくれた。一つは〈出る杭は打たれる〉ということわざだ。これは、誰かが周囲の人と違っていたり、問題を起こしたりすると、頭を押さえこまれるという意味だ。でないと彼らの行動は集団全体に影響を及ぼし、調和が乱れるもとになるからだ。二つ目の概念は〈迷惑〉

で、「他人を困らせる」という意味だ。ハナは、誰かが困るようなことをしたくないから、できるだけ身を縮めて大人しくしていようという、日本ではごく普通の感覚について説明してくれた。「小さな島国でしょ。みんなが狭いところにひしめいて暮らしているから、集団の調和の大切さを重視するのよ」と、ジュリエットは言った。

自分の意見を自由に言う欧米人としての、私の最初の反応は、そういう杭はけっして打たれてはならないというものだった。むしろそんな杭は、丁寧に掘り出されるべきだろう。しかし、自分の最初の反応を吟味しているうちに、私は今では、日本人とアングロサクソン系「欧米人」は本当に両極端の考え方をしているのだろうかと、疑問を持つようになった。日本人は子どもたちの人格を、社会でうまくやっていけるように成型しようとする。ひょっとしたら私たち欧米人は、個性を礼賛するあまり、子どもたちが社会を乱すような行為をしても、そのまま放置し過ぎているのかもしれない。その意見は認められないとか、その行為は間違っているとか注意した方がいいと思うときでも、発達途上にある子どもたちの個性を押しつぶすのではないかと怖れて、口をつぐんでしまうのだ。もし、私がかつて教えたイギリスの中等学校生たちが、人に〈迷惑〉をかけるのを避けたいという気持ちを持つとしたら、すばらしいことだ。ところが実際の彼らは、迷惑の種を探し出しては私に厄介《やっかい》をかけ、互いに厄介をかけ合い、試験になると厄介事を起こした。私はただ教師として自分が楽をしたいからこのように言っているのではない。私たち欧米人だって、子どもたちが学校を巣立つときは、礼儀正しく他人を思いやる人になっていてほしいと願う。話すべきときと聞くべきとき、批判すべきときとあるがままに受け入れるべきときがあることを、知っていてほしいと願う。

しかし一方で、日本のやり方も行き過ぎていて、何か考えていても口には出せないという感覚を、子どもたちに持たせてしまっているのではないだろうか。大阪教育大学の教育心理学教授、秋葉《あきば》英則《ひでのり》は、日本における規則遵守《じゅんしゅ》と同一化は「ごくわずかに違う行動さえ拒絶する気質を生み出した」と説明している。[3] そして残念なことに、〈連帯責任〉という学校方針と結びついて、出た杭はしばしば、仲間からのプレッシャーといじめという槌《つち》で打たれていく。もちろん、いじめは世界じゅうで起きているし、生徒たちも学校側も表立って言いたがらないので、測定はきわめて困難だ。しかし、日本のいじめは、独特の教室文化から生じる、ある特徴を持っているように思われる。研究によれば、日本で報告されたいじめの八〇パーセントは、一人や二人の「問題児」によるものではなく、クラス全体が一人の子どもをいじめるという、集団的なものだという。[4] 他の国々のように校庭ではなく、教室そのもので起きていることが多い。[5] そして、いじめが起きているのを見たらやめるように注意するという子どもの割合は、一〇歳から一四歳にかけて、年齢とともに減少する。[6] 子どもたちは年齢が上がるにつれて、いじめられている子を助けようとしなくなっていくのだ。

第六章　誰にも同じだけ能力がある

「大同小異」

——日本のことわざ

博物館探訪

マヤにとってはとんだ災難だったが、週末に二人で京都まで出かけて散策しているときに、「京都市学校歴史博物館」を見つけてしまった。一五歳の女の子が、せっかくのお休みに、古い校舎に入って教育の歴史についての説明板の翻訳なんかしたいわけがない。でも前を通るとき、彼女を横目でチラッと見たら、何も言わなかったのにすぐ察してくれた。「入りたいの？　いいよ」というわけで入館した。

建物はかつての校舎を使っており、日本の少子化の影響でこの一〇年ほどのあいだに閉校した、約五〇〇〇校の一つだった。いくつもの教室に、古めかしい机や教科書や学用品が陳列され、壁に掛かった古くて粒子の粗い写真の中では、着物を着た子どもたちが学校の前に整列し、顔をしかめてカメラを見つめていた。展示品の中には明治時代のものもあった。明治は日本の歴史が大きく変わった時代であり、近代教育システムの到来を告げた時代でもある。

一八六八年の明治維新以前の封建時代の教育は、ときと場合に応じて、異なる階層の子どもたちに異なったタイプの施設で教育を施すというものだった。身分の高い武士階級だったサムライは、〈藩《はん》〉と呼ばれる封建時代の領国が設立した、公的な学校に通った。ここで彼らは儒学や算術や書道を学んだ。一方、庶民の子どもたちは、もし教育が受けられるなら、寺の学校（寺子屋）で読み書きと計算の基礎的なトレーニングを受けた。それ以外にも、サムライ（庶民もいくらかいた）に医学や漢学のような専門的な学問を教える私塾も数多くあった。

一八六八年、それまで日本を統治していた徳川政権が、若いサムライたちを中心とする勢力に転覆させられた。彼らは、混迷を増していく国内の諸問題と、西欧の帝国主義（日本は当時、アメリカにかなり不平等な条約を結ばされていた）の脅威に刺激されたのだった。彼らは日本を西欧列強に立ち向かえる国にしようとし、封建的な階級制度が日本の弱さの元凶であると考えた。その結果、彼らはサムライの階級的特権や、階級によってまちまちだった教育のやり方を廃止した。そしてその代わりに、一八七二年に「学制」を制定し、全国民のための小学校と中学校、そして将来のリーダー育成のために、より高度な教育を行なう大学を設置した。彼らは、「必ず邑《むら》に不学《ふがく》の戸《こ》なく家に不学の人なからしめん事を期《き》す（どの村にも学校に行かない家がなく、どの家にも学校に行かない人がいないようにする）」という未来を思い描いた。[1]

この段階ではまだ、小学校と中学校は義務教育ではなかった。当時、何らかの教育を受けていたのは男子で四〇〜四五パーセント、女子では一五パーセントにすぎず、学校の数も不足していたという事情を考えると、教育の義務化はとても無理だっただろう。一四年後に、四年間の小学校教育が義務化されたとき、一般庶民は学校を基本とした教育の必要をほとんど感じていなかったため、実施は困難をきわめた。[2]

一八六八年から一九一二年まで続いた明治時代を通して、小学校に行く子どもの数は次第に増えていった。最初の頃は小学校は、士族階級と庶民階級の子どもたちを別々の学校に通わせる階級別教育を非公式に続けていたが、そういう区別は小学校教育全般の水準が向上するにつれてなくなっていった。しかし、中学校は依然として義務教育化されず、官立の中学校とともに、仕事を持っている子ども（少しの時間でも通えた）や職業訓練をする子どものためのさまざまなタイプの学校が認可された。一九〇〇年代には、日本が軍国主義化していくにつれ、軍人になるための学校も増えていった。

現在行なわれている、一五歳までの完全な義務教育は、日本が再び大変革を迎えた第二次世界大戦の敗戦のあとまで導入されなかった。義務教育を六年から八年に延長すべきだという声は、何年も前から政府内であがっていたが、政治論争の過程でつぶされてきた。義務教育を小学校より先に延ばすためには、戦後のアメリカ占領下における、教育システムの抜本的な再編が必要だった。

当時の政府の目的は、民主的で平和な新しい日本を建設することであり、教育システムの改革はその基本だと考えられた。ダグラス・マッカーサー元帥の権限下で、教育刷新委員会により、子どもたちが一二歳のときにさまざまなタイプの学校を選ぶ旧来の制度に代わって、全国民を対象とする、単一で必修の九年間（小学校六年、中学校三年）の教育制度が導入された。だから日本では、中等学校《ミドルスクール》ではなく、アメリカと同じく中学校《ジュニア・ハイスクール》と呼ぶ。さらに、入学試験に合格すれば、高等学校に三年間、大学に四年間行けるようになった。

このシステムが現在まで続いている。さまざまな階層の子どもたちが一五歳まで小学校と中学校に一緒に通い、さらに上の学校に行きたければ、誰でも入学試験を受けられる。高等学校にはレベルの差があり、有名進学校に入ると一流大学に進んで一流企業に入れる見込みが高くなるので、入学するには大変な競争を経なければならない。そのため、中学校の最終学年は高校入試の準備のために費やされる。しかも、試験問題は受験の翌日に新聞に掲載され、誰でも見ることができる。

誰もが成功できる

誰でも高校入試を受けられ、誰もが高校に行くと思われているので、日本の教育システムは能力主義だと広く信じられている。しかし日本の公立学校制度は、中学卒業時点まで、誰もが可能なかぎり同じ教育を受けられることを保証し、誰かが不当に有利になることはない。入試の結果とそれに続く高校入学は、個々の子どもの頑張りを基本としている。これを可能にしている方法の一つは、教師の評価を基準にして、彼らを学校間で異動させることだ。その結果、どこかの学校に優秀な教師が集中することはなくなる。ある校長からその話を聞いたとき、私があまりにも感激するので、リリーは目を丸くしていた。

教師は直接学校に雇われるのではなく、地方の教育委員会に雇われ、新任は二年で、それ以後は四〜六年ごとに異動する（実際は、県や個々の事情によって違いがあり、新任は三〜四年、それ以後は五〜八年ごとに異動する場合が多い）。評価は受けるが、自分の評価（A〜E）は開示されない。そのため、異動の理由は本人にもわからない。アメリカ人のALTのアダムは、この方式には学校間の「バランスをとる」ことに加えて、もう一つ利点があると考えている。

「あちこちの学校に異動させることで、教師たちに、自分の仕事に関心を持たせ、研鑽《けんさん》を積ませようとしているんだ。アメリカのシステムでは、一つの学校に長く居すぎてやり方が固定化してしまう教師も出る。自動操縦で授業をやるようなもので、教えていても何も考えなくなるんだ。学校を替わったら、子どもも教職員も全部変わる。それまで別の先生と一緒に勉強していた子どもたちから期待に満ちたまなざしを向けられ、それに応えなければならないかもしれないし、問題を起こす子どもがいれば、対処の仕方を覚えなければならない」もちろん、異動には問題点もあり、不便な土地に行く可能性もあるので、単身赴任して学校近くのアパートを借りる人もいれば、長距離通勤をする人もいる。

　子どもたちが一五歳まで同じ教育環境にいられるようにする、もう一つの方法は、フィンランドと同じく、学校内で能力別クラスに分けないことだ。一つのクラスに、日本の最高峰の大学に入ることを目指している生徒も、数学が苦手で苦労している生徒も、野球の練習が忙しくて宿題にまで手が回らない生徒もいる。私自身はイギリスで、生徒を能力別に違うクラスに分けるというやり方を経験しているので、訪問した中学校の校長先生に、分けない理由を尋ねた。彼は、「日本には、万人に等しい教育を受けさせるという非常に強い信念があります。そういう伝統なのです」と答えた。しかし、生まれつきの能力の違いがあっても、子どもたちは平等な教育機会を持つべきだと彼らが考えるのは、そのためだけではない。そもそも日本の教育者たちは、人には生まれつきの違いがあるとはあまり考えていないようだ。[3] 導入されている教育方針に加えて、この信念が重要なのではないだろうか。

　日本の教育システムは、少なくとも最初は誰もが同等の知能を持ち、結果として学力に差が生じるのは、環境や、個人の意欲のせいだという前提に立っている。といっても、日本人が、優秀な子とそうでない子がいるという考えを持っていないわけではない。ジュリエットは、娘たちの友だちのことをよく話してくれたが、クラスメートのことを〈あたまいい〉とか〈あたま悪い〉とか言っているのを聞いたという。しかしこういう違いは、がんばって勉強するかしないかの結果、生じたものだと受け取られている。「テストで、もし落第点を取っても、それは頭が悪いせいじゃない。勉強しさえすれば、一番にはなれなくても、絶対に及第点は取れるはず、と彼らは思っている」と、リリーは説明してくれた。

この信念は、授業を通して、教師から子どもたちに伝えられる。前章で見てきたように、小学校では勉強のほとんどを〈班〉単位で行なう。したがって学習成果は班の努力として評価され、個々の生徒のあいだの初期の能力の違いは問題にされない。褒められるときも、個人ではなく班が褒められる。アダムが詳しく説明してくれた。「アメリカ的、つまり西洋的な考え方を持っていたぼくが驚いたのは、よくできた子どもを褒めたときの、他の先生たちの反応だよ。たくさんの先生に、『いや、やめた方がいい。そんなことをすると、他の子どもたちが荒れますよ。おべっか使いめ、たいしたことしてないくせにって』というふうに忠告されたんだ。だから、だんだんしなくなったよ」子どもたちを差別しないように苦心している教師たちには、子どもはすべて同じくらいの潜在能力を持っているという確信がある。

総合制教育や能力別に分けないクラス編成などの教育方針のほかに、この平等観念があるだけで、生徒の学習成果は格段に上がるのではないだろうか。つまり、教師の期待が重要なのだ。ある研究によれば、生徒が大きな可能性を秘めていると教師が信じれば、それが自己実現を促すお告げとなり、生徒が期待どおりに成果をあげやすくなるという。これはピグマリオン効果と呼ばれ、自分が彫った女性の像に恋をした、神話の中のキプロス王の名にちなんでいる。王のことを哀れに思った女神アフロディーテが彫像を本物の女性に変えたために、彼の夢はかなったという。心理学者のロバート・ローゼンタールが小学校の校長リオノア・ジェイコブソンとともに行なった実験を報告した、一九六八年刊行の本の中で、初めてこの言葉が使われた。[4]

ローゼンタールとジェイコブソンは、ジェイコブソンの学校の子どもたちに、年度初めにIQテストを行なった。そして教師たちに、これは子どもたちの潜在能力と「この先の伸び」を測定するテストだと言い、その年度の末にどの子の成績が上がるのかがわかると説明した（じつはそんなことはわからない）。教師たちは、自分のクラスの中に、このテストの上位二〇パーセントに入っている子どもが何人かいると告げられる。本当はその子たちは、クラスの名簿からランダムに選ばれただけだ。その年度の終わり、子どもたちにふたたびIQテストを行なって変化を調べると、ローゼンタールたちの言葉を信じて、教師が成績が上がると期待した子どもは、実際に、他の子たちにくらべてIQが上がっていた。この現象を説明できる唯一の要因は、子どもにかける教師の期待だ。[5] ちなみに、同じことが逆方向にも起き、教師が子どもにあまり期待を抱かないと、それが下向きに作用して成績も下がる（ゴーレム効果[6]）。

つまり日本の教師たちは、すべての子どもが同じだけの潜在能力を持ち、同じように学校で良い成績を出せると信じているので、子どもたちは実際に良い成績を取れるようになるのだ。彼らは、生まれつき能力のない者もいるなどとは考えていない。社会学者のゲイル・ベンジャミンは、「日本の教育者は、特定の子どもたちや、特定の家庭環境で育った子どもたちしか成果をあげられないとは思っていない。すべての子どもたちが同じ基本的な勉強を学べるし、学ぶべきなのだ。同じ教育技術で、すべての子どもに効果をあげることができるのだ[7]」と述べている。ＰＩＳＡの参加国の中で、数学の得点における親の社会経済的地位の影響が国際平均より低く、しかも得点は国際平均より高いという国はわずか一〇カ国しかなかったが、日本はその中に入っている。おそらく、ここで述べた姿勢が関係しているのだろう。

　とはいえ日本でも、子どもの家庭環境は、その子の成績に大きく関係してくる。失業率の低さ、収入格差の少なさ、中流層の拡大（一九九五年には、日本人の九〇パーセント以上が自分は中流階級だと考えていた）といった社会的経済的環境が支えてきたおかげで、日本では何年も、教育面における家庭環境の影響が少なかった。しかし、親の教育への取り組みには、社会階層による格差がいまだにある。

　ブラウン大学の山本洋子《やまもとようこ》は、さまざまな階層の一六人の日本の母親たちに、子どもの教育について一連の徹底的なインタビューを行なった。それによれば、中流層と労働者層のどちらの母親たちも、子どもには学校で良い成績を取ってほしいと思っているが、学校以外でも勉強させる責任が親にはあると考えているのは、中流層の母親だけだった。労働者層の母親たちも子どもの成績を気にはかけるが、その問題にどう対処したらいいのか、自信もなければやり方も知らない[8]。そういう理由からか、貧しい家庭の子どもたちは、やはり学校以外で勉強する時間が少ない[9]。また日本の母親は、他の多くの国々にくらべて、子どもの教育に大きな役割を果たすことが期待されてもいる。

お母さんが、勉強しなさいって言うんだ

日本の子どもたちはよく勉強するが、それは、勉強すれば良い成績が取れると信じているからだけではない。国をあげて教育を非常に重要視しているからだ。少し前に触れたように、かつては必ずしもそうではなかったし、義務教育が初めて導入されたとき、多くの人々は学校の重要性を理解しなかった。当時の政府は、教育システムを確立すると同時に、国民に教育の大切さを教えなければならなかった。戦後になってからは、文部大臣が教師の給与を他の公務員より引き上げたおかげで、教師という職業の重要性は維持され続けた。そして現在でも教育が重要視されていることは、入学式、卒業式という、重要な節目に学校行事として行なわれる式典のやり方でもよくわかる。

私はマヤの中学校の卒業式に招かれて出席した。講堂には親たちがたくさん来ていて、多くは黒っぽい正装をしていたが、中には気合を入れて美しい着物を着ている人もいた。ステージの横の方には、他の出席者とは別に、二〇人ほどのいかにも重要そうな人たちが並んでいた。隣にいたジュリエットにそっと尋ねると、彼らは地域の重要人物で、六歳で初めて行く小学校の入学式をはじめ、すべての入学式と卒業式に列席するのだと説明してくれた。静粛に、と声がかかって場内は静まりかえり、卒業生たちが後ろから二列で入場してきた。もう涙が静かに頬を伝っている子もいた。

式典は長くて、私は片方のお尻が痺れた。校長が挨拶をし、卒業生たちが一人ひとり壇上で卒業証書を受け取り、お偉方たちが順番に立ち上がって、卒業生にお祝いの言葉を述べた。それから、卒業

生が全員、男女が左右に分かれて壇上にきちんと何列にも並び、校歌を合唱した。子どもたちは高らかに歌い、メロディーは天井にこだました。むせび泣いたり、すすり上げたりしながら歌っている子もいて、共に過ごした三年間が終わってクラスメートや先生と別れる悲しさが伝わってきた。周囲を見回すと、母親たちも何人か、白いハンカチを目に当てていた。

　日本では、両親、とくに母親が、子どもの教育に深くかかわることが期待され、母親たちもこの役割を重く受け止めている。イギリスでは、子どもが試験勉強のために夜遅くまで起きていたら、母親はドアから顔を突っ込んで、夜はちゃんと寝なさい、と注意するだろう。日本では、母親も一緒に遅くまで起きて、夜食を差し入れてやるようだ。母親の中には、子どもの受験勉強中は好きなもの（たとえば、好物の食べ物など）を断《た》って、子どもが払っている犠牲を分かち合おうとする人もいるらしい。その結果、子どもたちは親の期待の重さを感じ、合格しなければという気持ちがさらに強まる。受験に失敗することは、本人だけの損失ではない。家族も大きなダメージを受けることになる。

　このように、母親が子どもの教育に深く関与することが、社会と学校の双方から期待されている。そのことは、たしかに試験の結果には良い影響を与えるが、女性が仕事を持つことには悪影響を与える。たとえば、厚生労働省による、二五歳から四四歳までの三五〇〇人の女性に関する調査では、妊娠したときに四七パーセントが、職場で「迷惑」とか「辞めたら？」と言われたと報告されている。[10]この国の文化には、女性は母親になったら、子どもの宿題に目を光らせたり、遠足の日にお弁当を作ったりできないなどということは、あってはならないと考える傾向がある。学校は、子どもの宿題の採点のような、親に引き受けてほしいことをリストにして、家庭に送る。親たちは、子どもを何時に寝かせるのがいいとか、休みに友だちと何時間くらい遊ばせるのがいいとかいうことまで指示される。

ゲイル・ベンジャミンは、子どもを一年間日本の公立学校に通わせ、学校からのさまざまな連絡を受け取った。「学校からの連絡で、こういうことの大切さが絶えず強調され、またいくぶん説教じみた書き方がされていると、親は子どもたちにもプレッシャーを与える。おそらく長い目で見れば、それが正しい行動や態度を教えようとする学校の努力を補う、効果的な方法なのだろう。別な見方をすると、こういう連絡を通して、学校は母親たちに〈教育ママ〉としての役割を期待しているので、けっしてそのことをおろそかにしないように、と念を押しているとも言える[11]」と、彼女は書いている。

●

第七章　暗記、「ゆとり教育」、アクティブ・ラーニング

「泥棒も一〇年」
——日本のことわざ

日本の中学校の教室に、ちょっと入ってみよう。机が何列かに並べられ、それぞれの列のあいだは、ちょうど歩いて通れるくらい開けられているので、歩きながら生徒が勉強している様子を見ることができる。分厚くふくらんだバックパックにつまずかないよう、気をつけて！　女の子たちは、水兵の服によく似た、襟《えり》に白い線で縁取りがされた紺の制服を着ている。男の子はズボン、女の子はスカートをはいている。全員が白い運動靴を履き、ばい菌の飛散を防ぐためにマスクをしている子もいる。

私たちが入って行っても、教室は静かだ。後ろの列の男の子が友だちをつつく。つつかれた子は私たちを見て眉を上げたが、二人ともすぐに元の姿勢に戻ってノートを取り続ける。先生は平行四辺形の特徴について教えている。そして、教室の前方の壁に取りつけられた、端から端まである大きなダークグリーンの黒板にその特徴を書いていく。内容の区切りごとに見出しがつけられ、授業の最後になって、生徒が黒板に書かれたことだけを見ても、授業の内容全体がわかるようになっている。生徒たちは脇目もふらずにノートを取っている。一人の女の子が、前の席の子の髪を鉛筆でちょっとつついて、消しゴムを借りていた。

説明が終わると、教師は生徒たちに、平行四辺形の三つの特徴を言ってみなさいと命じた。まず自分一人だけで、そのあとにクラス全体で。ここまでで一五分経過する。次に教師は生徒たちに、机を動かして、男女二人ずつ四人のグループを作るように指示する。生徒たちは整然とグループに分かれる。各グループにそれぞれ違う難しい問題が出され、教室は、問題を解こうと話し合う生徒たちのひそひそ声で満たされる。教師は見て回りながら進み具合をチェックし、一人の生徒と冗談を言い合っていた（残念ながら、私は日本語がわからないので理解できない）。すべてのグループが問題を解き終わると、一人が前に出て行って、黒板に解答を書く。いくつかのグループでは、誰が出るか決めるために、じゃんけんをしていた。

教師は、グループの中の一人の生徒に、どう解いたかを説明させるのだが、もちろんそのためには、平行四辺形の特徴を生徒が理解していなければならない。次に教師はクラス全体に、「これ以外にも解き方がありますか？」というような質問をいくつかする。ときどき、手が上がる。しかしたいていは誰も自分から答えようとしないので、教師が誰かを指名し、立たせて答えさせる。授業が終わりに近づくと、教師はワークブックの中の問題をいくつか宿題に出し、起立させる。生徒たちはお辞儀をし、教師もお辞儀をして教室を出て行く。

お気づきだと思うが、第五章で紹介した小学校の騒々しい雰囲気とは、ずいぶん違って見える。小学校と中学校の授業風景の違いは、子どもたちの振る舞いと音の大きさだけではない。小学校の授業は明らかに、もっと生き生きしていた。私は、八歳児のクラスで、英語の歌に合わせて子どもたちと一緒にダンスをし、厚紙で作った電話機を使って、英語で電話番号を尋ねるやり方を教えた。小学校ではグループでの勉強がもっと多いし、教師たちは、積み木や水切りかごや風船など、多種多彩な道具を使って教えていた。

　中学校と高等学校では、授業はもっと昔ながらのやり方をしているように見える。教師たちは前の方で説明をし、動きも少ない。あるクラスでは、教室の後ろの方で寝ている男子生徒までいた。小学校と中学校の両方に勤めているソフィアによれば、中学以降、グループ学習が減っていく原因の一つは、子どもたちが成長するにつれて内向的になっていくせいだという。「小学生たちはグループ学習が得意だし、みんなが参加したがるけど、中学生になるとみんな恥ずかしがるようになって、とくに女の子は男の子と話したがらなくなる。だからときには、リーダーを決めて全部やらせたりするみたい」教師が、中学の最後に控えている高校入試という重大事に気を取られていることも、その原因の一つにちがいない。

　このような小学校と中学校の明らかな違いにもかかわらず、授業のやり方にはよく似た点がある。心理学者のジェームズ・スティグラーとジェームズ・ヒーバートは、一九九〇年代に、日本、アメリカ、ドイツでビデオを使った比較研究を行ない、その点を突き止めることができた。[1]彼らは、日本の教師が、数学的概念を教える際に、導入に現実世界の問題を用いるという工夫をこらしていることに気づいた。二人はこれをアメリカのやり方と比較した。アメリカでは、教師たちは数学的概念をそのままストレートに紹介し、問題を解くための正しい手順を教えるだけの場合が多かった。また日本では、細心に計画した授業の流れに従って、問題を生徒が自力で解くように仕向ける。生徒たちは、いくつかのステップごとに解決のヒントになるような質問を出され、目の前にあるテーマの理解に確実に近づいていく。

それより前に、スティグラーが高名なハロルド・スティーブンソンとともに行なった研究では、日本の小学校の算数の授業が例として挙げられている。[2] 教師はまず、ティーポットや花瓶やビール瓶などさまざまな容器を教室に持ち込み、子どもたちに、どれにいちばんたくさん水が入ると思いますか、と尋ねた。子どもたちはあれだ、これだといろいろ答えを考える。そこで、ではどうやって調べたらいいでしょう、と尋ねられる。教師は、それぞれの容器にコップを使って水を入れ、コップ何杯の水が入ったかを数えればいいということを、子どもたち自身から言わせるように誘導していった。子どもたちは席を立って、自分たちでやってみた。そして分かったことを教師に報告すると、教師は各容器にコップ何杯ずつの水が入ったかを、棒グラフで示した。そして最後に、それでは、どれにいちばんたくさん水が入るか、どうやったらわかりますか、と再び尋ねた。子どもたちは、答えを出すために自分たちが何をやったかを説明し、グラフを見ればわかると言った。彼らは棒グラフという概念について理解を深め、どんなふうに使えて、またいかに役立つのかを理解した。

スティグラーとヒーバートは、中学二年生の授業について分析したとき、同じ構造の問題解決手法が用いられていることに気づいた。さきほどの、平行四辺形の授業を思い出してほしい。教師は解き方を教えないで生徒たちに問題を出した。しかし、彼らが解こうとするあいだ、何もしないで放っておいたわけではなかった。「解き方」そのものは教えなかったが、それに関連する知識を教えていった。つまりどちらにも、問題を提起して解決させるという構造が用いられ、それが教育者のよく言う「足場」となっている。ビルを建てるときの足場は、一段ずつ組み上げていけば、やがててっぺんにたどり着けるが、エレベーターのように、何の努力もなく最上階まで連れて行ってはくれない。それと同じように、教師は難しい問題を解く手助けとして、手がかりや知識を与えるが、答えを全部教えたりはしないのだ。

生徒に問題を解けるだけの知識を与えて指導することと、自力で問題を解決する余地を与えることのあいだには、微妙なバランスがあるようだ。もし生徒たちが、問題を解くのに必要な知識を事前に持っていなければ、彼らはがっかりするだけだし、問題に取り組んだこと自体が時間の無駄になってしまう。だから教師は、必要な知識を、まず教える。たとえばさきほどの小学校の例では、教師は棒グラフがどういうものかを黒板に書いてきちんと説明して教える。子どもたちに自分でグラフを考えさせるようなことはしない。じつは、日本の小学校と中学校は、小学校一年生での一〇〇までの数にしろ、二年生での九九表にしろ、中学二年生での平行四辺形の性質にしろ、多くのことを暗記しなければならないという点でも共通している。関係ないが、面白い事実を一つ。ある日本人男性は、円周率を一一万一七〇〇桁まで言えるそうだ。このような暗記は、数学に限ったことではない。日本の子どもたちは、小学校を卒業するまでに一〇〇六字の漢字を覚え、さらに中学校では一一三〇字を覚えなければならない。「長期記憶」によってこのような知識を蓄えることは、読解力や数学問題を解く力のような、違う勉強でもおおいに役に立つ。その根底には脳の構造の問題がある。次の**コラム③**で、それを説明しよう。

コラム③　なぜ暗記は試験以外にも役に立つのか

　人間には、作業記憶《ワーキングメモリー》というものがある。これは、脳が意識的な考えを処理しているときの認知構造だ。しかし人間は、頭で考えていなくても、すさまじく多くのことを覚えている。自分の住所、最初に飼ったペットの名前、エルトン・ジョンの「ロケット・マン」の歌詞等々。これらは長期記憶に保存されている。たとえば最初に飼ったペットの名前をパソコンのセキュリティ用の答えとして設定し、パスワードを忘れたときに、ちょうど食器戸棚から何かを取り出してキッチンカウンターで使うように、長期記憶からそれを取り出して作業記憶で処理する。

　また、周囲のさまざまなものが作業記憶に入力される。歯ブラシを新調しようと思っているときの歯ブラシの広告、地理の宿題のためにグーグルで調べたいろいろな種類の岩石。ちょっと近所の店に切らしていた食材を買いに行き、キッチンカウンターに置くのと同じだ。しかし、記憶できる量には限度がある。キッチンカウンターの広さの分しか食材を置けないように、作業記憶で一度に処理できる量は限られている。電話で誰かの電話番号を尋ね、それを頭で覚えておいて電話しようとしているときに、脇から話しかけられたら、たまったものではない。電話番号を忘れて（記憶が吹っ飛ぶ）、また調べ直さなければならない。作業記憶には強い持続力はない。電話番号を頭の中で何度も繰り返さなければ、三〇秒程度で忘れてしまう。キッチンのたとえを使えば、買ってきた食材を三〇秒以上出しっ放しにしておくと、飼い犬がやって来て食べてしまうようなものだ（戸棚にちゃんと蔵《しま》っておかなければいけない）。

　さて、一〇〇までの数や九九表を覚えた日本の子どもたちに話を戻そう。その記憶は今、彼らの長期記憶の中にあり、彼らはそれを簡単に呼び出し、いつでも必要なときに作業記憶の中で再現することができる。たとえば先生が、算数の問題を出す。

　一つのケーキを一二個に切り分けました。ケーキの三分の一を残すには、何個食べればいいでしょう。

　子どもたちはこれを解こうと懸命に考える。同値分数については、もう習っているから、一二分のいくつが三分の一と同じになるか算出して、分母の一二を消そうとする。まずは一二と三の最小公倍数を算出しなければならない。すると長期記憶から、簡単に3×4＝12という式が出てきて、最小公倍数は一二となり、だから分子を四倍にする必要があるとわかる。つまり$4/12$が$1/3$と同じになるので、次のステップは12−4＝8となり、八個食べればいいという答えが導かれる。3×4＝12がすぐにわからない子は、最小公倍数を見つけるのに苦労するだろう。彼らは、三と一二の倍数を次々に試すうちに横道に逸《そ》れ、計算機を使いだし、そのうちに進もうと思っていた別の手順も忘れてしまい、問題自体が作業記憶から消えてしまう。[3] そうなると長い時間がかかるだけでなく、答えを出すのがどんどん難しくなり、やる気が失せていく。

　たとえば、レシピに従ってケーキを作ろうとしているとき、手順が進むごとにいちいち材料を取ってこなければならなかったら、とても時間がかかる。バターを買いに行っているあいだに念入りに泡立てておいた卵を飼い犬が舐めてしまっていたら、余計な面倒が増える。そこで、レシピなんかまったくないと想像してみよう。あなたはただ単にケーキを作るよう頼まれて、方法を自分で考え出す。少し時間はかかるだろうが、材料が全部揃っていれば、試行錯誤はしても、いちいち材料を買いに行って、ときどきは間違ったものを買って来るよりひどいことにはならないだろう。これが、ケーキ作りに使う材料を棚にストックしておくと便利な理由だ。

一方、もし教師が生徒に数式を記憶させるだけで、その知識を違う問題に当てはめる機会をまったく与えなかったら、生徒は、教わったのとは少し違う手順を踏まなければならない問題に出くわすと、なかなか解けなくて苦労するだろう。そして、こういう傾向が日本の教師たちにはある。日本の学校で「問題解決手法」が一般的になったと言われてから一五年以上経った。しかし今でも、あるバーベキューパーティーで話をした小学校の教師は、「私たちが長いあいだ教わってきた教育システムは、教師が一方的に教えるだけの教育でした。今はアクティブ・ラーニングを採り入れなければなりませんが、それをうまく使える人は多くありません。やり方を覚え始めてはいますが、時間がかかっています。とくに大阪では」と語った。問題解決手法は一〇年以上も前に確立されたものなどではなく、教師たちはいまだに身につけようと努力し続けているようだ。[4]

とはいっても、ＰＩＳＡの国際テストにおける日本の生徒たちの問題解決能力（「解決の方法がすぐにはわからない問題状況を理解し、問題解決のために、認知的プロセスにかかわろうとする個人の能力」）はとくに優れていて、期待どおりに高得点を取った数学、科学、読解よりも順位が高く、シンガポール、韓国に次いで世界第三位だった。ひょっとしたら、日本の授業でやらせている問題解決の課題が、この能力を伸ばしているのかもしれない。

　どんな教え方がどんな成果に結びついているのか正確にはわからないが、こういう教え方が効果的だということを示す証拠はある。スティグラーとヒーバートが調査研究の土台として用いた、一九九五年のＴＩＭＳＳ（国際数学・理科教育動向調査）のテストでは、教師たちに、推論問題（「ある考えの背後にある根拠を説明すること。関係を表したり分析したりするために表、図、グラフを用いること。解決の方法がすぐにはわからない問題に取り組んだり、関係を表すために方程式を用いたりすること」）を授業でどの程度出すか、という質問をした。日本の教師たちが報告した頻度はアメリカの教師たちよりも高かった。また、それぞれの国内での頻度の違いによる生徒の得点差は、日本では一四点、アメリカでは一九点だった。[5]

　このことは、推論問題を出すことが、ごくわずかながら、両国の得点差にも影響を与えている可能性を示している。両国の数学の得点差は約一〇〇点で、このタイプの問題を頻繁に出していた教師の数は、アメリカでは四分の一だった。日本の授業で出されているこのような推論問題は、生徒が事前に教わった知識をしっかり身につけさせるために、それぞれ高度に構築されていて、具体的な目標を定めたうえで導入されているということを忘れてはならない。このように構造化されたやり方で用いられる問題解決手法は、数学で得点を上げるのに効果を発揮するだろうし、たぶん、もっと全般的な問題解決のスキルにも有効だろう。

世界の国々も学ぶべきこと

日本の教師たちは、一つの決まったやり方がどんな状況でもいちばんだと考えるのではなく、たくさんの教え方のレパートリーを持っていて、定めた目標を達成するために、授業内容を入念に選んでいく。ハシモト校長に、日本の学校におけるグループ学習の活用法と、（引っ込み思案の十代の子どもたちには重荷になっているにもかかわらず）グループ学習をする理由について尋ねた。すると彼は、「目的はいろいろあります。教師はグループ学習を始める前に、それを通じて生徒たちのどんな特徴なり能力なりを伸ばしたいかをあらかじめ考えます。しかし彼らはそのためだけにグループ学習をさせるのではなく、常に一定の目的があります」と言った。それぞれの授業でどんな手法が選ばれるのかは、「この目的を達成するための最良の方法は何か」という問いに基づいているのだという。

どんな手法を選ぶにせよ、日本の教師たちは、さまざまな理由から、子どもたちに授業内容を理解させる能力に優れている。第一の理由は、全国の小学校で行なわれている「授業研究」だ。初めてこれを体験したのは、ある授業の見学に行ったときだった。教室のうしろの方に、一〇人ほどの教師たちが居並んでいて、一台のビデオカメラが回っていた。もし私がこんなにたくさんの教師たちに見られていたら、緊張して冷や汗をかいてしまうことだろう。というのも、イギリスでは普通、視察は教師の能力を評価するために行なわれ、最後に一〜四の等級がつけられるものだからだ。けれども、この教師は平気そうに見えた。のちに知ったことだが、日本ではイギリスとはまったく違うタイプの視察が行なわれていた。ここで彼らが注視しているのは、子どもたちが授業にどのような反応を示すかということであり、その視察結果は、効果的な授業計画の作成に反映させることができる。しかも授業研究は、私が思っていたより、ずっと恐ろしくはないものだった。そもそも教室の後ろに並んでいる教師たちのうち、四、五人は、授業担当の教師と一緒に授業計画を立てた人たちで、だから授業担当者は、審査されていたわけではなかったのだ。

この授業研究という企画には、冷や汗をかくことはないという以上に、多くの利点がある。ベテラン教師たちが授業計画にさまざまな助言を与えることにより、若手の教師たちは多くのことを学べて、私が教師一年目にやってしまったような悲惨な授業をしないで済む。入念に作成され、評価され、微調整された授業計画の数々は共用のものとして保管されて誰でも利用でき、教師たちは自分で一から授業計画を作らなくても、授業に合わせてそのどれかを修正して使用すればいい。また、良い教え方について定期的に話し合うおかげで、どんなタイプの教師でも自分の授業に応用ができ、同じことを何年も教えて新鮮味を失うという弊害が避けられる。

スティーブンソンとスティグラーは調査の中で、この授業研究のやり方に興味を抱き、ある教師に「どんな議論をするのですか？」と尋ねた。教師は採点の手を止めて、ちょっと考えた。「ほとんどは、授業でする質問について話し合っていますね。どういう訊き方をすれば、子どもたちが授業に集中して、考えたり話し合ったりできるか、というようなことです。一つ良い質問を投げかけると、クラス全体で長いあいだ議論が続きますが、悪い質問だと、そっけない答えしか返ってきません」[6]私も、ある教師と話したとき、その授業計画の綿密さに驚いてしまった。ある数学の主題を初めて教えるとき、彼女は、「最初に生徒たちに教えるものとしては、二三番の例がいいでしょう。二四番を使うより、誤解を与えたり、生徒がまだ習っていない内容に踏み込んだりする心配がないでしょうから」と説明した。スティグラーとヒーバートが分析に使った授業のレベルが高かったのも、ビデオカメラで記録されていたから、というわけではなく、このように詳しく授業計画が立てられていたからだ。

第二の理由は、日本の教師たちには時間にゆとりがあるという利点があることで、これは上海やシンガポールの教師にも共通している。アメリカの教師に、同僚と一緒にこれだけ詳細な授業計画を作ってくださいと言ったら、一笑に付されるだろう。彼らはTALIS（OECD国際教員指導環境調査）の調査対象となった国々の中でいちばん長時間、週に二六・八時間教えている。[7] しかし日本は一七・七時間で、一日だと三時間半になる（ただし日本の教師は授業以外に費やす時間が多く、勤務時間はOECDの平均を大きく上回る）。これが可能なのは、一クラスの人数が多いせいだ。PISAを担当しているアンドレアス・シュライヒャーによれば、ほとんどの国は、クラスの人数が少ないか、教える時間が短いか、どちらか片方だという。つまり、一クラスの人数が多ければ教える時間は少なくて済み、人数が少なければ、教える時間は多くなる。イギリスの小学校は、残念ながら授業時間も生徒の数も多いようで、生徒と教師の比率は平均より高い（教師一人に対して子ども二一人で、OECDの平均、一五人より多い）。[8]

日本の教師たちは、次に進む前に子どもたちが学習内容をしっかり理解できるように、じゅうぶんに時間をかけることができる。それは、カリキュラムのおかげだ。日本には国定のカリキュラムがあり、科目ごと、学年ごとに、すべての子どもが教わるべき内容がきちんと決められている。このカリキュラムは内容のレベルが高く、少なくともいくつかの科目では、一五歳までで、イギリスやアメリカよりも難しい内容を含んでいる。[9] しかしそれにもかかわらず、一年間で学ぶ量は少ない。教科書は薄く、数学や科学では、一年間に教えるテーマは約一〇項目だが、アメリカなど三〇〜四〇項目もある。

少ない項目で、レベルの高いカリキュラムを組むことは可能なのだろうか。ひょっとして、レベルは低いのか？　いや、そうではない。日本の教師たちは時間をかけて内容を徹底的に教え、子どもたちがしっかり理解するまで次に進まないのだ。親が子どもの宿題に目を光らせ、行き詰ったときには手助けしてくれるのを期待できることも、他の国々より恵まれている点だ。それに、それぞれの内容はしっかりと理解されているので、大急ぎで進んだせいで子どもたちが忘れてしまい、あとでまた同じ内容を教えなければならないというようなこともなく、そのままもっと難しい内容に進むことができる。

じつは政府は教科書に関して、ここまで習得しなければならないという最小限の内容に加えて、ここまでしか教えてはいけないという最大限の内容も規定している。だからたとえば、ある教科書会社は、日差しの中で牛が草を食べている写真に添えられた「牛糞」というキャプションを、子どもたちがこの段階で窒素循環について学ばなければならないという印象を持つかもしれないからという理由で、削除するように求められた。[10] 私はこれに感銘を受けた。イギリスで教師をしていた頃、私は試験に間に合うようにたくさんの内容を詰め込まなければいけないせいで、ときには生徒から大切な質問をされても、当面のカリキュラムには関係ないために無視しなければならず、それがとても辛かった。日本の小学校教師たちは、そんなことをする必要はない。各科目のカリキュラムは狭くて深いからだ。

こういうやり方のおかげで、教師たちはカリキュラムを進めながら、子どもたちをフォローする時間が持てる。基本的な考え方は、よくできる子どもが現れることを期待したり、落ちこぼれが出る現状に甘んじるのではなく、みんなで一緒に理解し、前進するというものだ。ハシモト校長と話したときも、ついて行けない子がいたら先生たちはどうするのですか、と私が尋ねると、彼はこう答えた。「正直に言いますと、たとえば中学二年生の数学で遅れると、追いつくのはたいへんなんです」ただ、そんな例はあまりないらしい。「しかし、そういう場合は、それで何とかなると思ったら、教師は授業の内容をもっと濃くします。できるかぎり良い授業にしようとします」クラスをいくつかのグループに分けて遅れている生徒に易しい内容を学ばせるのではなく、普通に進めている内容に加えて、その生徒がついて行けていない内容もカバーできるような効率の良い授業を目指す。生徒によって違う内容を教えるという分け方はしない。なにしろ英語を流暢に話すジュリエットの娘たちも、クラスの他の子どもたちと一緒に同じ英語の授業を受けたくらいだ。ハシモト校長は言及しなかったが、教師は授業時間外にも生徒のサポートをする。日本の授業は、あいだに一〇～一五分の休憩時間がある。授業が終わってからも、教師はよく教卓のところに残り、生徒たち一人ひとりと話をしていた。

　とはいえ、日本の教育システムを説明するには、〈塾《じゅく》〉の存在と、さまざまな能力の子どもたちに対応したその役割についても触れなければ、終わりにはならない。ある子どもが何かの科目が苦手で、親も助けられない場合、多くの子は放課後、塾に行って勉強を続ける。もっと先まで進んで知識を増やしたい子も行くし、大学受験を目指す子どもはほとんど全員行く。子どもたちは、親が行かせるから行くだけではない。塾は多くの子どもたちにとって、友だちづきあいを深める場所であり、新しい友だちを作る場所でもあるようだ。[11] ある学習塾チェーンの取締役、木《き》島《じま》邦夫《くにお》は、学校は優秀な子どもには物足りなく、力のない子どもにはついて行けないことが多いと考えている。[12]「私たちの目的は、すべての子どもが前に進むのを助けることです」と彼は語った。そのような民間の教育施設がない国では、あるいは親が費用を出したがらない場合は、フィンランドのように、公的な機関や学校の先生のサポートに頼るしかない。

ゆとり教育

一九九〇年代初頭、日本の子どもたちはみんな土曜日も学校に通い、多くの子どもが塾に行っていた。しかし国はその現状を顧《かえり》みて、日本では子どもたちが勉強しすぎるため、自分で学んだり考えたりする能力に乏しいのではないかと懸念するようになった。そこで政府は、子どもたちに「成長する余地」、すなわち「ゆとり教育」が必要だと考え、一九九〇年代の後半から二〇〇〇年代の前半にかけて、カリキュラムの三分の一を減らし、土曜日を段階的に休日化していき（最終的にはすべての土曜日を休日とした）、子どもたちに自分の興味を追求させるための「総合的な学習の時間」を設けた。

ハナはゆとり教育が導入される少し前に小学校に入り、リリーとマヤは最初からゆとり教育を受けた。クラスのみんなで近くの森に行って、イノシシの足跡を探したり、草花について教わったり、いろいろな樹皮の違いについて教わったりした。地元の神社に行って、その歴史を教わったりもしたそうだ。ちなみに、ある先生は、言うことをきかない男の子の頭をよく拳固《げんこ》でゴツンとやっていたそうだ。順法意識の高い日本だが、政府の通達はかならずしも末端まで行き渡ってはいないらしい。

だいたいにおいて規範を細かく定める文部科学省にしては、きわめて異例のことだが、総合的な学習の時間にどのような活動を行なうかは、おもに各学校に任せられた。プログラムの目的は、子どもたちが自主的に活動して各自の興味を追求し、個性を伸ばせるようにすることだったが、そのプログラムにどれだけの時間を割り当て、どんな内容を盛り込むのかは、定められていなかった。これは教師たちが構造化された「問題解決手法」を授業に取り入れることよりも、さらに先進的な取り組みだった。どんな問題を解決するか、どんな疑問を追求するかは、ほとんどの場合、子どもに任されている。小学生たちは、これがとても気に入ったようだ。彼らは自由に選ぶことも、制約がないことも（日本の学校ではめったにない）、試験がないことも、おおいに喜んだ。[13]

しかし教師と中学生は、そうでもなかった。多くの教師は、ゆとり教育の基調をなす考え方には賛成したが、高校入試に与える影響について心配した。そのため、熱心に取り入れる学校もあれば、政府の要求を最低限満たす程度にしかやらない学校もあった（私も教師をやっていた頃は、同じような経験がある）。ある日本人の友人は、二〇〇〇年代前半に学校に通っていた頃のことを、「表向きは行かなくてもいいけど、土曜日にも授業があって先生もいて、学校は私たちに来させようとする。『任意』だって言うけど、口だけ」と言った。リリーは公式には、高校までずっとゆとり教育だったが、彼女に言わせれば高校の先生は「教科書を全部丸暗記させようとする存在」だった。要するにこの期間は、日本の教育のそれ以前と比較すれば「ゆとりのある」期間だったと言えるが、もしイギリスの子どもたちに同じことをするように言ったら、彼らは少しもゆとりがあるとは思わないことだろう。

さて、このゆとり教育の影響はどんなものだったのだろう。苅谷《かりや》剛彦《たけひこ》教授は、一九七四年から一九九七年までのあいだに、学校外で子どもが勉強に費やす平均時間が減少したことを発見した。これは何より、やる気の問題だという。「落第点を取らない程度の成績でじゅうぶんだと思うか」という質問に、「はい」と答える子どもの割合も増加している。苅谷教授によれば、やる気がこのように低下したのは、新しいゆとり教育だけのせいではない。彼は、一九九〇年代の経済状況により雇用機会が減少したせいで、良い学校に行けば良い仕事に就けるという、それまで「厳然たる事実」だったものを、子どもたちが信じられなくなったせいではないかと考えている。この事態は、労働者層の家庭の子どもたちにいちばん打撃を与えた。このことは、やる気の減退は貧しい家庭の子どもたちにいちばん顕著だったという、苅谷教授の第二の発見とも符合する。しかしゆとり教育の導入は、この傾向にさらに拍車をかけたと彼は述べている。[14]

苅谷教授によれば、ゆとり教育は、労働者層の子どもたちに、勉強しなくても大丈夫だという誤った安心感を持たせてしまい、彼らを就職戦線で、より不利な立場に陥らせたという。中産階級の家庭の子どもたちは、親のおかげで（子どもたち自身は親に感謝などしなかっただろうが）、そのような思い違いはしなかった。さらに、総合的な学習の時間は、それをしっかり活用できるようなじゅうぶんな学力のある子どもの方が、うまく使いこなせた。当時、このプログラムの評価のためにいろいろな学校を訪れたクリストファー・ビョーク教授は、「訪問したどの中学校でも、知的能力に優れ、自主性のある生徒は、たいてい総合的な学習の時間を通して成長し、時間を賢く使って優れたレポートを提出した。その結果、彼らはよくがんばったと褒められた。しかし勉強が苦手な子は苦労していた。物事をまとめる力や、洞察力を使って情報を総合する能力がないので、彼らはしばしば、総合的な学習に割り当てられた時間を、友だちと遊んだり、落書きをしたり、居眠りをしたりするのに使った」[15]

二〇〇三年のＰＩＳＡの結果が二〇〇四年に発表され、日本の読解力の得点が下がったとわかったときは、大騒ぎになった。ゆとり教育改革が槍玉に挙げられ、この時期の子どもたちは少し劣るという意味を込めて「ゆとり世代」というレッテルを貼られた。リリーはゆとり世代の一人だが、このことを思い出すたびに笑っている。批判に応えて、政府は次第に数学や国語の時間を増やすようになり、二〇一一年、ゆとり教育改革のほとんどは、元に戻された。教科書は厚くなり、「総合的な学習」に使われた時間の多くは他の科目に取って代わられ、縮小された[16]。

ＰＩＳＡの結果が出されるたびに起こる、このような熱狂の中ではめったに考慮されることはないが、国際テストにおける日本の成績はゆとり教育の導入前から下降気味だった。それに、二〇〇三年の結果は、ほかとくらべてみても、そう大きな下落ではなかった。とはいえ、より根本的な問題は、そもそもこの改革が何をしようとしたものなのかが忘れられてしまった、ということだ。ゆとり教育は、ＰＩＳＡの得点を上げるためのものではなかった。子どもたちにかかるプレッシャーを軽減し、彼らの創造性や問題解決能力を伸ばすためのものだった。二〇〇〇年と二〇一二年に子どもたちを対象に行なった調査によると、学校に対する満足度はこの期間に、世界のどの国より増加している。そして問題解決のテストでは、日本の生徒は、ＰＩＳＡのトップだった上海をはじめ、他のほとんどの国より優《まさ》っていた。私には、ゆとり教育が成し遂げようとしたことは、ちゃんと成し遂げられたように見える。

日本の教育システムはいつもＰＩＳＡのテストで高い成績をおさめてきたが、おそらくそれは教育が重視されているおかげであり、入念に計画された授業のおかげであり、すべての子どもが定められたカリキュラムを習得できるし、習得しなければならないという信念が根付いているおかげだろう。ところが、ほんのささいなつまずきで、政府はうろたえて、人々が嘆いている「受験地獄」の軽減と、見たことのない問題の解決において日本の生徒たちが世界一になる可能性の、両方に効果的だと思われた改革を廃止してしまった。このことは他の国々にも言えることだが、どの価値観を重視したらいいのかというジレンマを際立たせる。数学と読解の結果に関してどの程度まで妥協して、子どもたちのための他の社会的、教育的美点を確保したらいいのだろう。これは、次に訪れる国、シンガポールの政府やシンガポールの親たちも、同じく頭を抱えている問題だ。

第八章　超エリート教育はこうして生まれた

「学歴のない者と結婚すると、頭の良い子とそうでない子が生まれるという問題が起こる」

――リー・クアンユー　シンガポール初代首相

シンガポールで、教育について最初に言葉を交わしたのは、広々としてお金のかかったチャンギ空港で入国審査をしている、小柄なイスラム教徒の女性だった。

「シンガポールへは何をしに？」

「私は世界最高の教育システムを研究しているんです」

女性は片方の眉を上げ、口をすぼめた。「シンガポールに世界最高の教育システムがあると思っているの？　とんでもない。幼い子どもたちに、ひどいプレッシャーをかけているのよ」

まずは、ありきたりな反応。

後ろに列ができていたので、どういう意味かと尋ねる暇はなかったが、その答えは間もなく明らかになった。子どもたちは、七歳になる年に小学校に入る。一年生では、各学校ともクラス編成は能力混成型だが、学校によって格付けがある（たとえばラッフルズ女子小学校は最上級）。子どもをトップクラスの学校に入学させることは、母親たちにとっては憧れの的《まと》であり、幼稚園の前では、熱心にその話が交わされる。

どの小学校でも入学の優先順位は、まず兄弟姉妹が在籍していること、次に親か兄弟姉妹が同窓生であることだ。これはコミュニティの結束を高めるための方法だが、もし両親のうちのどちらかが有名校の同窓生なら、子どもの入学も保証されるということでもある。残った空席の優先取得権を子どもが得るには、親が何らかの形で、子どもの入学前に少なくとも一年間、その学校のボランティア活動に参加し、駐車違反監視員、学食の手伝い、図書館員などを四〇時間以上やるなど、さまざまな奉仕をしなければならない。中には、ボランティアを受け入れる前に、親の面接を要求する学校もある。「子どもがどの小学校に入るかが、どうしてそんな死活問題になるんだろう。学校の食堂で麺類を出す仕事を四〇時間もやるほどのものなの？」という疑問が湧く。じつは、大問題なのだ。一二歳で受ける小学校卒業試験（ＰＳＬＥ）の点数が、その後の子どもの人生にとてつもなく大きな影響を与えるのだ。どんな学校に進むか、どんな試験を受けられるか、だから当然どんな仕事に就けるのかも、この試験によって決まってしまう。まず、子どもを最高の小学校に入れるのが親の仕事だ。しかし子どもたちも、ＰＳＬＥが六年先だからといって、二、三年生になるまでのんびりできると思ったら大間違いだ。その前に、学力によるクラス分けがある。

小学校で能力別のクラス分けが始まる年齢は、シンガポールの歴史の中で頻繁に変わってきた。私の見るところでは、良い方向に。最初は能力別クラス編成はなく、授業について行けない子どもは自主退学していたが、その後、二年生（七〜八歳）の終わりの試験をパスすることが進級の条件になると、退学を促されるようになった。[1] 私が話したある教師は、小学生の頃、年度の終わりによく先生を手伝って、すべての児童のファイルを新しいクラスに分けたが、毎年、たくさんのファイルが棚に戻されなかったと言っていた。どうしてかと先生に尋ねると、先生は、この子たちは試験に通らなかったので、来年はもう学校に来ないのだと答えたという。

それを何とかしようとして、一九七九年からは、三年生の終わりに能力別の振り分けを行ない、勉強について行けない子どもたちには易しい内容のカリキュラムを教えることで、落ちこぼれ問題に対処した。しかし残念ながらこの制度は、子どもが進学コースに進むか職業養成コースに進むかを、九歳で決めることを意味した。二〇〇八年まで、子どもたちは、三つの道の一つにしか進めなかった（一九九二年以降、四年生修了時に、英語、民族語、算数の成績によって、EM1〜3の三コースへの振り分けが実施された。EMはEnglish, Mother Tongueの略）。いちばん低いレベルのEM3の子どもたちは、大学受験資格試験を受けられる中学校にはめったに進むことはなく、大学とは何かも知らないうちに、大学へ行く道を閉ざされてしまう。こういう子どもたちの窮状に触発されて、シンガポールのコメディアンで映画監督のジャック・ネオは、「劣等生」のEM3に振り分けられた三人の少年を主人公にした映画「僕バカじゃない（I Not Stupid）」を作った。彼らは「バカ」コースに進まされたためにいじめられる。そのうちの一人は試験でカンニングしているのが見つかり、自殺しようとする。

映画は大ヒットし、当時、シンガポール映画で歴代二位の興行成績をあげた。この映画に込められた能力別編成に対する批判は、国じゅうで、そして議会でも盛んな論議を巻き起こし、一律の能力別クラス編成は廃止され、科目ごとに能力別のクラス編成がなされるようになった。現在、子どもたちは科目によって得意不得意があることを認められて、個々の科目ごとに試験を受け、五〜六年生では、高レベル、標準レベル、基礎レベルという三つに分けられている。

科目ごとに違うクラスに入った子どもたちは、六年生の終わりに、最終成績となる小学校卒業試験（PSLE）でさまざまなテストを受ける。この試験こそ「死活問題」だ。試験のあいだ、親たちは子どもを指導するために「PSLE休み」を取る。大人になっても、政府は軍隊で何かの役に任命するときに、PSLEの得点を足切りの参考にするという（これは公式なものではなく、あくまで私が「内部情報」として聞いた話）。中学校に進むときは、自分で六校を選んで入学願書を出すことができるが、入学できるかどうかは、ほぼ完全にPSLEの成績に基づいて決められる。中学校側が生徒を選り分ける。[2]「PSLE偏差値」（同学年の他の子どもの成績と比較して算出される）も、その子をどのコースに振り分けるかを決めるのに使われる。この数値に基づいて、子どもの進む先は五通りに分かれる。それぞれのコースに入学が認められた子どものだいたいの割合は、次のとおりだ。[3]

上位約八パーセントの子どもは、一流の統合プログラム（特別コース）に進むことができる。GCE‐Oレベルの試験を受けることなく、直接Aレベルの試験を受けられるコースで、カリキュラムにも柔軟性がある（GCEとは、イギリスやその旧植民地で認められている中等教育の修了資格。一六歳で受験するO〔Ordinary〕レベルとN〔Normal〕レベル、一八歳で受験するA〔Advanced〕レベルがある）。

約六〇パーセントはエクスプレスコースに入り、中学校で四年間学んだあと、Oレベルの試験を受ける。もし、Oレベルの上位二〇パーセントの得点を取れたら、ジュニアカレッジに進んで、大学に進学するためのAレベルの試験を受けることができるし、それを希望しないのなら、技術短大（ポリテクニック）に進める。

約二〇パーセントは、ノーマル（普通）コースに進み、四年間通ったあと、Oレベルより難易度の低いNレベルの試験を受け、合格すればOレベルを受けられる。これらの生徒は、ポリテクニックか、技術教育学院（ITE）に進むことが多い。

約一一パーセントはノーマル（技術）コースに進み、普通の科目と技術系の科目を学習して、Nレベルの試験を受ける。もし生徒がその後も勉強を続ければ、ITEに進むこともできる。口の悪い者に言わせると「これでおしまい（It's The End）」だ。

約二・五パーセントはPSLEに合格できない。彼らにはもう一年学校に通うか、もう一度試験を受けるか、職業資格を取るだけの職業訓練校に行く、という選択肢しかない。

このように、早い時期に進む道が分かれ、それ以後も試験を受けるたびに道はさらに分岐し、子どもの人生に大きな影響を与えていく。進む道によって、友だち関係、中学卒業後の教育、仕事、そして結婚相手まで左右される。中学校の最初の二、三年の通常試験でかなり高い点を取れれば、上のコースに進むことが可能だが、そんな生徒は、いたらニュースになるくらいだ。[4] このやり方は極端ではないだろうか。どうして子どもたちを、こんなに早く別々の人生コースに振り分けるのだろう。

優生学と人口調節

シンガポールに能力別クラス編成が導入された直後の、一九八〇年代に話を戻してみよう。ミシェ

図３：シンガポールの教育システムの構造

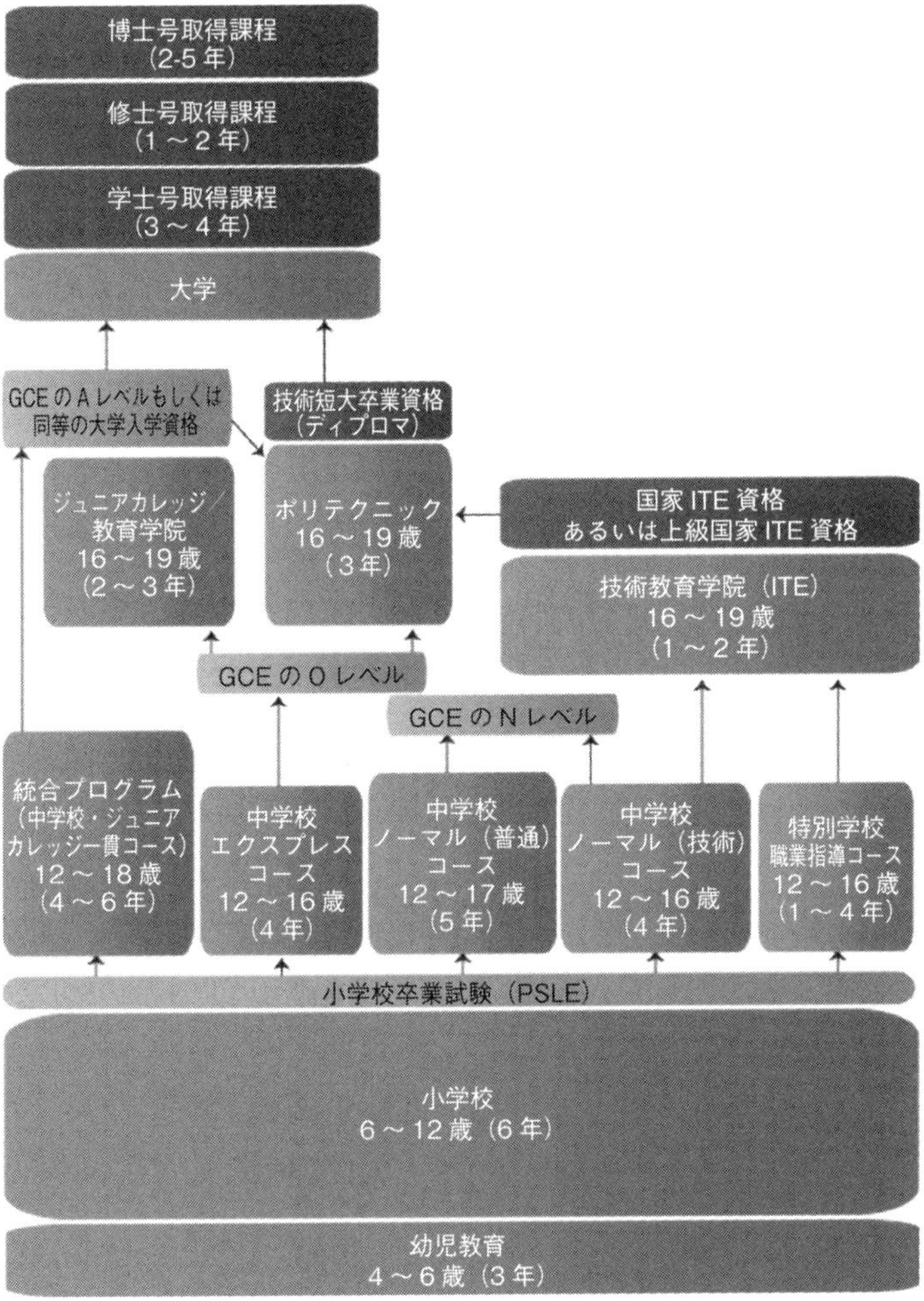

図は the Center on International Education Benchmarking より。

ルは三一歳、〈優秀な遺伝子〉を持つ大卒女性で、官公庁に勤めている。今日は休みを取って、これから費用は政府持ちのモルディブへのクルーズに出かける。ピーターは三四歳、シンガポール国立大学をトップの成績で卒業したエンジニア。同じクルーズに出かけるところで、鏡を見ながら乱れた髪を直している。二人ともこのクルーズで、夢のお相手に出会えるかもしれないと期待している。「我が命に灯をともし、我が腰に火をつける」相手に（この部分は、ウラジーミル・ナボコフ『ロリータ』〔若島正訳、新潮文庫、二〇〇六年、他〕の冒頭の文をもじっている）。政府もそう願っている。このクルーズを企画したのは、社会発展推進局（現在は社会発展推進ネットワーク）。シンガポールの大卒者同士が結婚し、知能の高い赤ん坊を産んでくれることを期待して、一九八四年に設立された政府組織だ。[5]

　こういう企画は、人口の減少に歯止めをかけるためではなく、不適合者が子どもを作らないためのものだった。一九八三年の独立記念集会演説で、当時の首相で現シンガポールの創設者でもあるリー・クアンユーは、結婚しない大卒女性が多すぎると嘆いている。大卒の男性は、学歴のあまり高くない女性を結婚相手に選ぶことが多く、これが大問題だった。「もし彼らが、結婚して子どもをもうける相手に大卒の女性を選ばず、彼女たちが独身のままでいたら、社会はどんどん愚かになっていき……そうすると、何が起きると思いますか？　次の世代になると、あまり賢くない人たちが、とても愚かな人たちを支えていかなければならなくなるんですよ」

　リー・クアンユーは、知能というものは、生まれつきの遺伝性のものだと信じていた。だから彼は、０レベルにも達しない程度の母親の不妊手術に助成金を出したり、大卒の母親には税金を還付したりする優生主義政策を実施し、それによって将来、高い知能を持った労働力が増えて、国にいっそうの経済発展がもたらされると信じていた。有能な労働力（その能力がどこから来たと信じているにせよ）の確保は、今も昔もシンガポールにとっては他のどの国よりも重要な問題だ。シンガポールは都市国家であり、人口はわずか五三〇万人で、天然資源もない。リー・クアンユーの政党（人民行動党）とマレーシア中央政府との関係が決裂したあと、一九六五年にシンガポールがマレーシア連邦から追放されたとき、リーはテレビで涙ながらに国民に独立を伝えた。輸入に頼り、水すら自国で賄《まかな》えないシンガポールにとって、事態は絶望的に思えた。シンガポールが経済的に成功するための唯一の希望は、教育を通して人材を育成し、教養と技術のある労働力を生み出して、この国を世界の産業の中心に、そしてやがてはビジネスの中心にすることだった。

彼らはこれを驚くほどみごとに成し遂げた。いまや国民一人当たりのGDPが世界第三位になり、さまざまな国際テストでトップの成績を取る教育システムを有しているという事実に、それが表れている。シンガポールの独立以来、教育システムは入念に計画作成され、この国の経済発展に応じて、その要望を満たしてきた。どんな経済活動の中にも多くの役割があり、それぞれの役割を満たすためのさまざまなレベルやタイプの教育が必要になる。デング熱を防ぐために「蚊を撲滅しよう」というキャンペーンを展開する役割の人もいれば、蚊を退治するスプレーを茂みに噴霧する役割の人もいる（道端でガスマスクをつけてスプレーガンを持っている人たちがそうだ、と教えてもらった。まるで道に迷った「スター・ウォーズ」の帝国兵のようだった）。

ここで、首相リー・クアンユーの気持ちになって考えてみよう。彼は、さまざまな形で経済を支えるための国民を教育するシステムを求めている。そして、能力は生まれつき不変だと信じている。つまり賢いかどうかは生まれたときから決まっていて、一生変わらないと信じている。そういう彼はどんな教育システムを構築するだろう。私が彼だったら、できるだけ早く能力を明らかにできるシステムを作ることだろう。勉強のできない「能力のない」子まで教育しようとするような、時間と労力の無駄遣いはしない。能力の異なる子どもたちをグループ分けし、その能力と、将来の労働力の必要性に応じて、別々に教育する。その結果、一人ひとりがそれぞれ自分に合った役割を果たすためのスキルを持つことができるようにする。これまで見てきたように、このとおりのことが、この国では現実に行なわれてきた。

何か問題があるだろうか。もちろん、いくつもある。しかしまずは、最も基本的なことから始めよう。この国の教育モデルは、知能に関する時代遅れで不正確な理解に基づいている。リー・クアンユーが独立したばかりのシンガポールの首相になった一九六五年、知能の研究はまだ始まったばかりだった。そして、教育心理学の分野で不運な展開があったおかげで、じつのところ、かなりゆがんだ方向に向かった。[6] さらに言えば、この今では時代遅れになった教育システムを持つ国はシンガポールだけではないのだ。

知能研究の歴史

近代的な知能テストを最初に開発した人物は、少し人づきあいの苦手なフランス人、アルフレッド・ビネーだった。一九〇〇年代初頭の彼の研究は、他の者たちよりはるかに先を行くものだったのだが、彼はそれを伝えるのがあまり上手くなかった。発達心理学者のロバート・シーグラーは、「ビネーの業績は強力だったが、彼の宣伝力は貧弱だった」と評している。この弱点のせいで、彼の研究は他人に曲解され、知能の解釈が大きく間違って伝えられることになった。この誤解は、今日でも続いている。

ビネーは、博士号取得を目指す若い医師テオドール・シモンとともに、特殊教育が必要な子どもたちを識別するための知能テストを、フランスで開発していた。二人は、認知発達をテストするための数多くの問題を考え出し、特別の支援が必要な、つまり発達の「遅れた」子どもは、同じ年齢の他の子どもたちとくらべて、テストの点数が低いという結論を下した。[7] 彼らは、はっきりとした警告つきで、このテストの使用を認めた。

警告1：テストの結果は、子どもの能力判定の恒久的な尺度だと解釈されるべきではない。また、子どもの将来の発達の可能性を示唆するものとして受け取られるべきでもない。このテストはあくまでも、測定時においてのみ、その子どもの知能の発達程度を同年代の他の子どもと比較したものである。

警告2：子どもどうしの比較は、似通った家庭環境の子どもだけで行なわれるべきである。異なる環境で育った子どもたちの経験は、スコアに影響を及ぼしやすく、したがってスコアは、子どもの認知発達を示すよりも、彼らの経験の違いを反映する場合が多かった。

警告3：テストは一回だけではいけない。人の知能はそれぞれ発達の速度が異なるので、ある年齢で他の子どもよりスコアが低かった子どもでも、あとで追いつくかもしれないし、その逆もありうるからである。

つまりビネーたちは、知能は不変ではなく、発達するものだと確信していた。「実践やトレーニングを積み、そして何より注意力、記憶力、判断力を向上させることにより、間違いなくそれ以前より知的になれる」[8]。この結論は、知能はある程度遺伝性のものだと認めている人も含めて、現代の知能研究者たちにも共通している。たとえば、遺伝学者のキャスリン・アズベリーとロバート・プローミンは「環境がＩＱに影響を与える。そしてＩＱだけで成績を予測することはできない」[9]と述べている。

しかし、このようなビネーの初期の見識は世間から忘れ去られ、さらに悪いことに、彼のテストは、知能に関して彼とはまったく違う考えを広めるために間違った使い方をされた。ビネーとシモンのテストは、ヨーロッパ旅行中だったヘンリー・ゴダードの目に留まった。彼はニュージャージーにあるヴァインランド発達遅滞・精神薄弱児訓練学校の校長だった。ゴダードは最初、このテストを単純すぎるとして退けた。しかしその後、自分の学校の子どもに試してみて、彼が経験上認識している子どもの「精神薄弱」度とテストのスコアとが、みごとに相関関係にあることに驚き、喜んだ。

ゴダードは、知能は「単一の精神機能であり……先天的な神経系が司っていて……どのような後天的影響も受けない」と信じていた。これはテストを開発したビネーの理解とは、正反対だった。ビネーは、テストの結果は、同じ年齢の子どもたちと比較したうえでの、ある子どものその時点の発達程度を示すものだと考えていた（それが彼の意図だった）。しかしゴダードは、このテストがある子どもの一生変わらない遺伝的な性質を特定するものだと思い込み、のちには信奉するようになった。

ビネーにとっては残念なことに、知能は不変だという考えは、ゴダードに限らず当時広く支持されていて、このテストは子どもたちを分類してレッテルを貼るための便利なツールになった。ビネーのテストが知られる前から、優生学はアメリカで人気があった。テストがアメリカに渡ったとたんに、知能を測定するという考えが大きく広まったのは、そのせいかもしれない。一九六四年（シンガポール建国の一年前）までには、全米で約六万人が、強制的な不妊手術の対象になった。その半数近くが精神障害を持つことに基づいて不妊にさせられ、知能テストはその診断の情報源となった。

では、知能とは本当はどんなものだろう。不変なのだろうか、発達するのだろうか。遺伝性なのだろうか、環境に左右されるのだろうか。教育システムの構築法に、どう影響するのだろうか。私はなぜ、シンガポールの教育システムを棚に上げて、こんなに知能にこだわり続けているのだろうか。こういう疑問が次々と湧いてくる。

まず、知能にはたしかな定義は存在しない。従来型の知能テストの場合、ＩＱ（言語性ＩＱと非言語性〔動作性〕ＩＱがある）を測定する。心理学者のハワード・ガードナーのように、知能を幅広く捉え、身体的、実務的、個人的スキルを含むものだと考える人もいる。これについてはカナダの章の、ブリティッシュコロンビア州の教育システムのところでまた触れよう。しかし今のところは、知能に関する遺伝学の研究者のほとんどが用いている狭い定義、つまり知能テストで測定される「一般認知能力」という定義を使っておこう。

まず、現段階での研究者の認識をまとめてみよう。

・知能は不変ではなく、発達する。「一般認知能力」は、身長と同じように、ある程度まで環境に左右され、時間とともに変化する。大人になれば七歳のときよりは知能が上がっている（そうだといいが）。

・知能はある程度遺伝性だ。腕力や身長のように、人によって知能に違いがあることはある程度まで遺伝子のせいであり、環境と経験のせいでもある。認知能力について言えば、半々ぐらいだろう。[10]

今のところ、これが理にかなった考え方だろう。すると、知能の発達は環境の影響と考えるべきだろうか。私はそう考えた。しかしそう簡単なものではない。もし、ＩＱが一〇〇パーセント遺伝性のもので、完全に遺伝子によって決定されていたとしても、それでも知能は発達するのだ。知能は不変ではない。もし知能が遺伝に基づくものだとすると、当然その「量」は一定だから、何度計測しても結果は同じになるはずだ。ところが事実は違う。じつは知能とＩＱという二つの違う概念を合体させてしまったために、混乱が生じたのだ。たとえ知能を「ＩＱテストが測定するもの」だと狭く定義したとしても、知能とＩＱのあいだにはわずかだが重要な違いが存在する。

ところが、やはりアメリカ人のルイス・ターマンが、知能は一定不変のものだという誤った考えを人々の頭にしっかりと植えつけ、それが間違っているということが研究によって実証された後も、誤解は長く続いてしまった。ターマンがやったのは、知能指数（ＩＱ）を、人間の知能を測る数値として有名にすることだった。しかし、人のＩＱは、その人の知能テストのスコアと同じものではない。子どものＩＱスコアを算出するためには、まず、知能テストのスコアを、その年齢の子どもたちの平均値と比較して、その子の精神年齢を算出する。たとえば、七歳児のジャスティンは、知能テストのスコアが一〇〇点満点中の四三点だった。これは七歳児の典型的なスコアより高く、九歳児の平均スコアに近いので、ジャスティンは七歳だが精神年齢は九歳だと言える。彼のＩＱを算出するには、精神年齢を実年齢で割る。そして、ターマンは小数が嫌いだったので、答えに一〇〇を掛ける。

ＩＱ＝精神年齢÷実年齢×100

ジャスティンのＩＱ＝9÷7×100＝129

なぜ、これが問題なのか。それは、計算に「典型的な」スコアを含むことにより、ＩＱはいわゆる「一般認知能力」の測定値ではなくなり、「他の人たちと比較した一般認知能力」、子どもの場合は「同年齢の子どもたちと比較した」数値になるからだ。ＩＱが知能の代用品として使われるのは、いまだに非常に多くの人が、知能は不変のものだと考えているせいだ。しかし、本当はそうではない。

これを実例で説明するために、ジャスティンの妹で、六歳で小学校に行きはじめたばかりのジュリーを取り上げてみよう。ジュリーに同じタイプの知能テストを、現在（六歳）と、九歳、一二歳、一五歳のときに受けさせたら、その度にスコアは、二三、四五、六五、八三というように上がっていくはずだ。この四回のテストを精神年齢に当てはめると、それもやはり上昇していくはずだ。もし、ジュリーが「平均的な」子どもだったら、それぞれの時点で、精神年齢は六歳、九歳、一二歳、一五歳となる可能性が高い。両方の測定値でジュリーの知能、すなわち一般認知能力は、時間とともに発達していることになる（もっとも、実際の子どもは、かならずしもこのように予測どおりには発達しない）。ところがこれらのスコアをＩＱスコアに変換する手順を踏み、彼女の精神年齢を実年齢で割って一〇〇を掛けたとたん、それぞれの時点での彼女のスコアは、全部一〇〇になってしまう。

つまり、ジュリーは九歳から一二歳にかけて、認知能力をかなり発達させ、いろいろな新しいことができるようになり、前には解けなかった難しい問題も解けるようになったが、彼女の発達の割合は、他のみんなが発達した平均値と同じだったため、彼女の相対的な知能、すなわちＩＱは変わらないことになる。

さらに、現代の心理学者たちは、「精神年齢」という概念が表しているような、知能が直線的に伸びていくという考えには異議を唱えていて、知能というものは、ちょうど思春期における身体の成長のように「断続的に起こる急成長」として発達し、その時期は子ども一人ひとりによって違うと考えている。このため、子どもの頃に「潜在能力」を評価するのは難しい。他の子たちより成長が早いが、のちにペースの落ちる子もいれば、出足は遅くても、

ジュリーの発達の平均値

年齢	6	9	12	15	上昇
スコア	23	45	65	83	上昇
精神年齢	6	9	12	15	上昇
ＩＱ	100	100	100	100	不変

あとから急激に進歩する子もいるからだ。幼い子どものＩＱのばらつきは、遺伝的特徴よりも家庭環境に左右される場合が多い。

先に進む前に、最後に知能についてもう一つ触れておこう。ＩＱと成績は同じものではない。これを説明するために、遺伝学者のロバート・プローミンとキャスリン・アズベリーは、レーシングカーをたとえに使い、ＩＱと成績が同じものだと考えるのは、自動車レースで一位になるのは常にいちばん強いエンジンを積んだ車で、ドライバーの技術や経験は関係ない、と考えるのと同じことだと述べている。ＩＱが成績に関係するのはせいぜい半分までで、「学校の成績の大部分は、ＩＱとは無関係[11]」なのだ。

早すぎる選別の見直し

さて、やっとシンガポールに戻ってきた。シンガポールの教育システムは、能力主義という基本方針に基づいている。つまりその目的は、子どものうちに能力を特定し、彼らにそれぞれの能力に応じた機会を与えることだ。このシステムは、一〇歳と一二歳で能力を正確に見きわめるのが可能だという考えを前提としている。[12]だから子どもたちを能力に応じて別々のコースに振り分ける重要な選択が、一〇歳と一二歳のときに行なわれる。しかしその根底にある知能の本質に関する考え方は、かつては広く信じられていたが、今では間違いだとわかっているものなのだ。

とはいえ、考え方や構造はゆっくり変化していく。最近、シンガポール議会でも、この年齢での能力別クラス編成と中学校の振り分けにおけるマイナス面が議論され、二人の国会議員が、能力によって子どもを差別することを見直してはどうかと提案した。[13]

それ以来、能力別編成の影響を緩和する動きが進められ、政府は、ノーマル（普通）コースの生徒が、PSLEで成績の良かった科目については、「エクスプレス」レベルのコースを取れるようなプログラムを導入した。このような動きが進んだのは、早い時期に能力別クラス編成をしてしまうと、成長が遅い子どもは、一〇歳のときにはまだ未発達であったために、本当なら完璧に達成できたはずの夢さえも追うチャンスを逃してしまいかねない、と認識されたからだ。私もそんな、発達の遅かった人に会った。もし、彼のための特別な支援がなされていなかったなら、彼は教師になるという夢を達成できなかっただろう。

その青年、デヴィッド・ホーは、思慮深くて情熱的な教員研修生だ。現役大学生が恵まれない子どもたちを教えるというすばらしい指導プログラムを創り上げるなど、さまざまな業績がある。彼は、すべての子どもに教育の機会を与えることに情熱を注いでいる。そして、家庭生活が幼少期の学業に与える影響についても熟知している。

私は新聞で彼についての記事を読み、会わせてもらった。デヴィッドの子ども時代は苦労の連続だった。両親は彼が幼い頃に離婚し、彼は母親と二人で一部屋きりのアパートに住んでいた。母親はスーパーの販売員をして生活費を稼いでいた。あるとき母親は、ごく普通の白内障の手術のために入院したが、こともあろうに手術が失敗し、失明した。シンガポールの福祉制度はきわめて劣悪で、母親は、七歳のデヴィッドに手を引かれて、公共のマーケットでティッシュペーパーを売るまでに落ちぶれた暮らしをするようになった。デヴィッドは、母親の面倒を見なければならず、ろくに勉強ができなかった。一二歳で受けたＰＳＬＥの得点は低く、中学校はノーマル（技術）コースにしか進めなかった。デヴィッドはその意味を説明してくれた。「実態はこういうことです。ノーマル（技術）コースに入れば、職業訓練を受けることになる。ＩＴＥに行っても、たぶん大学に進むなんて考えられもしない。せいぜい、ポリテクニックに行く希望があるくらいです」

けれどもデヴィッドは、教師になりたかった。それには、Ｏレベルの資格を取る必要がある。デヴィッドは学校で猛勉強をし、すばらしい先生たちの助力もあって、Ｎレベルの試験で高得点をあげ、いくつかの科目は学年トップの成績だった。しかし、それでもまだ足りなかった。ノーマル（技術）コースの生徒はＯレベルの試験を受けられなかったからだ。そこでデヴィッドはどうしたか。十代の男の子らしい勇敢さで、彼は当時の教育大臣に手紙を書き、自分が置かれた状況を説明した。その結果、彼は中学校の三年と四年をやり直す特別な許可を得た。今度はエクスプレスコースで。

デヴィッドは現在、教師になるための奨学金を得て、有名なシンガポール国立大学で経済学を学んでいる。きっと将来はすばらしい教師になることだろう。しかし、彼の成功はむしろ、この階層化された教育システムの根底にある「能力」の考え方に疑問を投げかけるものだ。子どもの頃に受けた一度の試験が、その人の知能とその後の可能性を測る正確な測定基準となるという考え方は、間違っているのではないかという疑問を。楽観的なシンガポール人は、デヴィッドの例は、誰でも一生懸命がんばりさえすれば成功できることを示していると言うことだろう。しかし、努力と知能だけではチャンスはつかめない。

第九章　強烈なプレッシャー

「誰もあなたの面倒は見てくれない」

——リー・クアンユー

多くの教育システムは競争的だ。とりわけこれから見ていくアジアの国々は。しかしシンガポールで非常に興味深いのは、国の教育システムが基本としている子どもの能力に対する考え方が、国民の考え方と大きく食い違っていることだ。国は、知能は不変だという考え方に基づいて、子どもの能力を早期に「識別」しようとする。しかし、大部分が中国系のシンガポール国民は、学問的成功はおもに努力と猛勉強にかかっていると信じているので、多くの人が、自分の子は全力を尽くして猛勉強すればトップのコースに進める、あるいはトップの学校に入れると信じている。したがって、親の期待と関与は大きい。

地元のショッピングモールに初めて行ったとき、私はある露店で、小学校で行なった過去の試験問題を数年分、山にして売っているのを見た。カウンターの後ろには誰もいなかったが、私が写真を撮ろうとすると、ストライプ柄の服を着た小柄でぽっちゃりした女性が隣の店から走り出てきて、カメラの前で手を振って制止した。私は困惑しながらも謝って、次に同じような小さな露店を見つけたときはあらかじめ撮影許可を得ようとしたが、ふたたび激しく拒絶された。あとで知ったことだが、そういう試験問題を売るのは違法で、表向きはやっていないことになっている。このモールでも他のどこの商店街でも、書店の教育関係のコーナーはフロアの半分を占めるほどの広さだった。児童文学者のモニカ・リムは、親たちは学期ごとに子どもを連れて書店に行って全教科の問題集を買い、学校の宿題のあとでその問題集をやらせるのが一般的なのだと、空港でコーヒーを飲みながら話してくれた。

少しでもお金の余裕があれば、親たちは家庭教師を雇ったり、子どもを学習塾に通わせたりする。毎日、蒸し暑い中を学校から歩いて帰る途中、私はある学習塾の前を通る。前面はお店のようなガラス張りで、通行人に教室の中が見えるようになっていた。一日じゅう教師たちへのインタビューと授業参観をし、疲れて汗だくの私は、学校で一日じゅう勉強したあと、さらにまだ勉強している九歳の子どもたちに同情した。夜の一〇時に帰るときでも、まだ勉強している子どもたちがいた。シングリッシュ（シンガポール風の英語）で「負けず嫌い」を意味する〈キアス〉という気質だと誇らしげに言う人もいるが、すべてのシンガポールの親たちが子どもをこんな目に遭わせたがっているわけではない。親たちとの雑談で聞いたところでは、自分の子どもにはこんな勉強漬けの毎日ではなく、子どもらしいゆとりを持たせようと決意した父親がいたという。けれど学校が始まって二、三カ月もすると、結局、他の親たちと同じように学習塾を探し始めたらしい。良い人生、すなわち経済的に安定した人生を得るための最高の機会が、トップランクの生徒にしか与えられないのなら、ほとんどの子どもの親たちは塾に通わせたり家庭教師を雇ったりする。それをやりたくなければ、つらい立場に甘んじるしかない。

簡単に良い成績を出してしまうグレード・インフレーションが他の国では問題になっているが、シンガポールでは正反対の問題が生じている。現に、試験がどんどん難しくなっているのだ。組織心理学者のペチュニア・リーは、彼女が「おチビさん」と呼ぶ一〇歳の男の子の母親でもあるが、ブログにこう書いている。

小学校の語学の教科書に変なところがあることに、今日、気がついた。小学五年生の教科書の語彙のレベルが、五年生で行なわれる試験のレベルより二年分ぐらいは易しい。私はおチビさんの試験勉強に教科書が役立つとは思っていなかったので、何となく直感的に教科書を無視してきた。しかし今日、おチビさんの中国語の教科書を詳しく調べてみて、なぜこんなことになっているんだろうという疑問が湧いた。なぜ私は、学校の教科書が試験勉強の役に立たないと思うのだろう。なぜ私は、お婆ちゃんがおチビさんの中国語の勉強を手伝うとき、教科書を使うことに何年も反対してきたのだろう。なぜ、お婆ちゃんが頑固に教科書にこだわったせいで、中国語の成績が下がり気味になったのだろう。

パイの大きさには限界がある?

このように、学校で教わる内容と試験に出る内容に差があるせいで、親は子どもを学習塾に通わせなければという心理的プレッシャーを感じ、子どもの方は同級生より猛勉強をしなければというプレッシャーにさらされる。こうした努力と課外指導がどんどん増えるにつれて、子どもたちの点数はどんどん上がっていき、すると政府は、良い点を取る子どもたちに差をつけるために試験をさらに難しくする、というふうに、このサイクルは無限に続く。これはただの理論でもたとえ話でもなく、現実に子どもたちが学校や家庭で感じていることなのだ。

ペチュニアのブログではこの問題も取り上げられていて、彼女（母）とおチビさん（子）の会話がアップされていた。悲しくさせられるが、洞察力に満ちている。

子：ママ、こうなる（試験が難しい）のは、いろんな子どもたちがいろんなところで勉強して、どんどん頭が良くなるせいだよ。だから、政府がＰＳＬＥの基準を上げなくちゃいけなくなるんだ。

母：そうね……。でも、いったいどこで止まるの？　たぶん一〇年後には、ＰＳＬＥを受ける子たちには、良い中学校に入るための調査まで必要になるわ。

子：そうはならないよ、ママ。これはシャボン玉みたいなものだよ。いつか破裂する……。

母：えっ、なに？　ＰＳＬＥはどうなるの？

子：えーと……政府がＰＳＬＥの基準を上げるでしょ。するとスキルや知識が詰まったＰＳＬＥのシャボン玉が、どんどん、どんどん、どんどん大きくなっていく。それから、子どもたちがもうこれ以上は無理だってなったときに、みんなが自殺を図る。すると、政府は基準を下げなきゃいけなくなるから、ＰＳＬＥのスキルと知識のシャボン玉は、パチンと割れて小さくなる。だってそうしないと、子どもが一人もいなくなっちゃうからね。ぼくたちみんな死んじゃうから。だから、ぼくが今を切り抜けるのをママが助けてくれれば、大丈夫だ。できるよ、ママ。それから、ママの将来の孫のことは心配しないで。その頃には、シャボン玉は割れてると思うんだ。

母：おおっ……おおっと……ちょっと待って！

幸い、ペチュニアのおチビさんには、良識ある児童心理学の専門家で、試験のプレッシャーの悪影響から守ってくれる母親がついている。しかし他の子どもたちは、それほど幸運ではない。シンガポールの大手の新聞社シンガポール・プレス・ホールディングスが二〇〇〇年に、一〇〜一二歳（PSLEが近づく年齢）の一七四二人の子どもたちについて調査したところ、三分の一以上の子どもが試験を親の死より恐れていることがわかった。[1] 三人に一人が、ときどき、もう生きていたくないと思うと答えた。[2]

もちろん、シンガポール政府もこんなことを望んでいるわけではない。彼らは子ども嫌いのモンスターではなく、その正反対だ。シンガポールの教育政策は大きな思慮と配慮のもとに形成されていて、教育の変貌がこの先ずっと影響を与える続けることにも注意が払われている。[3] しかしこれほど厳しい競争が日常化している現状では、対処はきわめて難しい。政府は人格をもっと重視することを推奨したり、試験の「高得点取得者」の名前の公表をやめたりすることで、この流れを変えようとしてきたが、かならずしも親たちの賛同は得られていない。

私は、『良い子、悪い子、卒業試験（*The Good, the Bad and the PSLE*）』の著者で、学校に通う二人の子どもの母親でもあるモニカ・リムに会い、このプレッシャーはどこから生まれるのかについて話し合った。

「アジアの大多数の親たちは、自分の子どもたちにとても良い暮らしをしてほしいと思っているの。でも、自分の子どもが良い暮らしをするということは、他の子どもたちは良い暮らしができないという意味になる。それがいつでも問題なのよ」

「それは避けられないことなんですか？」と私は尋ねた。

「ええ、避けられないわ。だってアジアの親たちは、すべての人が満足できる状況なんて信じていないもの。誰かが底辺にいなければならない。でも、それがわが子でさえなければ、たいした問題じゃない。わかる？　自分の子どもさえトップにいればいいの。でも問題は、トップとはどういうものか、どうやって決めるのかということよ。大臣が『わかりました。学力重視を減らして、人格重視のようなものを導入しましょう』と口にするや否や、親たちは飛び上がってこう言うの。『わかりました。で、それはどうやって測定するんですか？』わかるでしょ。人格だろうが何だろうが、親たちは自分の子どもをそのトップにしようとするのよ」

彼女は続けた。「パイの大きさに限界はない、という考えを親たちが受け入れないかぎり、また、もし他の誰かがそれを手に入れたら自分の子どもは手に入れられない、という考え方を変えないかぎり、状況を変えるのはとんでもなく難しいわ。そのうちわかると思うけど、教育システムがどんなものであれ、かならずそれを自分に有利なように利用しようとする親がいるのよ」

「そういう考え方は、どこから来ているんですか？　なぜ親たちは、パイの大きさには限りがあると思うんですか？」と、私は尋ねた。

「私たちは、そういう考え方をする社会に生きているの。それに政府も昔から、なくなってしまったらどうするんだっていう考え方を私たちに叩き込んできたのよ。どうやって暮らしていくんだ、誰もおまえの面倒は見てくれないぞって。私たちは子どもの頃、そういうことを死ぬほど聞かされてきた。そのせいで何となく、若い世代のシンガポール人たちまで、自分の面倒は自分で見きゃ、誰も面倒を見てくれないと考えるのね」

だから教育においても、限られた大きさのパイしかないと考える。つまり、たとえ全員が良い成績を取ったとしても、普通コースに進んでOレベルの資格を取れるのは一定数の子どもに限られているという体制になっている。そして親たちは、もし自分の子どもが高収入の仕事に就けなければ、この世界一お金のかかる都市で苦労して生きて行かなければならなくなると確信している。[4] 英語の授業のあとで話を聞いたノーマル（普通）コースの生徒は、こう言った。「強制されている感じです。良い成績を取らなければ、ちゃんとした家に住めないとか、車も持てないとか、そういういろんなことがプレッシャーになります。とくに、もっと良い成績を取れと親に言われるのが、一番のプレッシャーです」

もちろん親は、子どもが将来、幸福になって豊かな暮らしをしてくれることを望んでいるからこそ子どもの成績を気にかけるのだが、それとは別に経済的な問題もある。親が年をとってから援助が必要になる場合も多いのだ。弱々しいお婆さんが、ハンバーガーショップで掃除をしているのを見かけることがあった。何の援助もなければ働き続けなければならない。じっさい親たちは、子どもが大人になってから金銭的に援助してくれなければ、裁判で子どもを訴えることができるが、子どもに稼ぎがなければどうにもならない。

シンガポールの教育省は、子どもにかかる大きなプレッシャーは問題だと認識し、子どもの精神面での健康に関する教室や集会を開くなど、それに対処するための対策も講じてきた。私はたまたまある学校にいて、こういう集会に出る機会に恵まれたので、そのあと学食で「コピC（コンデンスミルク入りコーヒー）」を飲みながら、集会の司会を務めたビリーと雑談をした。ビリーは精神分析医でクリニックを開業していて、ストレスのためにやって来る子どもたちを診察している。

「シンガポールでは、ストレスは、子どもたちにとってさえも大きな問題です。親たちは子どもにたくさんのプレッシャーをかけ、中には毎晩違う科目の学習塾に行く子もいます。私が診ている子どもの中には、不安が高じて学校に行けない子もいるのです」とビリーは言った。この問題に対処する方法は何かないのかと尋ねると、彼は、「能力別クラス編成は子どもたちの幸福に悪影響を与えるし、自己成就予言（予言に沿うような行動をとることによって、結果としてそれが実現してしまうこと）になってしまうから、廃止した方がいい。それに、学校を勉強ばかりさせるところではなく、それ以外の活動もさせる、総合的なところにするべきです」と答えた。

学習塾と学力格差

能力主義という考え方に戻ると、このすさまじいプレッシャーは、シンガポールの教育システムの公正さにどのような影響を与えているのだろう。ペチュニア・リーは、教科書と試験の難易度のギャップについて、ブログで次のように結論づけている。

願わくは、このメッセージを読む親たちに知ってもらいたい。子どもに学校の試験で「A」を取らせようと思ったら、その学年の教科書より少なくとも四年か五年上の教材を勉強させる必要があることを。親がみんなこれを知っているわけではない。現に私は知らなかった。

しかしこの事実は、教育で人々を貧困から救済するという教育省の意図に逆行しているのではないだろうか。低収入の親たちには、教科書と試験のギャップを埋めるための学習塾にお金をかける余裕はない。教科書と試験のギャップを補うために子どもに勉強を教えるだけのスキルもない。

残念ながら、すべての親が同じだけの時間や資金を持っていないのは、どうしようもないことだ。シンガポールの小学一年生の中には、上質だが高額な保育園や幼稚園に三年（あるいはそれ以上）通った子もいる。私がインタビューした中での最年少は六歳の小学一年生だったが、五級のピアノと七級のバイオリンを習っていると、こっそり教えてくれた（情報源の信頼性は、いささか怪しい）。普通の子どもたちは、親に財力がないので、幼稚園などにはまったく行かず、一から学校生活を始める。[5]家でも家庭教師にみっちりと指導を受ける子もいれば、家では弟や妹の面倒を見なければならない子もいる。このため一年生を教える教師がいくら時間と努力を注いでも、全員が満足のいくようにするのはたいへんだし、すでにかなり勉強が進んでいる子どもに、そうでない子が追いつくことはできない。

しかもこの差は、家庭教師や学習塾の講師によって、さらに広げられる。教育は競争であり、彼らは苦手な科目で追いつかせるより、「先に進ませる」方が得意なのだ。私はたくさんの子どもたちと家庭教師や学習塾について話した。中には苦手な教科があるから行っていると言う子もいたが、多くの子は、すでにクラスでトップになっていても行きたがっていた。旧正月には、学校は四日間休みになるので、私は校庭にいた十代の少年二人に、休みに何をするつもりかと尋ねてみた。自信のありそうな方の子が、ニヤッと笑い、目をくるんと回して、「のんびりしたいけど、追いつかれないように勉強しなきゃ！」と答えた。

ある学習塾の経営者は、うちの塾に入るにはテストを受けなければなりませんと言った。つまり学習塾に入るための勉強をしなければならない子もいるわけだ。同じような問題は良くできる子のあいだでも生じるようで、私が話をしたある教育実習生などは、ジュニアカレッジの頃に生物の成績を上げるために学習塾に行ったが、あまりに進むのが速くてついて行けなかったと言っていた。この問題に関して、職員室で小耳にはさんだ面白い話を一つ紹介しよう（私が教師だったら面白いどころではなかったろうが）。「マーカスが教科書を買わないって言うのよ。教科書に載ってることは、もう全部学習塾で習ったからって」

このような、裏の教育システムへの依存は、限られた子どもたちだけに有利に働き、その結果、一二歳で受ける一度きりの試験が子どもの将来を決定するという仕組みをかなり不公平なものにしている。ＰＳＬＥでどれだけ良い点を取れるかは、その子がどれだけ賢いか、どれだけがんばって勉強したかによるだけではない。親がどれだけのお金を家庭教師や学習塾に費やしたかにも左右される。私は、貧困層の多い地域で活動をしているある慈善団体の、高層団地の一階にあるオフィスを訪ねた。そして、彼らの活動の対象となっている貧困家庭の子どもたちの四〇パーセントが、PSLEに落ちていることを知った。こういう落ちこぼれ（そう、私は意識的にそう呼ぶ。なぜなら、それが彼らの教育を特徴づけるものだからだ）を対象とした学校もいくつかあり、そうした子どもの約半数が、月収一五〇〇シンガポール・ドル以下の家庭出身だ。

子どもたちを早い時期に能力別に分ける（それは多くの場合親の収入別に分けることを意味する）社会におけるエリート主義の危険性は、シンガポールのマスコミでもしばしば取り上げられている。最高レベルのコースに進んだ生徒の中には、家族や学習塾や家庭教師などの大きな助けがあったことなどまるで顧みず、自分の成功はすべて自分の実力だと信じて、下のレベルの者たちを見下す者がいる。シンガポールの名門校ラッフルズ学院は、最近、ある女生徒（国会議員の娘）が「わが国は有能で賢い者たちの独裁国です」とブログで暴言を吐き、ある男性を「階級が違う」と貶《おとし》めていろいろ書き立てたことで、ありがたくない注目を浴びた。その騒ぎで乗り出してきた女生徒の父親の態度も、「残酷な真実を受け入れられない人もいるものだ」という程度のものだった。[6]

これは極端なケースだが、シンガポール国立大学（NUS）社会福祉学科のアイリーン・ウン准教授は、「生徒たちがどんどん細分化するにつれ、交際範囲も別々になっていきます。たとえ善意で行なわれるとしても、社会活動の範囲が限定的になれば、限られた共感や理解しか持てなくなり、自分とは違う人たちに援助の手を差しのべにくくなります」[7]と説明した。先に紹介したデヴィッド・ホーの指導プログラムは、このような状況に対処するためだった。彼は恵まれない境遇にある子どもたちを助けるだけでなく、教える側の恵まれた階層の大学生たちにも、彼らが将来シンガポールの指導者になる前に、子どもたちが直面している問題を理解させようとしている。

ＰＩＳＡの結果に戻ると、二〇〇九年と二〇一二年にシンガポールは全体ですばらしい成績をあげ、数学と読解と科学の平均スコアがそれぞれ世界第二位、三位、四位だった。しかし、スコアに対する社会経済的背景の影響を見ると、シンガポールはＯＥＣＤの平均値か平均以下（測定のしかたによって変わる）で、ＰＩＳＡのスコアは四四点も上昇しているのに、社会経済的状況は一点しか上昇していない（この測定法では、最低レベルの一〇カ国に入る）。つまり、貧しい家庭の教育への経済的支援などによって、貧富の差による影響を減らそうとする教育省の努力にもかかわらず、この国の教育システムの構造は本来の実力主義とはなっていないということだ。

「レジリエンス」に潜むもの

シンガポールの教育システムは公平な結果を生んではいないが、読解、数学、科学において基準値に達している子どもの割合はすばらしく多い。ＰＩＳＡでかなり低いスコアしか取れない子どもの数は、他のほとんどの国より少ない。つまり、シンガポール国内で見れば、成績の良し悪しは子どもの家庭環境の影響を受けているが、シンガポールでは低い点数の子どもでも、国際的に見ればけっこう高得点になる。したがってシンガポールの水準では社会的に恵まれない子どもたちでも、他の地域の貧困層の子どもたちよりはよほど良い点を取っているということになる。そういう子どもたちを、ＯＥＣＤは「レジリエントな（逆境にも折れにくい弾力性のある精神を持つ）生徒」と呼んでいる。

　こういう評価は、自国に多くの「レジリエントな生徒」がいる政治家たちにはうれしいことかもしれないが、「レジリエントな生徒」たち自身は、こんな名前を頂戴《ちょうだい》しても、たいしてありがたくはないだろう。逆境に打ち克つというＯＥＣＤの定義は、貧困層出身でありながら自国の平均的な子どもたちより高得点を取った、という意味ではない。他の地域のもっと恵まれた子どもたちより高得点を取った、という意味でもない（シンガポールの貧しい子どもの中には、そういう子もいるが）。たんに、国際的に同程度の生活環境にある子どもたちと比較して、良い点を取ったというだけだ。つまり、シンガポールの子どもたちは全体的に、ＰＩＳＡに参加している他の多くの国々（すぐにもっと増えることだろう）よりかなりの高得点を取っているので、シンガポールで社会経済的に下層にいるティーンエイジャーも、他の地域の同じような貧困層のティーンエイジャーと比較すると高得点を取っているとして「レジリエント」と分類されてしまう。しかしそれは、彼らが好きな進路を選べるという意味にはならない。彼らの上には自国のもっと恵まれた子どもたちがいて、ジュニアカレッジの席を埋めてしまっているので、彼らは結局、学問とは縁遠いコースに進むしかないのだ。

　しかし、たしかに貧しい家庭の子どもはなかなか裕福な家庭の子どもほど良い成績は取れないが、能力別に振り分けられたあとは、ほとんどの子どもがそれぞれのコースに設けられた基準を満たせるような仕組みができている。たとえば、学力に基づく試験でいちばん下に位置するのは試験に落ちた子どもたちだが、彼らはその後、「似非《えせ》学問コース」や職に就ける見込みもないような職業訓練コースに進むのではなく、本当に役立つ職業的スキルを身に着けられる訓練を受ける。そして、目標にすべき優れたものは、上の学校に進む以外にもたくさんあることを認識できるようになる。

　シンガポール政府は一九九〇年代に、「もし誰もが高い学歴ばかり追い求めて、テレビや工作機械や製造工場を修理する者がいなくなれば、シンガポールはもっと貧しくなる」[8]ことを認識していた。そこで職業訓練や技術訓練のコースを「掃き溜め」だと考える差別的な見方を何とかしようとして、巨額の費用を投じて職業訓練教育を充実させ、ポリテクニックとＩＴＥ（技術教育学院）を改革して最先端の設備を整えた。ＩＴＥの各コースはさまざまな企業と連携してその需要に応えられるようになっていて、シンガポールの若者の失業率は世界平均の半分に近いという、すばらしい実績に貢献している。[9]こういうコースは、一般にはまだＧＣＥ（中等教育修了資格）のＡレベルより評価が低いし、新年に親戚が集まると甥や姪のことを根掘り葉掘り詮索したがるおばさんたちにもまだ認められていないが、中学校卒業後、ジュニアカレッジに進める生徒の中にポリテクニック進学を選ぶ者が出るなど、感覚は変わってきている。投入された費用と各コースの慎重な開発のおかげで、こちらの進路を選んだ生徒たちは本当に役に立つ資格を取得し、雇用先にも喜ばれている。

　私は、ポリテクニックの卒業生で青年活動家のアランと、騒音のひどい市内のホテルのロビーで会った。ハーブティー二杯が二四シンガポール・ドルもするところだった。アランも、学問的な資格がすべてではないと考えていた。

「人はそれぞれ、成長のペースが違います。ぼくたちの多くは遅咲きなんです。ビル・ゲイツは？　スティーブ・ジョブズは？　レイ・クロックは？　シム・ウォン・フーは？　みんな大卒じゃないにもかかわらず、偉業を達成した有名人たちです。彼らはどんなに挫折しても諦めませんでした。一生懸命がんばりました。やり抜きました。誰でも、その人ならではの強さと才能を持って生まれてきたんです。勉強ができなくても、他の分野でもダメだとはかぎらない。だからぼくは、学問的なレベル分けは、人の能力や知識の豊富さを測定する一つの方法でしかないと思います」

学問的なコースが最高だとみなされているシンガポールの教育システムでも、この点は認識されているように思われる。ヒエラルキーの底辺にいる子どもたちがどう扱われているかの一例として、ノースライト・スクールという、PSLEで合格できなかった子どもたちのための学校を取り上げてみよう。私が副校長と面会したのはこの学校の運動会の日で、巨大な複合競技場は活気あふれるティーンエイジャーたちでいっぱいだった。私たちは競技場のベンチに座って話した。彼女は生徒たちを指して言った。「見てください。この子たちは見捨てられた落ちこぼれです。試験に落ち、小学校でも最低レベルでした。でもここで彼らは見下されることなく、自分と同じような友だちと一緒に、新しくスタートしたのです」

シンガポールの一般の教師たちが政府の指示でそれぞれの学校に赴任するのと違って、ノースライトの教師は学校に直接雇われる。彼らは、この学校の子どもたちの人生を良い方向に向けようという情熱を持って、ここに勤務することを選ぶ。子どもたちに必要な普通の勉強（特定の資格を取るためではない）を教える教師がいるし、ITEから来て、ポリテクニックに進むためのさまざまな技術的スキルを教える教師もいる。ほかにも、企業から出向して、仕事の現場で役立つスキルを訓練する教師もいる。最終学年の生徒たちは全員、八週間の「産業経験プログラム」という実習を行ない、卒業する前に、小売業、サービス業、機械修理業、施設等で働く。同じような、アサンプション・パスウェイという学校には、校内に生徒が外食産業の勉強のために運営しているレストランがあり、じゅうぶん経営が成り立っている。フィッシュカレーは絶品だそうだ。

子どもを一二歳で学問コースと職業訓練コースに振り分けることには、欠点と利点の両方がある。シンガポールではこのシステムと、この国に元々ある競争的な文化とが相互作用を起こして、わが子を一二歳で確実に学問コースに進ませようとする親たちが子どもたちに強烈なプレッシャーを与えている。そのせいで、社会の階層化と階級間の相互理解の欠如も強まっている。しかしそれは教育機会の不公平さを助長している一方で、労働力の提供にも繋がっている。これはシンガポールだけではない。オランダの研究者のボルと、ファン・デ・ヴェルフホルストは、能力別にコースを分ける年齢、職業訓練教育の充実度、若者の雇用状況についての調査分析を二九カ国で行ない、教育の公平性と若者の雇用率は両立していないようだという結論を出した。[10] 早い時期に普通科コースと職業訓練コースに振り分けることは大きな不平等に繋がるが、職業訓練が仕事に直結する国々では、これは若者の雇用の拡大に繋がっているようだ。

それでも、教育の公平さか雇用率か、どちらか片方を選ばなければならない。ボルとファン・デ・ヴェルフホルストは、教育の不平等を減らし、かつ雇用を増やせる「スイート・スポット」があるのではないかと考えている。ある国の職業訓練プログラムの範囲を広げて具体性を高めること、つまり職業訓練指向は不平等を推進するものではない。不平等をもたらすのは、選別が行なわれる年齢と、そのシステム自体だ。一方で若者の高い雇用率につながるのは、早期の選別ではなく、教育システムによる職業教育指向だ。では、ある国で能力別進路選択の年齢を上げ、同時に職業訓練教育を指向することは可能だろうか。もちろん可能だ。なぜなら、この二つは違う時期に作用し始めるからだ。

二人の説明によれば、能力別の進路分けは、各国ともだいたい中等教育の初期に行なわれているが、職業訓練教育は通常、中等教育の後半から高等教育の段階にかけて始められる。つまり、現状ではそれを行なっている国はほとんどないが、両方の良いところを取ることは可能だ。早い段階での進路選択を制限して不平等を減らし、中等教育の後期から高等教育の時期にかけて職業訓練教育に力を入れて雇用を増やせばいい。シンガポールは後者を完璧にやっている。つまりこの分析によれば、中等教育後期における職業訓練教育に関しては、他の国々もシンガポールを見習えばいいが、そのために早い時期での進路の振り分けを導入して、公平さを犠牲にする必要はないのだ。

第一〇章　学び続ける教師

「自分の仕事に強い目的意識や信念を持つことが、強力な動機づけとなる」

——ガン・キム・ヨン　シンガポール保健相

すべての子どもに優れた教師を

シンガポールでは、成績の悪い生徒もＰＩＳＡで比較的良い点が取れている。それはどうしてなのだろう。もちろん、要因は一つだけではない。教育を尊ぶアジアの文化の中で、さまざまな階層の親たちが子どもに高い目標を持たせて家で勉強させることも、その一つだろう。また多くの教師たちは、授業が終わってからも落ちこぼれている子どもたちに補習授業をする。教育省は最近、こうした子どもたちに対処するために、どんどん「レベルアップ・プログラム」を実施している。勉強する気にならないときでも、学校に行きさえすれば、子どもたちのやる気も出てくるにちがいない。

しかし、成績の悪い子も含めてすべての子どもたちの学力を向上させるために教育省が行なってきた政策の中で、最も優れたものは、優秀な人材を教師として勧誘し育成していることだ。私はある日、染《し》みひとつない清潔な地下鉄に乗っているとき、新聞に教師の求人広告があるのを見つけた。最初は、デザイナーか何かの広告だと思った。六人の美男美女が黒ずくめのスタイリッシュな服に身を包み、見開き一面でポーズを取っていたからだ。真ん中の、しゃれたボブヘアでシルクのスカーフをうしろになびかせている女性をよく見ると、頭上に何か書かれていた。

ウン・フイ・ミン
教師、カトリック・ジュニアカレッジ
教育省教師奨学金受給（海外）
イギリス、ロンドン・スクール・オブ・エコノミクス、経済学士
イギリス、オックスフォード大学、科学修士

それは、教師の奨学金の広告だった。「優等生」を教師にするため、政府はトップクラスの成績を取った一八歳の青年たちに、四〜六年の「かせ」、つまり国内の公立学校で教えるのと引き換えに、学位取得（シンガポール国内でも海外でも）のための費用を持つことにした。当然ながら、この制度はとても人気が高い。なにしろ広告に載っていたもう一人の奨学生も、フランスの大学を出ている。シンガポールの十代の若者にはとても魅力的に見えるだろう。さらに職に就いてからも、教育省で働く特別研究期間《サバティカル》のような、さまざまな特典が与えられている（私のような者にはとても魅力的だ）。

シンガポールではそもそも、教師は「普通に」魅力的な職業ではない。一九八〇年代には深刻な教師不足が起こり、ニュージーランドやオーストラリアやイギリスなど海外の教師を雇うことによって補われた。しかしシンガポール政府は、奨学生プログラム、じゅうぶんな給料、有給の研修など、さ

まざまな方策を立ててこの問題に取り組んできた。それでもまだ、教師希望者すべてに奨学金を出せるまでには至っておらず、現在のところ、すべての教員を大学卒業者で埋めることができていない。中にはジュニアカレッジやポリテクニックを卒業後、二年間の教員免許状取得コースを出た者もいる。これほど学力の重視される国で学士号も持っていない教師がいるとは、不思議なことだ。しかしこの国は、独自の方式を使うことによって、優れた教師の育成という難題に取り組んでいる。教育省の前長官、ホー・ペンは次のように述べている。

人は生涯、学び続けるものです。教職に就く前に、立派な教師になるために必要なことをすべて教えることはできません。私たちは新任の教師に、勉強を続けて在職のまま研修を受けるように奨励する必要があります。わが国は教師の研修制度が充実しており、このサポート体制は世界でも有数のものだと思います。[1]

ロンドン大学教育研究所のクリス・ハズバンズは、シンガポールの初任教師の研修をイギリスのものと対比する調査を行なった。イギリスでは、学校の主導で教師の養成ができるように規制緩和が進められている。「シンガポールの政策は、はっきりしている。一九八〇年代の、教師の士気の低下と人手不足という最悪の状態以来、国立教育研究所によって研修制度の改善が進められてきた。私は先日、政府の仕事でシンガポールに行ったが、イギリスの規制緩和の実態を聞くと、みんな信じられないという顔をした」と、彼は述べている。

私はシンガポールの国立教育研究所の「B教授」の講義に出席する機会を得た。教授は、やさしくて、毅然とした女性で、教師なら誰もがこうなりたいと憧れる、「愛のムチ」をふるえるような人だった。講義を受けている研修生は二〇人以下と少人数で、彼らは小学校低学年の算数の教え方を学んでいた。私はそこで、幼い子どもに数という概念を教えるには、まず具体的な物から始め、次に絵で表し、最後に抽象的な数字を示す方がいいということを学んだ。子どもたちに勉強したことを口に出して言わせ、正しいのか間違っているのか、それはどうしてなのかをお互いに確認し合わせる、ということも学んだ。また、これは単なる授業の進め方ではなく子どもたちに数という概念を理解させるための方法であり、それはPSLEが単なる暗記ではなく理解力をテストするものだからだ、ということも学んだ。教授が私を駅まで送ってくれたので、車の中で話をすることができたが、そのとき彼女は教師と生徒の関係の大切さについて詳しく話してくれ、「まず子どもたちの心に触れなければ、頭脳に触れることもできません」と語った。

ここでちょっと、教師と子どもたちの、くすっと笑えるような授業風景を紹介してから、シンガポールが優秀な教師の育成のために行なっている、独自のやり方の説明に戻ることにしよう。シンガポールはPISAでトップクラスの成績を誇る東アジアの国なので、私は最初、教師たちは権威主義的で、厳格で、子どもが授業の進行をさまたげると睨みつけるのだろうというステレオタイプの先入観を持っていた。ところが、私が訪問した教室の多くは笑いに満ちていた。ある小学校の授業では、「サリーは体重が五キログラム減って、今は六〇キログラムです。元の体重は何キロですか？」という問題が出された。

一人の男の子が手を挙げた。「五五キロ」と答えると、彼は、なぜそう考えたのかを説明した。教師はちょっと考えてから、「みなさんはどう思いますか？」と子どもたちに尋ねた。「間違ってまーす」と何人かが声をあげた。
「でも、彼の間違った答えの良いところは？」（彼の答えを評価させようとしている）
別の子どもが「もっと減量ができた！」と気の利いた答えをした。これには教師も子どもたちも、クスクス笑い出した。
別の教室では、子どもの字で書かれたクラスの規則が壁に貼られていた。教師の指導のもとにクラスで決めた禁止事項と罰則だった。箇条書きに並んだ禁止事項の最後の項目は「紙玉で遊んではいけません」で、その罰則は「リュウ先生に紙玉をぶつけられる」だった。次に行った教室には、児童が考えたクラスのスローガンが黒板の上のところに貼られていた。「よく学べ、もっとよく遊べ、もっともっとよく食べろ！」おっと、脱線しすぎた……。

昇進の階段

この章では、シンガポールの教師には学士号を持っていない者もいるのに、どうやって優れた教師を育成しているかについて述べてきた。多くの国では、資格を取りたての新米教師も勤続二〇年のベテラン教師も、その地位は同じ「資格を持った教師」だが、シンガポールの教育システムの中では、初任教師の研修は昇進の第一段階に過ぎないと考えられている。学校で一年間の研修を受け、一定の水準に達したと評価された者は一人前の教師と認められる。しかしまだその先に、スキルを磨いていけば優等教員や上級専門家になる道があり、ついでに言うならその道は、教師のキャリア構造の頂点に位置する教育長官の地位にも続いている。教職に就いて最初の三年間は毎年昇給するが、それ以後は、給与を上げるためには、学習指導、指導部、専門家への道という三つのコースから、自分の選んだ道を上っていくしかない。

上級の地位を得るには、それぞれ異なったレベルのスキルと専門性と知識が必要で、このキャリア構造と並行して、「優等教員《マスター・ティーチャー》」の頂点に登りつめた、「スター・ウォーズ」のヨーダのようなエキスパートたちが運営する、総合的な教師育成機構も存在する。だから決まった研修を修了しなければ一定の地位には就けない。研修には誰でも受けられるものもあれば、認可の必要なものもある。これは、最初はレベルの異なるさまざまなルートから教師になっても、能力があって努力しさえすれば、誰でもキャリアの階段を上って上級職に昇進できるという制度だ。

昇進していけば新たな責任も加わり、それは昇給に反映する。進む道によって、経験の乏しい教師の指導をするようになるか

図4：シンガポールの教師のキャリア構造

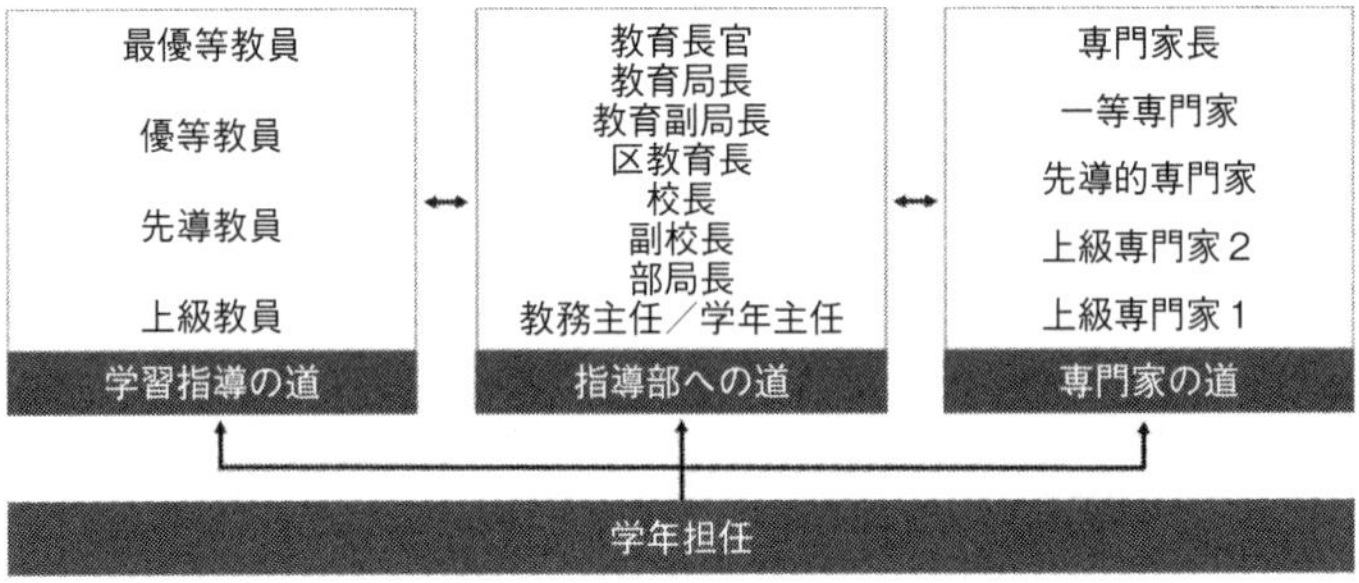

もしれないし、教育関係の委員会を取り仕切るようになるかもしれないし、担当地域のいろいろな学校の研修を行なうようになるかもしれない。こういう方式が機能しているのは、シンガポールの教師は、授業や授業計画や採点の仕事以外のことをたくさんやっているからだ。教師たちはとても勤勉だが、日本の教師と同じく、現場で教鞭を執る時間はOECDの平均より少ない。だから多くの時間を、他の教師と一緒に授業計画を立てたり互いに学び合ったりすることに使える。

私は、シンガポールに数多くある教師育成施設の一つ、シンガポール教育会（AST）で三人の優等教員に会うことができた。ASTの建物はかつての学校で、いまや完全に教師の育成を目的とする場になっている。優等教員たちは、ここで多くのワークショップを開設しているし、教師のネットワークの会合を開くこともできる。ASTは二〇一〇年に、「教師の主導による優れた専門性」という文化の樹立を目的に設立された。その目的は達成されつつあるようだ。教師のネットワークの中には、ASTが知らないものもあるという。教師たちは、集まっては教育上のテーマについて話し合い、どんな授業をするのがいちばんいいかという情報を、学校の枠を超えて教え合う。優等教員が主導するネットワークも、教師たちの要望で組織されるものが多い（学校長のネットワークは別）。ワークショップのあと、参加した教師たちが講師の優等教員に、自分たちももっと学びたいし、同僚たちにも学ばせてあげたいから、教えに来てほしいと頼むのだ。だからASTが催すワークショップはどれも強制的なものではないが、参加希望者が多い。

他の国々の政策立案者たちの「いったいどうやっているんだろう？」という声が聞こえるようだ。なぜ他の国の多くの教師たちは、自発的にネットワークを組織して研修を受けようとしないのだろうか。シンガポール人は生まれつき勤勉なのだろうか。たしかにそうかもしれないが、じつは教育システムが後押しをしているのだ。教師が学べる環境を教育システムが整えて、彼らの内発的動機づけを促進しているし、このシステムは、勉強が必要な教師たちの背中を押すように作られている。教師としてのスキルを向上させるための努力をしなければ給料は上がらないという仕組みも、その一つだ。

モチベーションの活用

ではふたたびモチベーションについて考えてみよう。フィンランドのところで優れた教師の条件について検討したとき、内発的動機づけが出てきた。内発的動機づけには、それを支える、自律性、熟達、関係性という三つの要因があった。内発的動機づけとは、心から楽しいと思ったり興味を持ったりした行為を行ないたいというモチベーションのことで、創造力、問題解決能力、柔軟な考え方、粘り強さなど、さまざまなポジティブ要素と結びついている。[2] 内発的動機づけの「逆」は外発的動機づけで、こちらは長いあいだ、報酬を期待するか、処罰を回避したいというモチベーションだと定義されていた。報酬を約束されれば最初は努力する気になるが、そのおかげで内発的動機づけは減ってしまい、報酬をもらえなくなれば、

表1：内発的動機づけと外発的動機づけ（最初の理論）[3]

動機づけのタイプ	定義	付随するもの
内発的動機づけ	その行為自体が興味や喜びをかきたてるために行なう行為	創造力、問題解決能力、柔軟な考え方、粘り強さ
外発的動機づけ	その行為が報酬のような外からの望ましい結果につながるために行なう行為	最初は行為の頻度が上昇するが、長期的には内発的動機づけの低下につながる

心から楽しむことなどできなくなる。だから外発的動機づけは生産的ではない、と考えられていた。[4]
　しかしその後、悪い影響を及ぼさない違うタイプの外発的動機づけもあることがわかり、動機づけの理論はさらに精密になった。夕食後にソファに座って第八学年（中学二年生）のテストの採点をしている教師を例にとってみよう。採点というのは、私に限らずほとんどの教師にとって、本質的に楽しいものではない。だから彼女も、心から楽しめるとか、興味をそそられるとかいう理由で採点をしているわけではない。したがって採点自体、定義としては内発的動機づけになりえない。しかし彼女は、採点したら報酬をもらえるとか、全部できなかったら昼休みに別の仕事をさせられるという理由でやっているわけではない。子どもたちのためを思って、テストの採点をしてあげれば学習が上達するからやっているのだ。ではこれは、どんな種類の動機づけなのだろう。
　ライアンとデシの新しい研究によると、外発的動機づけには、じつは四つのタイプがあり、それらは自律的なものから外的な影響を受けるものまで幅広い。[5] 外的な影響が最も強いものは「アメとムチ」タイプで、報酬と制裁に基づく動機づけだ。最も自律的で内発的動機づけに近いのは「統合」で、行為の目的（子どもたちが学ぶ手助けをすること）が当人の目的に合致するものだ。この二つのあいだに、目的が自分にとって価値のあるものだと受けとめる「同一化」と、外からの承認を望むという動機づけである「取り入れ」が入る（次ページの表2参照）。
　教師の仕事に対してすでに内発的動機づけを持っている人や、強い目的意識を持ち教育の重要性を認識している人を学校が採用できれば、彼らはやる気に満ちた勤務態度で、高い成果を出し、仕事に対する満足感や幸福感を得ることだろう。

こういう効果を生むためには、教師たちが自分は自律的だと感じ、技能向上のための研修も、自分が望むから受けるのであり強制されたからではない、と感じる必要がある。シンガポールの教師のキャリア構造は、この点がとてもよくできている。フィンランドのように教職を志す者を厳選できる仕組みを備えた国はともかく、教えるのが人並みに上手くなくても別にかまわないという教師は、どこの国にもいるだろう。この状況に対するイギリスの解決策は、近年まで、上級教師と運営側が教師たちの勤務評定を行ない、一～四の段階に分けて評価するというやり方だった。一は「優秀」、四は「不適格」だ。この評価が俸給や制裁措置にどうつながるかは学校によって違うが、多くの教師はこのやり方に外部から支配されているという感覚を持ち、勤務評定を良くするようにという圧力を加えられていると感じる。その影響は、より良い授業をしようとする者から何もしようとしない少数の者まで、すべての教師に及んでいる。

シンガポールの勤務評定は、質の高い研修と結びついた

表２：内発的動機づけと外発的動機づけ（改訂理論）[6]

動機づけのタイプ		行為の理由	動機づけのもと
内発的動機づけ		その行為自体が興味や喜びをかきたてる	内発的（自律的）
外発的動機づけ	統合	その行為の目的が当人の目的と同じ	内発的（自律的）
	同一化	目的が自分にとって価値のあるものだと受けとめる	いくぶん内発的（いくぶん自律的）
	取り入れ	外からの承認を望んでいる	いくぶん外発的（いくぶん外的な影響を受ける）
	外的調整	外からの報酬を得たり処罰を免れたりするため	外発的（外的な影響を受ける）
無動機		不履行	動機が存在しない

昇進構造があるおかげで、教師たちが上へと進もうとするのを促進することに役立っている。たとえばすでに内発的動機づけができていて、猛烈に働いて良い教育をしようとしている教師は、この構造のおかげで努力が認められ、やりたいことができる環境を整えてもらえる。気になってはいるが、まだやる気の出ていない者も、昇進を目標に努力する気になれる。間違って教職を選んでしまって、何年ものあいだ腕を磨く努力をしていない少数者は、三年を過ぎると昇給が止まり、場合によっては教師を続けられなくなる。こういう、数が少なくても周囲に悪影響を与える者たちへの対応も、支配的なシステムに落伍者の烙印を押されたという印象を与えることなく実行される。

無料かつ高度な教員研修

キャリアの階段を上っていくというシステムの中で、教師たちは自律的な選択もできる。シンガポールの教師たちは年間一〇〇時間、教育能力の向上に取り組む権利を与えられている。彼らは、割り当てられた時間を自分に必要な分野の勉強のために使い、具体的には上司とも相談して決める。彼らは勤務時間中にワークショップや研修コースに参加でき、学校は、その穴埋めの手配をする。どの学校も毎年、この目的に限定した「人員助成」を受けている。それにすでに触れたように、教師一人あたりの授業時間はＯＥＣＤの平均より少なくて、教師たちには時間的なゆとりがあるし、教師どうしで学んだり議論したりするために設けられた時間も使える。

利用できる研修コースやワークショップは多種多様で、賢くデザインされている。指導はＡＳＴの優等教員がすべて行なうわけではない（いくら小さな国でも、すべての研修を一六人でやるのは無理だろう）。国立教育研究所が専門的な研修や学位の認定を行ない、教育省のカリキュラム計画・開発部が各科目のカリキュラムに関する研修を行なう。ASTは、七つある専門団体のうちでいちばん大きく、さまざまな分野に分かれている。

優等教員たちは、自分たちは一回限りのワークショップは行なわないと言った。少なくとも二回は続き、教師たちが自分の学んだことを応用したり、フィードバックしたりできるようになっている。そのおかげで、ただ椅子に座ってお茶を飲み、誰かが勝手にしゃべっているだけという、よくある研修風景にならずに済むし、せっかく有益な研修であっても、職場に戻ってからそれを授業に生かせないという問題も避けられる。もし、フィードバックしなければならないと自覚していれば、思い出しながら授業に生かそうとするし、また実行してみて、思いがけない問題に直面したときも、他の教師たちや指導者の助けが受けられる。

他の国の教師たちも、シンガポールと同じような（フィンランドでもやっているが）無料で高度な専門能力向上のための研修があればいいのにと思うことだろう。あまり熱心でない教師でも、もし、教育能力の向上が、シンガポールと同じように、昇進（つまりは昇給）に繋がるなら、もっと熱心になるだろう。

だから教師たちは、資格を取るとまず一年間、国立教育研究所で研修を受けるが、そのあと各学校に配属されてからも、何年も研修を積んで能力を向上させる。しかしそれまでの、まだあまり経験を積んでいない頃はどうしているのだろう。また、あまり優秀ではなく、数年たっても昇進できない教師たちはどうしているのだろう。大丈夫なのだろうか。

ご心配なく。これらの教師たちには助言してくれる先輩教師がいて、毎週のミーティングで一緒に授業計画を立てる同僚たちがいる。そしてもう一つ、教師用の指導書という強い味方がある。これがあれば、すべての授業が少なくともある程度までの水準で行なえる。生徒たちも、フィンランドで見たのと同じくらい質の高い教科書を使っているが、多くの教師は、多くの役立つ情報や助言を掲載した本を、それとは別に持っている。これらは個々の学校で科目別に作られ、以下のような内容を盛り込んでいる。

1. 授業の目標
2. そのテーマに関して子どもたちがよくやる間違い
3. 子どもたちに考えさせるような問題の例
4. 子どもたちの理解度を把握するための質問の例
5. 活動の例

私が中等学校で科学を教えていた頃、こんな指導書があれば、どれだけ時間が節約できたことか。これらの助言の助けを借りて教科書に沿って授業をすれば、たとえ授業計画を立てなくても、退屈であっても構成のしっかりした授業はできるだろう。これらの助言をたたき台として使い、浮いた時間で、実際の子どもたちの必要性と興味に合わせて独自の修正を加えた、自分なりの授業計画を立てれば、しっかりとした活気あふれる授業ができるだろう。英語教師歴二〇年のベテラン教師、ウン女史は、そういう授業をする。「私は教科書はそれほど使いません。長年のあいだの試行錯誤にもとづいた、独自のテキストや教材を使います」このように、指導書はいろいろな状況に対応できて、あまり実力のない教師たちにはとても重宝なものだが、かといって優れた教師たちに決まった授業方法を押しつけるようなものではない。

シンガポールの教育システムについて、私は他のどの国よりも考えさせられた。頭を悩ませ、いろいろ調べ、中国から帰国する際に飛行機が立ち寄ったときは、市内に出て追加のインタビューまでして、やっと納得できた。この国の教育システムは、読解と数学と科学においてめざましい成果を生みだしている。政策は良識に富み慎重に考え抜かれて、教師の研修体制はすばらしい。職業教育には潤沢な資金が注ぎ込まれて、失業率の低下につながっている。優れたキャリア構造の導入によって、教師たちの能力向上のための動機づけと時間の余裕と支援が与えられている点は、教師の能力向上に苦慮している国や、制度があってもあまり利用されていないような国には、参考になるだろう。教育省でカリキュラムや教育プログラムの作成をさせるようなサバティカルを教師に与えるというやり方は、西欧諸国でも使えるかもしれないし、そうやって作ったプログラムは、学校という現場で実践する場合、間違いなく役に立つだろう。このように、シンガポールの教育システムはとてもうまく運営されているようだった。

しかし、そこにしばらく滞在してみると、陰の部分も見えてくる。子どもたちの将来は、家庭教師や学習塾といったもので大きな差の出る試験結果に基づいて、早い時期に決められてしまう。そして極度に競争的な教育構造のせいで、あらゆるレベルの子どもたちにプレッシャーがのしかかっている。自分の国がこんなふうになってほしいだろうか。なってほしいと言う人もいるだろう。自分の国にくらべたら、子どもたちが全員、役立つスキルをしっかり身につけて学校を卒業できるような教育システムの方がマシだ、という考え方もあるかもしれない。しかし、場所が違えば政策の効果も違う場合が多いので、同じ政策をただ真似ても、シンガポールと同じ成功を収められるとはかぎらない。たとえば、ある西欧の国が、同じように早い時期から学校やクラスを能力別に分けたとしても、シンガポールのように、すべての子どもがやる気を起こして猛烈に勉強し、得点を上げるようにはならないだろう。なぜなら、多くの西欧人は、知能は生まれつき変わらないと信じていて、テストで悪い点を取って下のクラスに振り分けられるのは自分ではどうにもできない問題であり、努力しても変えられないと考えているからだ。この重要な心理的相違を、教育に対するシンガポールの姿勢に最も大きな文化的影響を与えた国、中国に行ってもっと詳しく見てみよう。

第一一章　儒教の教え

「笨鳥《ほんちょう》先に飛べば、早く林に入る」

——中国のことわざ（能力の劣った人は、早めに仕事にとりかかれば、早めに達成できるという意味）

　空港から乗ったタクシーの運転手と、中国語でたどたどしい会話を交わしたのを別にすれば（なんと私は「私は教師です」と言うことができ、運転手はチップをくれと言った）、私が最初に出会った上海の住人は、ディズニーの「アナと雪の女王」の主題歌「レット・イット・ゴー」を歌っている、白雪姫の服を着た六歳の女の子を連れていた。お母さんのミシェルは肖像写真家で、イギリス人が二、三週間滞在するのは娘の英語の勉強になると喜んでいた。私も一緒に歌い、その子と仲良しになった。彼女はどこにでもいる六歳の女の子に見えた。すぐに友だちになり、英語のゲームで楽しく遊んだが、二〇分もすると、飽きてしまったようだ。このエンジェルという子と、同い年のイギリス中流家庭の子どもの大きな違いは、彼女はまだ学校に行っていないということだった。しかし彼女は幼稚園に通い、他にもピアノや絵画など、習い事の教室に通っていた。

　家庭生活の違いは、その次に泊めてもらった教師のジェニーと、一四歳の目の大きな娘、アンジェラのお宅で、さらにはっきりわかった。私はアンジェラの部屋を使わせてもらうことになっていたので、彼女が案内してくれた。二人とも大好きな歌手のアデルの話で盛り上がって、彼女がブロークンだがすばらしい英語で、テレビドラマ「シャーロック」シーズン2を見ながら私に話しかけたとき、ジェニーの歌うような声が部屋の外から聞こえてきた。「アンジェラ、宿題の時間よ！」

アンジェラはその夜、数学のプリントと英語の宿題をやらなければならなかった。全部終えるまでに三時間半かかったが、ジェニーは、一晩の宿題としてはこれが普通よ、とキッチンで静かに言った。ときには四時間かかることもあるが、アンジェラは真面目に勉強した。このような猛勉強は、私が会った上海の子どもたちには普通のことだった。薬理学を学ぶ大学院生のソフィーは、アンジェラよりほんの少し大きい頃に、中国からカナダのトロントに移住して高校に入ったので、中国とカナダの生徒の違いを説明してくれた。「勉強に対する考え方が違うの。中国では、成績が良かろうと悪かろうと、がんばって勉強しなさいって言われる。それから、成績の良い人をお手本にして、追いつけるようにがんばるの」

さて、なぜ中国の子どもたちがこんなにたくさんの宿題をするのかについては、明らかに学校が関係しているが、それについてはあとで触れる。この章では、中国人の勉強に対する考え方がそもそもどこから来ているかについて考えてみたいが、それは何千年も前から脈々として続いているものだ。この考え方は、競争的な中国の学校だけにおさまらず、国境も越えている。中国からの移民は他の国々にもこの考え方を持ち込み、アメリカやイギリスの学校の勉強が「じゅうぶんでない」ときには、子どもたちに家でも勉強させる。卒業祝いの中国人のメッセージは、アメリカ人のメッセージとくらべると、猛勉強とたゆまぬ修練を褒め称えるものが多い。一方は「猛勉強が実っておめでとう」（中国人）、もう一方は「すばらしい頭脳に祝福を」（アメリカ人）という感じだ。[1] これを見ると、この傾向はかならずしも教育システムだけが生み出したものではなく、文化的なものでもあるようだ。

勉強に対するこの考え方は、台湾、シンガポール、日本など、他の東アジアの文化にも広がっている。東アジアの子どもたちのこういう学校外での努力とそれを活かす方法は、これらの国々のPISAにおけるすばらしい成績に寄与しているにちがいない。また、たしかにこのような勉強に対する姿勢の根底には深く根を下ろした文化が存在するが、中には西欧の家庭や学校、あるいは教育システムなどにも取り入れられるものがあるにちがいない。

失敗は成功の母

「成績の良い人をお手本にして、追いつけるようにがんばる」というソフィーの言葉に戻ろう。この言葉は、中国で別の人と話をしたときにも出てきた。つまり、とくに良くできる子を目標として、他の子どもたちは、他人と違うやり方をしたり猛勉強したりして、追いつけるように努力するのだ。肝心なのは、それが可能だとみんな信じているということだ。中国の子どもたちはアメリカの子どもたちより、「猛勉強」が成功に繋がることを信じている。そして学者たちは、努力に対するこのような信念が、アジアの子どもたちの躍進とアメリカの成績低迷のあいだにある格差の原因だと主張してきた。[2] このような、能力より努力を重んじる考え方は、儒教思想と結びついたもので、その影響は中国だけでなく東アジア全体に及んでいるようだ。

しかし猛勉強だけが違いを生んでいるのではない。その「やり方」も大切だ。イギリスで教えていた頃、教科書を丸写しして得意になっている生徒や、簡単だと思ったところだけ復習して難しいところは飛ばす生徒がいた。東アジアの子どもたちには、それとは反対の傾向がある。彼らはもっと自分に厳しい学習方法を用い、たとえば、暗唱（「何度も繰り返して覚えよう」）、考察（「学校で学んだことが、どう関係し合うのか理解しよう」）、確認（「勉強内容をちゃんと理解できたかどうかチェックしよう」）、計画（「できるだけ勉強の計画を立てよう」）[3]というような手順を踏んで、難問にぶつかったときほど粘り強く取り組む。

　一九九〇年代はじめに、日本と中国の教育について研究した心理学者のスティーブンソンとスティグラーは、日本とアメリカの子どもの粘り強さに関してある実験を行なおうとした。実験の目的は、それぞれの国の子どもたちに答えの出ない数学の問題を出し、どれだけ長い時間を使って解こうとするのかを調べることだった。[4]しかし二人の研究は完成することがなかった。なぜなら、日本の教師たちが数人の子どもたちで試してみたあと、この実験は無理だと言ってきたからだ。日本の子どもたちは解けなくても諦めず、想定された時間よりずっと長くがんばり続けたのだ。

　別の研究では、東アジアの子どもたちは難問を前にしたとき、粘り強さだけでなく探究心の強さも発揮することがわかった。[5]それだけではなく、彼らは失敗したときにも、その失敗に刺激されてさらにがんばるが、この反応は西欧の普通の子どもたちとは正反対だ。ハイネらは、この特異な現象について調べるために、日本とカナダの生徒たちに、ＲＡＴという創造力に関するテストを行なった。その内容は、与えられた三つの言葉と結びつく言葉を一つ思い浮かべなければならない（たとえば「日《ひ》」「空想」「眠り」に対して「夢」という言葉を思い浮かべる）というものだった。[6]このテストのポイントは、簡単な問題を出された生徒と難しい問題を出された生徒に分かれていて、テストのあと生徒たちは自分の答えを採点するように言われるが、そのとき他の生徒の得点も見られるという点だ。当然、難しいテストを受けた生徒は、自分はとても成績が悪いと思い込むし、簡単なテストを受けた生徒は、自分はかなり良くできたと信じる。

面白いのはこのあとだ。社会心理学の実験でよく見られるように、だましの要素が入る。生徒たちは、次はコンピューターを使って「心の知能指数（EQ）」のテストを行なうと告げられる。しかし、テストが始まってから二、三分でコンピューターが「停止」してしまう。実験者は困っているふりをして、「ちょっと席を外すけど、直すのに少し時間がかかるかもしれないから、よかったら別のRATテストをやっていてくれないか」と、生徒たちに言う。待って

図5：ハイネらの研究（2001）[7]

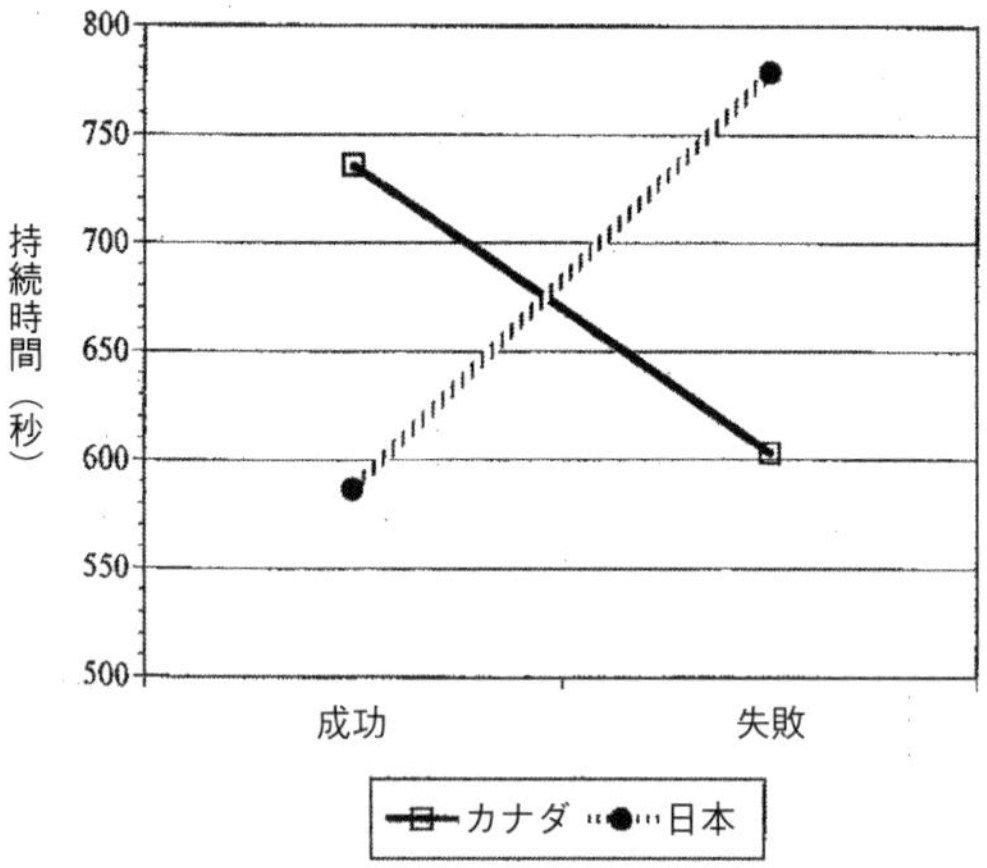

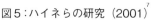

いるあいだ生徒たちは、最初のテストの成績の良し悪しに応じて、新しいRATテストをする。しかしじつは今度のテストでは簡単な内容と難しい内容が混ざっている。そしてこのテストで、日本とカナダの生徒たちは逆の傾向を示した。

最初のテストで悪い成績だったカナダ人の生徒は、新しいテストを、成績の良かった生徒より短い時間でやめてしまった。自分が良くできると信じている生徒ほど、長時間続けた。つまり、彼らは成功に動機づけられていた。しかし、日本人の生徒は、最初のテストで成績が悪かった者ほど、新しいテストでは成績の良かった者より長くがんばろうとした。彼らは失敗に動機づけられているようだった。同じ傾向が、中国人の生徒にも見られた。努力ではなく成績を測定した、ウン、ポメランツ、ラムの研究でも、よく似た傾向が見つかっている。中国人の生徒の成績は失敗のあとに向上し、アメリカ人の生徒は、そうならなかった。[8]

笨鳥《ほんちょう》先に飛べば、早く林に入る

この違いの根底には何があるのだろう。なぜ、ある国の生徒たちは、困難や失敗に直面したとき、一貫して他の国の生徒よりがんばろうとするのだろう。この分野の専門家であるジン・リーという女性は、東洋と西洋の文化的学習モデルについて、一〇年以上かけて一冊の本を書き上げた。[9]

リーは、ハーヴァード大学教育学大学院で博士課程を修了する何年も前に、中国からアメリカに渡り、まずヴァーモント州で、次にペンシルヴェニア州で臨時教師になった。誰もが猛勉強をするのが当たり前だった中国から来た彼女は、アメリカの授業風景にショックを受けた。「いちばんショックだったのは、生徒たちが、最低レベルにまで下げた英語の課題さえ、まったく勉強しようとしなかったことである……。私は途方に暮れた。世界一豊かな国に、これほど多くの学ぼうとしない子どもたちが住んでいるということに、すっかり面食らってしまった」それ以来、彼女は何年もかけて、ここで解明しようとしている問題、つまり、この違いはどこから出てくるのかについて研究した。

リーによれば、西洋人の学び方は古代ギリシアに始まる長い知的伝統に基づいている。その中心となる考えのうち、次の三点が、とくに当面の問題とかかわっている。

- 世界に対する人間の好奇心が知識欲を刺激する。
- 人間は最後の勝利を手にするために探求し、発見する唯一の存在である。
- 学ぶことが、優れた能力を持つ者に特権を与える。

要するに、学習内容に興味を持っていない者には、そもそも学びたいというモチベーションが欠けているということだ。すなわち、向学心というのは、おもに個人に備わった恩恵であり、勉強が得意かどうかは、その人に生まれつき備わっている資質であって、それはあまり変化するものではない。

アメリカの大人と子どもを対象とした、知能と能力に対する考え方の調査によると、彼らはこういう考え方をしているようだ。そして、能力は一定不変のものだという考え方は、成長するにつれて強くなる。[10] しかし、東アジアの文化にはそういう傾向は見られない。東アジアの人々は、人の能力は生まれつき違っているとは考えず、能力ではなく努力によって物事は達成されると考える傾向がある。[11]

へスらの研究によれば、中国の母親は子どもの学校の成績が悪いと、何よりも勉強不足のせいにする傾向がとても強いが、アメリカの母親たちからは、そういう答えは返ってこない。[12] ハイネらは、日本とアメリカの生徒たちに、知能は何パーセントが努力のおかげで、何パーセントが才能、つまり生まれつきの能力のおかげか、という質問をした。努力が占める割合について回答された数値を平均すると、ヨーロッパ系アメリカ人は三六パーセント、アジア系アメリカ人は四五パーセント、日本人は五五パーセントという結果だった。[13]

ここでわかるのは、アジア人も、人によって生まれつきの能力の違いがあることを認識してはいるということだ。ただ彼らは、それより努力の方が成績を上げる力があると考えているので、能力をあまり重要視しない。この章の冒頭に掲げた「笨鳥《ほんちょう》先に飛べば、早く林に入る」とは、中国のことわざで、生まれつき不器用でも頭が悪くても、がんばれば人よりうまくやることができる、という意味だ。

心理学者キャロル・ドゥエックの研究をよく知っている人は、東アジアの教育文化はドゥエックが「成長思考」と呼んだものと似ていると思うことだろう。成長思考とは、知的能力は活用や教育によって育成し、発達させることができるという考え方であり、これと対比されるのが、知的能力は基本的に一定不変のもので、人それぞれが持っている能力の違いは変えることはできないという「固定思考」だ。子どもがどちらの考え方を取るかによって、難問にぶつかったとき、彼らの振る舞い方は大きく違ってくる。

ドゥエックによれば、知能は固定していると信じている人は、うまくできそうにない難しい問題はなるべく避けて、自分が知的でないことを隠そうとしたがるという。これに対して成長思考の人は、難問に懸命に取り組むことで知能は成長できると信じているので、難しい問題に進んで立ち向かおうとする。[14] ハイネの調査における、日本とカナダの生徒の「成功」と「失敗」に対する反応の違いを思い出してほしい。成長思考と固定思考を持った人が取る行動に、ほぼそっくりだ。

両者は努力についての考え方も違う。知能の量は生まれつき決まっていて変わらないと考えている人は、自分は生まれつき頭が良いと見せたがる。だから、何かを達成するために努力している姿を人に見せたがらない。こういう態度を、イギリスで生まれ育って教師となった私はよく知っている。これに対して知能は成長できると考えている人は、努力は自分の頭の悪さの証明ではなく、もっと賢くなろうとする行為なのだと思っているから、努力しているのを知られても恥ずかしいとは思わない。

プアレンコとチウは、ヨーロッパ系アメリカ人とアジア系アメリカ人の生徒に難しい問題を出し、その前に練習問題をやらせるという方法で、両者の態度の違いを調査した。[15] 練習問題をやったあと生徒たちは、自分が練習問題のために努力したか、あまり努力しなかったかを他の参加者に教えるように指示された。するとあまり努力しなかったと答えたのは、ヨーロッパ系アメリカ人だけだった。これは自己のイメージが悪化しないように防御しようとする態度だと、彼らは指摘している。

ドゥエックは、二つの思考のあり方を測定する方法を考案した。彼女の測定によれば、アメリカ人の約四〇パーセントが固定思考、約四〇パーセントが成長思考、二〇パーセントがその中間だった。[16]

このことは、従来の比較文化研究に対して、ある重要な問題を提起する。異文化間の子どもたちの大きな違いに関する研究をいくら見ても、ある文化の内側はわからないということだ。つまりすべての西洋人が知能は変わらないと信じているわけではない。それと同じようにすべての中国人が知能は鍛えられると信じているわけでもない。ただ、かなり多くの中国人はたしかにそう信じているし、これは彼らが育った文化に起因しているように思われる。

「徳」を身につけるために学ぶ

ナンシーという女子学生とは、上海の複合型ショッピングセンターの地下にある、パリをイメージしたコーヒーショップで会った。私が会った多くの中国人と同じく、彼女も私のコーヒー代を支払うと言い張った。彼女の方が自分の教育体験について話してくれるというのに。ナンシーは、ちょっと生意気そうな笑顔の、英語好きな大学生で、両親が彼女と弟を連れて上海に引っ越して来るまで、中国の別の地域で暮らしていた。話題が作文のことになり、彼女は学校でよく書かされる作文のテーマは、自分の目標とか、それを達成するための努力など、モチベーションを上げるためのものが多いと言った。そういうとき中国人は、漢代の博学な政治家、匡衡《きょうこう》のような、やる気を起こさせてくれる偉人をお手本として引き合いに出す。

匡衡は家が貧しく、夜間に勉強するための灯火の油を買うことができなかった。彼はこれでは勉学のための貴重な時間が無駄になると考え、家の壁に小さな穴を開けて、裕福な隣家の明かりが漏れてくるようにした。そしてこの明かりで夜通し勉強し、博識で世に知られるまでになった。ナンシーが話してくれたもう一人の好きな偉人は、「春日《しゅんじつ》酔いより起きて志を言う」という詩などで有名な詩人、李白《りはく》で、彼は幼い頃から膨大な量の書を読み、一〇歳ですでに詩作をしたという。中国の子どもたちはこのような偉人伝を聞いて育ち、勉学の美徳を教え込まれる。

こうした考え方は、今でも大きな影響力を持つ紀元前六世紀の哲学者、孔子《こうし》の教えから来ている。孔子によれば、「徳」を身に着けるためには知識を通した研鑽が必要だという。学問は、完全な自己になるための、個人の研鑽によって達成されるべき一つの目標だ。だから、困難にぶつかっても懸命に努力して耐え抜くことが重要なのは、それによって得られるものがあるからだけではなく、それが「徳」のある人間に備わった基本的な資質だからだ。

「徳」の話は、ロニーという青年と話しているときに、まったく偶然に出てきた。ロニーは非常に洞察力に富んだ若者で、中国で教育を受けたが、今はカナダで教育関係の事業を行なっている。私たちは騒がしいカフェで道徳教育について話し合い、国によってやり方が大きく違うという話をしていた。そのとき、私はロニーに、「中国では、道徳的であること、良い子であることって、どういう意味なの？」と尋ねた。彼の返事に私は驚いた。「自己鍛錬、勤勉、それにもちろん賢いこと。これが模範的な生徒だね」

一瞬、私は混乱してしまった。私が「道徳《モラル》」という言葉で理解していたものとはまるで違っていたからだ。私は道徳とは、おもに他人への対応のしかただと思っていた。しかしその後、中国人は道徳というものに、それとは違う、もっと幅広いものを想定していることに気がついた。ジン・リーによれば、孔子を祖とする儒教の知的伝統では、「学問は人を賢くするだけでなく、より良い人間にする。学問の究極の目的は、自己を完成させると同時に他人に貢献することである」[17]と考えられている。

もし、道徳の目的が自己完成だとしたら、それは少し不公平な気がする。生まれもった学習能力だけでそれを達成できる人は、ごく少数だ。けれども、儒教の伝統におけるもう一つの学問観は、「学問は誰にも特権を与えず、誰も差別しない。万人が、持って生まれた能力や貴賤の別なく知識を求め、得ることができる」[18]というものだ。儒教文化の中で育つことは、中国の子どもの成長思考に役立っているように思われる。

中国式・子どもを伸ばす褒め方、叱り方

こういう考え方は、何を通して子どもたちに伝えられるのだろう。猛勉強した偉人たちの逸話を聞かされることや、合格祝いのグリーティングカードが、目標達成への称賛より、そこに到達するまでの努力に目を向けていることには、すでに触れた。じつはさらにもう二つ、知能と努力の役割に関するメッセージの発信源が、子どもたちのすぐ近くに存在している。多くの時間を一緒に過ごす大人、すなわち教師と親だ。

私が出会った中国人の教師たちが、イギリスとアメリカの教育システムについて話してくれたとき、彼らの持っていた印象は全般的にあまり良いものではなかったが、なかでも明らかに気まずそうな顔をされたことが二度あった。数学教師のウェンディは、イギリス政府が企画した、上海の教師に学ぶというプログラムの一環で、二、三週間ほどイギリスで教えたことがあり、リーナは、アメリカで一年間教えたことがあった。私は二人に、イギリスとアメリカの教育システムについてどう思うか尋ねた。二人は教師たちが努力して授業を進めているとか、自分も楽しかったとか話したあと、少し居心

地悪そうな顔になり、同じことを言った。「けれど一つ不思議に思ったのは、イギリスの教師たちが生徒にそれぞれ違うレベルの勉強をさせていたことです。ごく簡単な数学しかやっていない子もいました。でも、同じ基準で勉強しなかったら、どうやって追いつけるんですか？」この言葉に私は、「シンプソンズ」のバートの冴えた言葉を思い出した。「はっきり言おう。俺たちはクラスでビリなんだぜ、他の奴らより遅く走って追いつけるか？　バカ野郎！」

中国では、私が見学したどの授業でも、生徒全員が同じ内容の勉強をしていた。速く進む者はいるが、簡単な勉強をさせられる者はいなかったし、補助教員と別の課題をやりなさい、と言われる者もいなかった。もちろん中には手こずっている生徒もいて、教師は授業中も授業後も、そういう子どもの面倒を見てやっていた。しかし教師たちはやはり、そんな子どもたちが他の生徒と同じレベルになるように手助けをしていた。彼らも諦めるのではなく困難に立ち向かい、しっかり努力すれば誰でも目標を達成できるという考えを実現できるように期待され、支援されている。

教師の褒め方も違っている。ジン・リーはこれについて、自分の経験から次のように述べている。「学校に通っていた頃は、授業中にテストがあると、先生はよく、最も良い点を取った生徒ではなく、最もがんばった生徒を起立させて、すばらしい勉強の見本として他の生徒たちの称賛を受けさせた」[19] 卓越した心理学者のキャロル・ドゥエックによれば、得点の高さより努力を称賛することは、子どもの成長思考を促進する最も効果的な方法の一つだという。[20] 本書で紹介した多くの考え方と同じく、私はこういう考え方を、すぐにイギリスの学校に導入すべきだなどと主張しているわけではない。毎年どんどん落ちこぼれていく子がいたり、英語を学び始めてまだ間がない子がいたりするようなクラスでは、すべての子どもに同じ課題を与えることは適切ではないだろう。それに、もし子どもたちが、すでに固定思考による教育を何年も受けていたら、がんばることは生まれつき能力が劣ることを示すという意味になるので、がんばって勉強した子どもを起立させて称賛したりすると、本人に恥ずかしい思いをさせる結果にしかならないだろう。こういう取り組みをしようと思ったら、根本から始める必要がある。

以上のようなことが、中国では親からも伝えられ、実行されている。中国の親たちは、子どもが良い成績を取ってもあまり褒めないという傾向があるが、それは、そうすることが子どもの努力を促すための自分たちの役割だと思っているからであり、成果を強調して、学ぶ気持ちをなくさせてはいけないと思っているせいでもある。同じ理由で子どもの失敗をいちいち叱る傾向もあるが、それはかならずしも、西洋人が思うほど厳しくはない。イギリスや北米の親はめったに子どもの失敗を叱らないが、もし叱る場合には、とても苛烈で、子どもの自尊心を傷つけることが多い。それは彼らが、人間の特質は不変のものだから、何かが原因で子どもが失敗すれば、一生同じ失敗を繰り返すと考える傾向があるからだ。だから私たち西洋人は、「君は賢いね！」というように、子どもの良いところを褒めることが多く、弱点を認めたがらない。ロニーはカナダで数学を教えた経験があるので、これを面白おかしく誇張してみせた。「アジア人の生徒が数学の問題を間違えると、間違っているよ、と言われる。北米人の生徒が間違えると、独創的だね、と言われるんだ」

東洋の文化では、親が子どもの失敗や間違いを指摘するとき、その目的は子どもを成長させ、向上させることにある。ウンらは、子どもたちが学校で成果をあげたときと失敗したとき、親はどんな反応をするかについて、子どもたちに尋ねた。その結果わかったことは、中国の子どもたちは、親があまり褒めてくれないとは言わず、失敗のあとフォローしてくれると言う、ということだった。親たちは子どもが失敗から学ぶのを助け、アメリカの親たちより深く子どもの教育にかかわっていた。[21]彼らは冷たい親というわけではなく、[22]子どもを褒めそやして自尊心を大きくさせたいとは思っていないのだ。

この旅のことを話していて、ときどき、「文化がこんなに違うのに、中国から何かを学ぶなんてことができるんですか?」という質問を受けることがある。たいていは、「その文化に固有のものもあれば、取り入れられるものもあります」などと答えるが、ここでは、文化そのものから学べることもあるということを強調したい。中国の小さな子どもの親や、小学校の教師は、親切や正直といった昔ながらの美徳に加えて、勤勉、忍耐、レジリエンス(打たれ強さ)といった学習上の美徳を教えることによって、子どもたちをサポートしていた。彼らは子どもに対して、賢いとか頭が良いとか言って褒めそやすことを避け(難しいことだ)、代わりに努力や工夫を重視する。そして中国の親たちは、子どもたちの役に立つような状況のもとで、彼らを向上させるようなアドバイスができるなら、子どもの弱点をありのままに指摘することを恐れはしない。

第一二章　高すぎるハードル

「千軍万馬、丸木橋を渡る」
——中国のことわざ（競争が激しいことのたとえ）

アンジェラは毎晩三、四時間、勉強するだけではなく、週末のほとんどは、中国語、英語、数学、声楽、バスケットボールの教室にも通っていて、自由な時間はほとんどなかった。もちろん私も、タイガー・マザーの話は聞いたことがある。子どもをさまざまな教室に通わせて、猛勉強や猛練習をさせる中国の親たちのことだ。しかしジェニーは私が想像していたタイガー・マザーとはまったく違っていたので、アンジェラの一週間のスケジュールには驚かされた。私の頭にあったタイガー・マザーは、非常に厳格で、子どもたちの苦難にも情け容赦がなく、短剣を帯びて、大切なおもちゃを燃やしてしまうぞ、と脅すような母親だった。ジェニーはパンプスを履き、頭には幅広のヘアバンドをして、アンジェラのことを「なんて良い子なの」と可愛がり、「あの子がいないと寂しくて我慢できないから、アンジェラには外国の大学に行ってほしくないわ」と言うような女性だ。ある日、学校からの帰り道に、ジェニーが入り口のポストから何かを取り出していた。見ると、アンジェラへのサプライズ・プレゼント用の、二枚のテイラー・スウィフトのTシャツだった。彼女は絶対にタイガー・マザーではない。では、なぜアンジェラには自由時間がないのだろう。ジェニーはそれについて、夕食の準備をしながら説明してくれた。「みんながそういう教室に行くの。もし、アンジェラだけ行かなかったら、クラスメートに置いて行かれるようで、気にするでしょ」彼女は冷蔵庫の扉を閉めた。「でも、それだけじゃないのよ。良い高校に入って、〈高考《ガオカオ》〉で良い点を取って、良い大学に入るためでもあるの」そう言うと彼女は頭を振った。「ものすごいプレッシャーよ。上海の子どもたちは、とてもとてもかわいそうだわ」

「勉強ばかりの人生だ」

高考とは、中国の高校生が一八歳で受ける大学統一入試だ。二日間にわたり、九時間かけて行なわれる一連の筆記試験で、国語、外国語、数学の必修科目と、自然科学か人文科学のどちらかの選択科目の、合わせて四科目を受ける（具体的な選択科目は、理系は物理、化学、生物、文系は政治、歴史、地理から各一科目）。中国では、この試験が人生を左右すると言っても過言ではない。「特別な才能」（課外活動の究極の目的）のおかげで大学に入学できる生徒を別にすれば、高考の点数が、大学に入れるかどうか、どの大学に入れるのか、そしてどの専攻を選べるかを決定する唯一の基準となる。どの大学に入ったかで、卒業後にどんな職に就けるかが決まり、したがって、どれくらい給料がもらえるか、どんな生活が送れるかも決まってくる。

だから間接的ながら、結婚のチャンスにも影響する。私は上海の人民公園で、通称「人民公園お見合い広場」という婚活マーケットを見たことがある。親たちが、道の脇に自分の子どもの情報（年齢、仕事、収入、学歴、干支《えと》など）を書いた紙を貼り出してずらりと並び、成人したわが子の結婚相手を探す。もし、高考の成績が悪かったら、結婚相手を見つけるチャンスも激減する。このように大きな利害が絡むので、高考で不正を働こうと企てる者も多い。昨年、河南省では、当局が試験会場上空にドローンを飛ばし、スマートフォンからの無線信号をチェックした。替え玉を雇って、代わりに試験を受けさせる者もあとを絶たない。

　毎年、九〇〇万人以上がこの試験を受ける。長年のあいだ、これが成功への唯一の道だと考えられてきた。なのに、大学に入れるのは七〇〇万人未満で、羨望の的である一流大学の入学資格を得られるのは、わずか二、三〇〇〇人にすぎない。このため高考はよく、「千軍万馬、丸木橋を渡る」と表現される。高考自体は一九五二年に始まった、ごく新しい制度だが、その背景には、一〇〇〇年以上も前の唐時代中期に、科挙《かきょ》という官吏登用試験が栄達への道となって以来の、極度に難度の高い試験に合格すると富と名声が約束されるという中国の伝統がある。ナンシーが学校で学んだ博識な偉人たちも、人生を変えるこのような試験を受けるために、壁に穴を開けたりして勉学に励んだ。勤勉に学ぶことを第一とする儒教精神が、一〇〇〇年以上ものあいだ、試験に何よりも重きを置く文化の中に生きてきて、今も生きている。つまり中国の子どもたちは間違いなく、猛勉強しなければならないというプレッシャーにさらされている。

　このプレッシャーは親から加えられる。親たちはたいてい、子どもの学校の成績に極端に高いハードルを設け、ときには子どもの成績がどんなに良くても不満な顔をする。[1]祖父母からのプレッシャーもある。祖父母は両親が働いているあいだ、子どもの面倒を見たりするので、子どもの生活において重要な役割を果たすことが多い。これはいろいろな意味で良いことではあるが、学校で良い点を取るようにというプレッシャーが、さらに強まる場合もある。なにしろ中国の一人っ子政策のおかげで、一人の子どもに四人の祖父母と二人の親の期待がかかるのだから。このプレッシャーがどのようなものなのか、五人きょうだいで、わりとのんびりした親に育てられた私には想像もつかないが、あるとき訪れた、英語読み書きクラブの壁に貼りだされていた詩を読んで、胸をつかれた。それは、「試験」と題した、一〇歳の女の子の詩だった。

試験はみんな大事だけど、
私はほんとに倒れそう！
二学期はひどい点数で、
お婆ちゃんはめまいを起こし、
お爺ちゃんは癇癪《かんしゃく》起こす。
私の世界はバラ色じゃない、
私の心は中身がない。
先生どんどん冷たくなって、
私をバカだと思ってる。
友だちどんどん離れて行って、
私をからかい喜んでる。

私は今にも叫びそう、
いついつまでも嘆きそう。
大人になれたらいいのにな、
勉強できたらいいのにな。
これからずっとこうなのかな、
なんてつまらない人生だ、
勉強ばかりの人生だ。

成功への一本道

数少ない一流大学に入るための熾烈《しれつ》な競争に支えられて、上海の子どもたちの学力はすばらしいものだが、私が会った親たちは、子どもにこんなプレッシャーを望んではいなかった。本書の執筆中に、アンジェラの母親のジェニーからメールが来たが、そこには「この冬の中国南部はとても寒いです。今日の上海は三〇年ぶりの最低気温を記録しました。さいわい私たちは冬季休暇中ですが、アンジェラは数学の補習に行かなければなりませんでした。中国の子どもたちは、とてもとてもかわいそうです。でも私たちには、それを変える力がありません」と書いてあった。

ある週末に、ミシェルの友人で六歳の息子のいるレイという婦人のお宅に泊めてもらったことがある。彼女は、自分が経験した親からのプレッシャーについて話してくれ、両親の不満は大人になっても続いたと言った。「両親からのプレッシャーは、それはもう、本当に大きかった。私が上海で働いていたとき、給料はそれまでよりずっと高くなったのに、両親はまだ満足しなかったの」レイは自分の息子まで同じプレッシャーにさらしたくないと思っていたし、その気持ちはミシェルもジェニーも、レイの友人のエリンも同じだったが、みんな子どもたちが置かれている状況をよく知っていた。

レイの息子のアレクサンダーはウクレレを弾くので、エリンを交えて地元のコーヒーショップに行ったときに、ウクレレのことも話題にのぼった。私はそのとき母親の気持ちを聞いてみたくて、冗談半分に「アレクサンダーがウクレレで有名になって、音楽で大成功して、でも学校の試験には全部落ちたとしたら、どう？　喜べる？」と尋ねた。

彼女は笑った。「今の私は、試験なんかどうでもいいわ。子どもが小さいときは、たいていの親がそうね。でも、そんな状況になって、先生がプレッシャーをかけてきたら、持ちこたえられるかしら。多くの親たちは、教師からプレッシャーをかけられているから。学校が教師にプレッシャーをかけて、そのプレッシャーを今度は教師が親にかけるの」

「どうやって？　どうやったら教師が親にプレッシャーをかけられるの？」と私は尋ねた。

「ＳＭＳよ！」と、レイの友人のエリンが中国語で話し始めたので、私はレイが通訳してくれるのを待った。「毎日、ＳＭＳのメッセージが来るの。一〇通ぐらい。『お子さんの点が悪かったです』とか、『宿題をチェックしてください』とか」

彼女はテーブルに身を乗り出すと、私のコーヒーを脇にどけて、息子の担任からのメッセージを見せてくれた。中国語だから読めなかったが、彼女が教師としょっちゅうやりとりしているのはわかった。教師からのメッセージはたいてい、息子の宿題の答えがちゃんと合うように、もっとよく見てやってほしいという内容だという。

教師からのこうしたプレッシャー（その理由は、すぐに説明する）がなくても、成功するための唯一の手段であり、大学進学と高給を取れる仕事への唯一の道である高考のせいで、親は嫌でも子どもの学校の成績に重大な関心を寄せざるをえない。私は上海に滞在中、どうして成功への道が一本しかないの？　どうして大軍を渡すのに、そんな細い一本の橋しかないの？　と、何人かに尋ねてみた。せめて一流大学だけでも、高得点に加えて生徒の思考プロセスや熱意が理解できるような面接をするとか、あるいは大学入試に、違うタイプの試験や生徒の学校成績を加えた、もっと幅のある基準を設けるとかすることはできないのだろうか。

じつは中国政府も同じようなことを考えていて、私がイギリスに帰ってから二、三週間後に、中国共産党が、若者たちが受けるプレッシャーを軽減する方向で高考を改正すると表明したことがわかった。[2]いずれ生徒たちは、国語、数学、外国語（英語にかぎらない）という必修科目に加えて、七つの選択科目から三科目を選ぶことができるようになる。選択教科の試験は二度受けることができ、点数の良い方を選べる。また大学の入学も、道徳的な基準、芸術的素養、社会的習慣のような、高校における他の分野の成績が考慮されるようになる。しかし、教科の選択の幅が広がって、二度受けるチャンスができると、高考の点数の重要性が下がり、不正入学が増えるのではないかと懸念する人もいる。

ロニーもそういう見方をしていた。「もし政府が本当に各大学の発言力を高めるつもりなら、大学の透明性の確保が必要だ。しかし、地方によっては難しいところもあるだろう。内陸部などはひどいだろうし、金持ちの子どもや市長の息子なんかは楽に入れるようになるだろうね」

そもそも、さまざまな改革の試みにもかかわらず、たった一つの試験が長いあいだ大学入学のための唯一の道だったのは、現在行なっている試験で決定するシステムが公正だからだ（もしドローンを飛ばして監視するというやり方に効果があり、試験が適切に取り締まられていれば）。残念ながら、中国の大学は腐敗しやすい。二〇一五年だけでも、五二名の大学幹部が法令違反で懲戒処分を受けたが、彼らが賄賂を取って不正に学生を入学させた可能性は、この中に含まれていない。もし大学の入学許可がもっと曖昧なものになったら、高校以下の入学許可と同じように、大学関係者が〈関係《グワンシ》〉という慣行を通して、便宜を図ってほしいという頼みを受けるようになるのはまちがいない。

カネとコネがものを言うしくみ

〈関係〉は普通、「関係」とか「人脈」と訳されるが、どちらの言葉もその広がりと複雑さを本当には言い表せてはいない。〈関係〉は中国文化の根本にあるもので、生活面や仕事面で助け合える相互扶助的関係のネットワークというふうに説明される。困っているときに金銭面や法律面で役所の支援が期待できない国では、そういう支援をしてくれるネットワークはなおさら重要だ。血縁や姻戚関係といった一族の絆をはじめ、同窓という学校関係の絆、仕事上の絆などが〈関係〉を形成していて、この絆は好意や贈り物のやりとりによって維持される。誰かに恩を受けたら、それに報いなければ面目を失うし、許せない行為だとみなされる。したがって、たとえば人気のある大学の入学関係の役職にいる職員が、学校時代の友人に恩を受けたことがあり、その友人から姪が入学できるように便宜を図ってくれと頼まれると、彼は非常に難しい立場に立たされることになる。

小学生の子どもを持つ親にとっては、子どもを希望の中学校に入れるのに、〈関係〉は非常に役に立つ。たとえば「重点校」（優秀な教師、立派な設備、「最高の」生徒の選抜権という特権を政府から与えられている学校）というシステムは、公式にはもう存在しないことになっているが、いまだに他の学校より上だとみなされる場合もあるし、独自の規則を持つ学校もある。上海の子どもたちは、正式には小学校を卒業すれば地元の中学校に行くことになっているし、中学校は地元の子どもしか選べないことになっている。しかし、好機を捉えて教師に贈り物をしたり、校長を豪華な晩餐に招いたりすると、子どもが希望通りの学校に入るチャンスも生じる。

また、金銭的手段を使って有名校の近くに家を買えば、正式なプロセスを経て希望の学校に子どもを入学させることもできる。普通の学校は地元の校区から生徒を選ぶことしか許されていないが、市立の「模範学校」は上海全体から生徒を選ぶことができる。中学校はまた、校区外の生徒には、三万元までの「学校選択料」を課しても良いことになっている。三万元は約四四〇〇ドルだが、子どもを希望の学校に入学させるには、そのうえさらに、〈関係〉に必要な贈り物を買わなければならない。[3] ここで、教師が子どもに勉強させるようにと親にプレッシャーをかける、ちょっと皮肉な理由がわかる。つまり学校の評判や優秀な生徒の選抜権、「学校選択料」の額などはすべて生徒の優秀さにかかっている。生徒たちは大事な広告塔なのだ。

ともかくこうした公式、非公式の制度が絡み合って、最高の環境が整った学校には、お金とコネのある家の子どもしか入れないというシステムができあがっている。だから、上海は、家庭環境が原因で生じるＰＩＳＡの得点のばらつきがＯＥＣＤの平均より著しく大きく、得点上位一五カ国の中でもシンガポールに次いで第二位で、イギリスとアメリカより大きかったが、それも不思議ではない。そしてこれは上海だけではない。中国全体の生徒の成績を考慮に入れれば、このばらつきはもっと大きくなるだろう。

上海は、全体としてはまったく中国らしくない。ロニーの話をふたたび聞こう。なにしろ彼は上海ではなく内モンゴル自治区で教育を受け、そのあと大学に入るために上海に来たので、大きな違いを見知っている。さっそく、彼はこう忠告した。「上海は特別だと思ってほしい。ほんとに、中国の他の場所とは違うんだ。とても早い段階から、環境もずっと整っている。良い学校がたくさんある。GDPもすごく高くて、それが試験の結果にも関係してるんだ。中国の大部分とくらべたら、とてつもない国際都市だよ」

「たくさんの人がPISAの結果をわざと誤解されるように伝えていて、みんな上海が中国を代表していると考えている。だから『うわあっ、中国はすごい』って思う。一部はそうだよ、二、三の大都市だけを見ればね。でもやっぱり、大きな格差があるんだ。一三歳のときに中国の東北部から上海に引っ越してきた友人たちがいるけど、彼らはカルチャー・ショックを受けて、慣れるまでに何年もかかった。それに、上海の学校のシステムはすごく進んでるっていう印象を受けたみたいだ」

「彼らはどうやって公立学校に入れたの？」と私は尋ねた。そう尋ねたのは、中国には〈戸口《フコウ》〉という戸籍管理制度があり、人々は故郷を住所として登録して、その地域でしか公共のサービスを受けられないからだ。「〈関係〉なの？」と、私は覚えたばかりの言葉を使って尋ねてみた。

「正解。彼らは出稼ぎ労働者の子どもじゃなくて、ビジネスマンや大学教授の子どもだったから、戸籍も持ってたんだろう。それとも、親の雇い主が、子どもが上海の公立学校に入れるように手配したのかもしれないね」

出稼ぎ労働者の子どもの高校受験事情

　私が初めて〈戸口〉というものを知ったのは、パリ風のコーヒーショップでナンシーとおしゃべりしているときだった。彼女は、自分の両親は最初は彼女と弟を祖父母のもとに残して、二人だけで上海に移住したのだと説明してくれた。それは、彼らの一家がもともと上海出身ではないので、上海の戸籍を持っていないせいだった。だからナンシーが上海の普通の公立学校に入るのは大変だった。中国の都市部に移住したいと思っている親たちは、戸籍がないので、子どもたちをあとに残すか、一緒に連れてきて市内の経費の安い私立学校に入れるかの選択を迫られる。ありがたいことに、上海市政府は最近、このような多くの移住者の子どもが上海の公立小学校に通うことを認めるようになった。しかしまだ、公共の学校網の届いていない上海の外縁部に、移住者向けの学校が残っている。

　私は、そういう移住者向けの学校に一週間通い、第四クラスと第五クラスの生徒たちに英語を教えた。思ったほどひどいところではなかった。先生たちは子どもたちを大事に思っているようだったし、間違いなく一生懸命仕事をしていた。授業は教科書を使い、各教室には大きなテレビがあって、パワーポイントを使った授業ができた。しかし、私が市内で通った公立学校にくらべれば、質はかなり低かった。[4] たとえば、トイレは地面に三本の長い溝が掘られているだけで、仕切りもなく、教師も生徒も同じところを使っていた。おかげで私はトイレに行かずに済むように、日中はなるべく水分を摂らなかった。教師たちと話してみると、彼らの多くが公立学校の教師と同等の資格は持っていないことがわかった。また、その資格を持っている教師たちは、ここを去ってもっと給料の良い公立学校に職を得たいと思っていた。英語の水準もカリキュラムのレベルよりかなり低かった。私は授業の準備をするために第四クラスと第五クラスの教科書をもらっていたが、子どもたちは、時制はおろか動詞もほとんど知らないので、私は授業が始まって一五分で授業計画を放棄した。

教師の一人が、ここの生徒たちは上海で「居住証」しかもらっていない出稼ぎ労働者の子どもたちだと教えてくれた。この許可証は、安定した仕事に就いていることを証明でき、住む場所があり、社会保障費を六カ月分以上納付した者に与えられる。また「臨時居住証」しかもらえない出稼ぎ労働者もいる。彼らは上海で何年も働いてきたのに、仕事も住むところも不安定だ。こういう人たちが、自分の子を子どもたちだけで、あるいは祖父母と一緒に故郷に残してこの都市に働きに来て、中国に六〇〇〇万人はいるという、いわゆる「あとに残された子どもたち」を作り出しているのだろう。

居住証のある出稼ぎ労働者の子どもで親と一緒に来た者は、公立小学校か公認の私立小学校に行ける。しかし上海の戸籍のない者は、居住証の有無にかかわらず、上海の高校の入試は受けられない。つまり、高校に行きたい子どもは、高校入試を受けるために「故郷」に帰るしかない。しかも試験内容は地方によって違うので、彼らはたいていの場合、中学校の少なくとも最後の一年は、受験の準備のために「戻る」ことになる。

チャン・ハイトは、そういう移住者の子どもの一人だ。四歳から上海に住んでいるが、両親が上海の戸籍を持っていないので、一四歳のときに、高校に行くために両親の故郷に戻るか高校に行かないかの選択を迫られた。チャンは、遠く離れた見知らぬ土地の学校になど行きたくなかった。そこでその代わりに、彼女はじつに並外れた行動に出た。上海に留まり、独学で高校の勉強をし、微博《ウェイボー》（中国版ツイッター）を使って、移住者の権利に注意を引きつけることにしたのだ。二〇一二年六月八日、チャンは「私の高校入試を受ける権利はどこに？」と書いた紙を持つ自分の写真をアップし、その後、上海市教育委員会の委員たちの前での、移住者の高校入学に反対する人たちとの討論会の開催を求めた。こういう問題の提起は彼女の前にもあったし、システムをもっと公平なものにしようという動きもあったので、政府はこれに応えて政策の改正を決め、若干の「資格あり」と認められた移住者の子どもに対して、上海の高校への入学を許可することにした。しかし、それがやっと始まったのは二〇一三年で、上海が二〇〇九年と二〇一二年のＰＩＳＡの得点で世界を驚かせたあとだった。

新しい政策が施行される前は、上海でわずかしか教育を受けられなかった多くの移住者の子どもたちが、一三歳か一四歳で上海を去らなければならなかった。これは生徒たちがＰＩＳＡのテストを受ける年齢の、ほんの少し前にあたる。このことで、二〇一二年に上海当局が一五歳児の総数として発表した人数の、奇妙なまでの少なさに説明がつく。総人口二三〇一万九一九六人に対して、一五歳児の数は一〇万八〇五六人だった。ワシントンＤＣにあるブルッキングス研究所のトム・ラブレスは、これは上海のちょうど半分の人口の国における一五歳児の数に近いと指摘している。出稼ぎ労働者の総人口に占める割合は約四〇パーセントで、五歳児は四三パーセント、二〇歳は六三パーセントなのに、一五歳児は総人口の二七・七パーセントしかいない。

かなりの数の貧しくて満足な教育を受けていない子どもたちが、ＰＩＳＡのテストを受ける直前の年齢で上海を離れることは、ＰＩＳＡにおける上海の成績にはプラスの影響を及ぼすだろうが、街を去らなければならない子どもたちにはマイナスだ。もちろんこれは不正行為ではない。上海市当局はテストの時点で市内に住んでいる一五歳児の中から代表サンプルを選んでいる。しかし彼らの成績は、この（実際的に必要にはちがいないが）反教育的な政策のおかげで、人為的に底上げされていると言っていい。インディアナ大学教育学部の研究によると、ＰＩＳＡのテストから移住者を除外したことは、もしマサチューセッツ州が同じ割合の成績の悪い子どもたちを除外したら上がるのと同程度まで、上海の数学の点数を底上げしているので、実際の上海のリードはその半分くらいだという。[5]

もっと多くの出稼ぎ労働者の子どもを公立学校に入れ、「資格あり」の子どもたちを高校に入学させようという最近の政府の変化は、上海市がこの難しい問題に取り組み始めたことを示しているが、今のところこの改革は、教育システムを公正なものにしたり、あるいは上海のＰＩＳＡの成績を生徒の実態に近づけたりするまでには、遠く及んでいない。両親が居住許可を得て、年齢と学歴と職種に基づいて少なくとも一二〇ポイント取っていなければ、その子どもは上海に留まって高校に行くことはできない。低収入で教育のない労働者たちがいなければ、上海がこれほどみごとに成長し、機能することはなかっただろう。しかし彼らの子どもたちは、高校に入ってより良い人生を求めようとするなら、いまだに何百キロも離れた土地に向かわざるをえない。チャン・ハイトは、まだ上海の高校の入学資格を獲得できていない。

第一三章　中国人学習者のパラドックス

「井の中の蛙《かわず》」

――中国のことわざ

まず音が聞こえてきた。学校の裏手から近づいて行くと、スピーカーから明るいクラシック風の音楽が流れ、音楽に合わせて「イー、アル、サン（一、二、三）！」という掛け声が聞こえた。角を曲がって校庭に入ると、鮮やかなオレンジ色のジャージを着た何百人もの小学生が何列にも並んで、リーダーに合わせて体を動かしているのが見えた。リーダーたちは前の方で台の上に乗って、足を高くあげたり腕を回したりしている。これは朝の体操で、人一倍張り切っている子もいた。

音楽が止むと、子どもたちは腕を大きく振って教室まで「行進」し、授業が始まるのを待った。二年生のPクラスの教室では、子どもたちは前を向いて何列かに机を並べて座り、英語の先生を待つあいだ、級長に合わせて「犬を飼ってる農夫がいた……」という英語の童謡を歌っていた。教師が入ってきて子どもたちに挨拶し、井戸に棲んでいるカエルの話の録音を聞かせた。

ある日、カエルの友だちの鳥がやって来て、井戸端《ばた》に止まり、カエルに尋ねた。「ねえ、カエルさん。何が見えるの？」

カエルは答えた。「空が見えるよ。とっても小さいよ」

「いえ、いえ、いえ！」（すごく気取った英語のアクセントで）「空はとっても大きいんだよ」

私は中国でしばらく授業を見学し、中国人の教師たちと仕事の話をするうちに、中国の教育に対する西欧の思い込みも、このカエルに似ていると思うようになっていった。カエルが井戸の底から見上げた空は、たしかに空ではあったけれど、カエルは空全体を見てはいなかったので、空とはどんなものかを理解してはいなかった。前の二章では、国際テストにおける上海の生徒たちの高い成果を生んだ文化的、社会状況的要因をいくつか紹介した。この章では、上海の子どもたちが実際に学校でどんなことをしているのか、それは私たちの持っているイメージとどう違うのか、また教師たちは子どもの学習をどのように後押ししているのかについて、もっと詳しく見ていこう。

時間割とフライドチキン

英語の時間の「鳥とカエル」の授業は、他の授業と同じく四〇分間行なわれた。そのあとは音楽にあわせた「目の運動」の時間になり、子どもたちは血行を良くして眼筋をほぐすために、五分間、目のマッサージをした。私の授業でも、はじめに教室のスピーカーからこの音楽が流れてきたことが二度ばかりあり、聞き慣れた「イー、アル、サン」という掛け声がかかると、子どもたちは目のマッサージをした。小学校は普通、八時に始まり、午前中の四コマの授業が終わると食堂で昼食をとり、そのあと午後に三コマの授業が行なわれる。中学校はそれより三〇分早く始まり、午前中に五コマの授業を行ない、午後に四コマ行なう。高校は高考《ガオカオ》のための勉強をしなければならないので、授業時間は可能なかぎり長くなり、学校によっては一二時間というところもある。

けれども勉強はそれだけでは終わらない。すでに述べたように、上海の子どもたちは他の国々よりはるかに大量の宿題を毎日出されている。それをやらないで逃げる道はない。ソフィーは、「もし宿題を全部やって来なかったら、学校で三倍の量をやらされるから、遅くまで居残って七時になることもある。宿題を家に忘れると、やらなかったとみなされるから、放課後、やり直さなくちゃならないの」と、説明してくれた。

一方、教師たちはあまり多くの授業を受け持たない。クラスの人数が他の国にくらべると多く、五〇人になる場合もあるが、その分、一週間に一二～一五時限しか教えないので、西欧にくらべて授業計画や採点のための時間がずっと多く取れる。これと比較してみると、私がロンドンで教育実習をしていたときなど、それより一〇時限も多く授業を持たされた。しかも、一コマの時間がもっと長かった。日本やシンガポールと同じく、中国の教師たちは、こうした空き時間に同じ教科の同僚たちと一緒に授業計画を立てたりする。また、多くの時間を、同僚の授業や、別の学校の授業の見学に使う。

ある木曜の午後、私はこの章の冒頭で紹介した学校の英語教師二人に誘われて、車で二〇分ほどのところにある学校の「公開授業」を見に行った。車を駐車場に駐めて教室に入って行くと、もう二〇人くらいの見学者が来ていた。「子どもたちはどこに座るんだろう？」と思って、教室の前の方を見ると、壁に大きな透明のスクリーンがはまっていて、隣の教室で行なわれている授業を見られるようになっていた。また、前の方にはテレビモニターがいくつかあって、一つは黒板、一つは教師のクローズアップを映し出し、もう一つは授業を受けている子どもたちを映して、彼らの活動や反応を見られるようになっていた。

授業自体は、設備ほどわくわくするものではなかった。子どもたちは『トム・ソーヤーの冒険』の中の、トムが友だちを騙《だま》して塀《へい》塗りをさせるところを勉強していた。教師が一節ずつ読み進め、子どもたちが声を揃えてそれを繰り返す。教師が各セクションごとに、理解できたかどうかを確認するための質問をし、子どもたちが答えていた。上海で過ごすあいだに、「鳥とカエル」の授業を四回見たほか、多くの英語の授業を見学したが、このような授業の進め方が小学校でも中学校でもほぼ一般的で、違うのは、学年が上がるにつれて質問の内容が難しくなっていくことぐらいだった。

科学の授業はもう少し活動的で、生徒たちは摩擦を実際に起こすために木片をこすり合わせたり、金属による磁力の違いを確かめてみたりというような、科学的概念を実際に試す実験を行なっていた。また国語の授業には、教師が「なぜ作者はこの言葉（あるいは漢字）を使ったのですか？」と質問し、生徒が答えられなければ先生が説明するというような、テキストについて考えさせる形式が多かった。しかし何と言っても私が注目したのは数学だった。それは一つには、上海がＰＩＳＡで驚異的な成績を出したのがこの教科だったためであり（二〇一二年の平均点はＯＥＣＤの平均より一一九点も高く、これは三年分の学習量に相当する）[1]、もう一つは、中国における数学の教え方については、他の教科よりはるかに多くの研究があるからだ。

数学でも他の教科でも、上海の教師の教え方にはイギリスやアメリカにくらべて一貫性があるように思える。上海の教師たちは、養成トレーニングを通して、概念を教える順序を考え、学級活動と授業内容の適切な関係について考え、新しい内容とそれまでに習った内容との関連について考えるようにと、一定の型に沿った教え方を習得する。[2] 彼らはこういうことについて、一緒に授業計画を立てながら話し合うし、その中には指導書に書かれていることもある。こういう仕組みの背景にある論理について説明してくれたのは、とても有名な校長だった。しかし恥ずかしいことに、初めて校長室を訪問したとき、彼は下はジーンズ、上はグレーのノースフェイスのフリースという姿でソファに座っていたので、私は校長本人だとは気づかなかった。

「経験を積めば、教え方に個性を出すのは良いことです。しかしまず、ある一定の水準に達する必要があります。大きな問題から小さなものへ、大事なものからそうでもないものへというように、教える順序を覚えなければなりません。ケンタッキー・フライドチキンと同じです！」彼の眼がキラッと光った。「なぜフライドチキンは美味しいんでしょう？　それは各店舗に凄腕のシェフがいるからではなくて、きちんと決まった手順で作っているからです。教師たちもこれと同じで、一定の手順とスキルを習得すれば、より思い切ったことが試せるようになります」

「ピンポン」スタイル

イギリスと上海の数学の授業の最も大きな違いは、「クラス全体に教える」時間の量、すなわち、教師が黒板の前で説明する時間の長さだ。教え方は入念に計画されているが、教師が一方的に話すわけではない。黒板の前で説明しながら生徒たちにじつに多くの質問をして（一回の授業につき五〇〜一二〇回）、生徒と頻繁にやりとりをする。[3] 質問の中にわざと簡単なものも入れたりして、教師はまず生徒の目線に立ち、それから説明や質問を積み重ねていって、次第に難しい数学的概念を教えていく。

シュレッペンバックらは、授業中の子どもの答えに対する中国とアメリカの教師の応対を比較する研究を行なったが、それによると、子どもの答えが間違っていたとき、中国の教師の方は、間違いについて説明したあと、続けて補足的な質問をすることが多かった。これに対しアメリカの教師たちは、間違いを指摘しただけで先に進んだ。[4] またベテランの教師たちは、解答させるときに他の子どもたちも巻き込んで、「この答えは正しいですか？」「あなたもそう思う？」「あなたならどうする？」などと質問してクラス全体を参加させ、それから再び最初の子どもに答えさせたりする。しかし新米教師の場合はこんなことはあまりせず、子どもの答えに簡単な説明をするだけのことが多い。[5] ベテラン教師は、見学した数多くの公開授業から、こういうやり方を学んできたのかもしれない。

中国の数学の授業では、教師が説明して例題を解いて見せたあと、生徒が練習問題を解く。ヨークシャーから視察に来ていた教師のルークは、このプロセスは、自分、相手、自分、相手、と繰り返す「ピンポン」スタイルだと言った。授業中は、一人で解かせる時間はあまり取らず（「考えさせる授業」のときは別）、たくさんの練習問題を宿題として出す。教科書にはその解き方と、各自がもっと先まで進めるように、難しい問題が載っている。

このようにたくさんの練習問題をさせることの利点については、ロニーと話したときに、彼のところに大学入試の勉強のためにやって来る中国人とカナダ人の生徒たちの違いに関する話にからんで、話題にのぼった。たとえば「xは素数である」とか「xは56の因数である」とかいうように、ある数に関する事実をいくつか提示して、xに入る数は何ですか、と問うタイプの数学の問題がある。ロニーは、この種の問題に答えさせるのに、カナダの子どもたちに最も効果的な方法は、何か数字が出てきたら、それを「ゾーンF」と名づけたさまざまなタイプの数のチェックリストで確認させることだと気づいた。「ゾーンF（Zone F）」とは、ゼロ（Zero）、1（One）、負の数（Negative）、極大の値（Extreme numbers）、分数（Fractions）を一語にしたものだ。「彼らは、こういう数字の概念が直感的にはわからないんだ。だからすぐにチェックリストを使う。彼らは一つずつ積み重ねていくことを好み、一定の段階を踏んで解答しようとする」

「同じことをほぼ同じレベルの中国人に教えるときは、彼らは『ゾーンF』でチェックしたり、段階を踏んで答えにたどり着いたりというやり方に、なんていうか、違和感を覚えるらしい。彼らはこういうやり方をしたがらないし、融通がきかないと思うようだ。中国人の子どもたちが好むやり方は、直感的理解だ。ある数字を思い浮かべたとき、その数字はどんなものでもありうる。その数字を、広大な数字の海の中から選び取ってくるんだ」私はロニーに、なぜ中国人はそんなふうに数を直感的に理解できるのかと尋ね、その答えに驚いた。

「アジアの教師たちは、子どもたちがそのレベルに達するように、系統立った取り組み方をさせる。つまり子どもたちに数学をマスターさせるために、そして数学を直感的に理解させるために、膨大な量のドリル、練習問題、宿題をさせるんだ。その直感というのは、じつはこのたいへんな量の宿題や練習問題によって作り上げられる。たいていのカナダ人の子どもたちは、そういう練習をあまりやってきていないから、いまだに骨組みをなぞるような段階にいる。それは一つには、彼らは学校で解き方の手順をしっかりと教わっていないので、ぼくが与えた『ゾーンF』のような秘密兵器を使って、パズルでも解くように問題を解くのが好きなんだ。彼らはまだそういう段階なんだよ」

ソフィーと話をしたときにも、カナダの数学の授業で、彼女には即座に答えが「わかる」場合でも、一定のまわりくどい方式で、段階を踏んだやり方をさせられることに不平を言っていたが、それとまったく同じだ。

「カナダでは、教えられた通りのやり方をしなさいと言われるの。授業で、数字を当てはめるタイプの学習到達度テストの例題が出されたけど、電卓を使って答えを見つけなきゃいけないの。本当の試験では、数字だけを変えたまったく同じ問題が出されるから、やり方を覚えて数字を当てはめれば、正解が出せる」こういうカナダ人の数学の教え方は、ひとりよがりで、理解させるのではなく丸暗記だと、中国人が非難している。これを聞いた私は戸惑ってしまった。これって、西洋人が中国人を非難する言葉じゃなかったっけ？

反復とフィードバック

ロニーにはとても感謝している。生まれ育った国である中国と、現在住んでいる国であるカナダの教育の違いについて、ずっと考えをめぐらせ、分析してきた彼は、ぴったりのたとえを使って、ごちゃごちゃしたものをすっきりと解き明かしてくれた。

「数学の勉強を何かにたとえるなら、スポーツを覚えるのと似ているね。たとえばテニス。コーチがサーブのやり方を教える。まず、ボールをトスすることからだ。ボールが安定して上がるまで、一〇〇回、トスの練習をする。次にラケットを振る練習をたっぷりやってから、ボールを打つ。これも何度も練習して、それからコーチが悪いところを直してくれる。こういうことを、何段階かに分けてやるんだ。だけど、いいかい、フェデラーはサーブするときにそんな段階のことなんか考えやしない。そういう手順は体に染みついて、彼の一部になっていて、本能的に出てくる。さて、ではこれを何かの勉強に、たとえば数学の勉強に置き換えてみよう。習得段階を忘れるまでになるには、ものすごい量の練習をしなくちゃいけない。でも、アジア式の教え方だと、子どもたちが途中の段階を忘れてしまうくらい、たくさんの練習をさせることができるんだ。だから彼らは直感で問題を解いたような気でいるんだけど、もちろんそれは、生まれ持った直感じゃない。でも、さっきの話に戻ると、たくさんの練習をしなかった子どもたちには、まだそういう練習が必要なんだ」

中国人の子どもたちがこういう段階に到達するための手法については、あと二つ、ここで取り上げておかなければならないことがある。たしかに彼らはたくさんの宿題をするが、それほどの勉強量を取り入れたいとは西欧では思われないだろう。なにしろ大学生のナンシーの指にはペンだこができていた。しかしじつは、彼らが多くの練習問題をこなせるのは、たくさんの宿題が出されるからだけではない。単元ごとに長い時間をかけているからでもあるのだ。ソフィーはこう言っている。「私が気づいたいちばん大きな違いは、内容の深さね。カナダでは、いろんなことを少しずつ、すごく速くやるから、大事なことが頭に入らないうちに別のことに移ってしまう。中国では、一つの内容についてすごく長く、場合によっては次に進むまでに数週間もかけるから、練習問題もたくさんできるし、内容もしっかり頭に入るの」日本と同じように、中国のカリキュラムも狭くて深いのだ。

もう一つ強調したい重要な点は、フィードバックだ。練習問題は、ただ数多くやればいいというわけではない。間違ったやり方をすれば害になる場合もある。中国の教師たちは空き時間を多く使って、三通りのやり方で子どもたちの勉強をフィードバックする。一つ目は、宿題や、授業中の練習問題を頻繁に採点することだ。提出されたその日のうちに、間違ったところを指摘する記号などを活用して、生徒がすぐに見直せるようにしている。[6] ただし、必ずというわけではない。学校によっては、子どもたちが職員室でみんなのテストの採点をしているところもあった。こうすることで間違いやすい問題がよくわかって、教師がその後の授業計画に使えるのだ。

二つ目は、次の授業のはじめに、間違いや勘違いの多かった問題を取り上げることだ。難しい問題を当てられた子どもには黒板に解き方を書かせ、クラス全体で見直しをする。ある数学の授業を見学しようとしたところ、教師が申し訳なさそうに、「今日は宿題の答え合わせしかしないんですよ」と言ってきたこともある。しかしそうすることで、理解が深まるのだろう。

三つ目は、教師たちは放課後にも、遅れている子どもたちに、一対一や少人数で勉強を教えてやっていることだ。授業はおもにクラス全体に向けて行なわれるので、一人ひとりに教える時間はあまりないが、その必要のある子どもたちは、授業のあとでこういうサポートを受ける。

暗記も大切

中国の学校における反復学習法は、数学に限ったものではなく、中国の教育の基本となっている。エリンが息子の担任教師から、宿題をちゃんと監督するようにとたびたびＳＭＳで「注意」されていたのは、一つには、何かを五回暗唱しなさいという宿題が多く、もし母親が聞いていなければ、彼がきちんと宿題をやったかどうかの証拠がなくなってしまうからだ。私は、国語の授業でクラス全体が一つの詩を何回も暗唱するのを何度か見たことがあるし、英語の授業では、教師がテキストを読んだあとにクラス全体とか、半分ずつで繰り返し、また繰り返し、さらに繰り返すというやり方も見たことがある（だから、鳥とカエルの話の授業は四回見学しただけだが、この話は少なくとも一二回聞いた）。このような反復と、その結果としての暗唱を重要視する教育法は、官吏《かんり》登用試験のために膨大な量の漢詩を覚えた匡衡や李白の時代から続いている。

　ここに、パラドックスが存在する。西洋では、丸暗記は効果のない旧式な学習法だと考えられている。私たちは、誰かが何かを何度も何度も繰り返すのを聞くと、理解していないのだろうと思うし、そのページに書かれていることをそっくりそのままテストで書くために覚えているんだろうと思う。そんなことをしても本当の理解には繋がらないし、勉強が面白くないし、好きにもなれない。しかしアジアの国々の生徒たちは、あくまでもこのやり方によって、西欧の生徒たちよりＰＩＳＡのテストで良い成績を取る。しかもそれは、問題解決能力を試すテストだ。ＰＩＳＡでは丸覚えは通用しない。問題を解くための知識を頭を使って活用する必要がある。いったいこれは、どういうことだろう。ビッグスは一九九二年に、この疑問を「中国人学習者のパラドックス」と名づけて、その答えも示した。[7]

　私たち西洋人の間違いは、暗記や反復は浅くて表面的な学習法にちがいないと決めてかかっていることだ。ワトキンスとビッグスは、外見上は同じに見える二つの学習法、丸暗記と反復学習を区別している。丸暗記は、前述した通り、浅くて機械的で、理解しようとしないでただ覚えるだけだ。これに対して反復学習は、意識的な反復を通して理解を深め、繰り返す内容の特徴に注意を向けるというやり方だ。つまり丸暗記と違って、反復学習は内容をより深く理解することに繋がるのだ。[8]

二度目にロニーに会ったとき、ガールフレンドのソフィーも一緒だった。そこで私は二人に、「どうして何度も繰り返して読むことが効果的だと考えられているの？　たくさんの授業でこのやり方を見たんだけど」と尋ねた。

「良い質問だね。じゃあ、いったいどこがいけないの？」とロニーが質問を返してきたので、私は一瞬、面食らった。「アジアの人がイギリスの学校を見学したら、最初の質問はこうだろうね。『どうしてイギリスでは、シェイクスピアの詩を生徒に繰り返し暗唱させて、意味を深く理解させようとしないのですか？』」

「うーん……」

さいわいここで、ソフィーが助け舟を出してくれた。「知識を強固にするんじゃないかしら、繰り返すほどに理解が深まっていって」

この間に、私は立ち直った。「でも西洋では、ただ何度も繰り返しても理解は深まらないと考えるの」

「漢詩を繰り返し読み、ある程度までの量を記憶すると、一つひとつの漢字やその漢字の持つ意味やリズムに感覚的な親しみが持てるようになる。中国では昔からそう考えられているんだ。詩を体得できるんだよ」とロニーは言った。

ソフィーも「その通り」とうなずいた。

そのときは気がつかなかったが、前に、膨大な量の練習をすると途中の段階を忘れて直感的になれるという、数学に関する話をしたのを思い出した。数学にも暗記はある。問題を解く段階ではなく、その前提となる九九表や数字に関する基礎知識のことだ。こういう暗記ができていると、複雑な問題を解いているとき、問題に含まれる基礎的な計算は簡単にできるので、作業記憶をあまり多く使わない。このような暗記重視の傾向は、日本でも同様だ。

中国式学習法が深い理解と高い問題解決能力に繋がることはわかったが、まだ二つほど気に掛かることがある。たしかに中国の子どもたちは総じて勉強が得意だが、授業は繰り返しばかりのうえに大きなプレッシャーにもさらされている。彼らは本当に勉強が楽しいと思っているのだろうか。また、批判的思考、個人的能力、創造力のような二一世紀型スキルは、みんな押しつぶされてしまうのではないだろうか。

彼らは楽しんでいる

中国の子どもたちは猛勉強をするが、それは親のような、外からの大きなプレッシャーをかけられているせいであり、罰への恐怖とか称賛への期待などというまったくの外発的動機づけに基づいていて、勉強への興味からではない、と考える人もいる。親に頭を押さえつけられて学校の嫌いな子どもたちは、中国にはいくらでもいるような気がする。しかしこのイメージは、本当に中国の子どもたちの「典型的な」姿だろうか。

もちろんこういう考え方も、うなずけないわけではない。少なくとも、もしイギリスとアメリカの親たちが中国の親よりも、子どもたちに勉強を興味が持てて楽しいものだと思わせるように心がけているとしたなら、そちらの方が中国の子どもたちより内発的に動機づけられていると言えるかもしれない。[9]また、そういう見方をされるもう一つの理由は、中国の教師たちは西欧より「高圧的」で、子どもたちにプレッシャーを与え、多くのテストをさせて服従を要求すると思われていることだ。[10]自律性は内発的動機づけにとって最も重要な条件だとしているライアンとデシの研究に照らしてみれば、中国の子どもたちには自律性はあまりないという結果が出るはずだ。[11]

ところが、実際はそうではない。ワンとポメランツは、中国とアメリカの十代の子どもたちを対象にして、勉強に対するモチベーションを測定するさまざまな質問に、一～五の五段階で回答するというアンケートを実施した。その段階は、ライアンとデシが考案した分類法に沿っている。すなわち、内発的動機づけ（「楽しいから宿題をする」）、同一化（「自分にとって大切だから宿題をする」）、取り入れ（「やらないと恥ずかしいから宿題をする」）、外的調整（「やらないと叱られるから宿題をする」）などだ。この調査によれば、じつは中国の生徒たちには、比較的高い自律性が見られた。つまり、アメリカよりも内発的動機づけと同一化の二つの回答をした者が多かったのだ。この傾向は、中学校の学年が上がるにつれて下がっていく（高校入試のせいでプレッシャーが高まっていく時期なので）が、それでも同年齢のアメリカの生徒よりも高い。[12]

この結果には驚かされる。中国の子どもたちは親と教師から多くのプレッシャーをかけられているうえに、子どもにあまり自由を与えないような教え方をされている。それなのに、アメリカの子どもたちより勉強を楽しんでいて、親に押しつけられるからではなく、重要なことだから勉強するのだと答えている。この傾向は、一九九〇年代に行なわれた調査とも一致している。この調査でも中国の子どもたちはアメリカの子どもたちより、学校が好きだと回答している。[13] もっと新しくは、二〇一二年に実施されたOECDの調査でも、上海の一五歳児の八五パーセントが「学校は楽しい」と答えたのに対して、アメリカは八〇パーセント、イギリスは八三パーセントだった。突出してはいないが、予想以上に高い。[14]

この結果をどう考えたらいいだろうか。三人の中国人研究者と、一人のタイガー・マザーの説明が、それを解き明かしているかもしれない。ジョウ、ラム、チェンの三人は、このパラドックスの答えは、外見上は「高圧的」な教師（や親や祖父母）の行為に対する子どもたちの受け取り方が、文化によって異なることにあるのではないかと考えた。[15] ジョウらは、教師の登場するさまざまな筋書きを作って、中国とアメリカの小学校五年生に示すという方法で、自分たちの直感が正しいかどうかをテストした。そのやり方は、たとえば、ある教師が宿題を忘れてきた子どもを、授業中に教室の後ろに座らせて宿題をやらせるという筋書きに対して、もし自分が同じことをされたらどう思うかを、一二通りの感情の中から選ばせるというものだった。その結果、アメリカの子どもたちは教師の行動は高圧的だと考え、こんなことをされたら悲しいとか腹が立つとか答える傾向が強かった。しかし中国の子どもたちは、まったく同じ筋書きをもっと肯定的に捉え、面倒見の良さや思いやりを感じたと答えた。また、どちらの国の子どもたちも、教師に強制されていると感じた場合は授業に対してやる気をなくし、教師の思いやりを感じた場合はやる気を出すことがわかり、教師と良い関係を築けている場合には、教師の行動が高圧的だとは感じない傾向があるということもわかった。

儒教文化においては、家庭の中で自分の役割を果たすことはとても重要だと考えられている。また親たちは、子どもが幼いころから学ぶことの大切さを教え込むので、子どもたちはこういった価値観や目標を自分の中に取り込んでいく。すると、大人の誰かが自分の勉強に役立てようとする行動を取ったとき、それを高圧的だとは考えず、その教師か親が自分の将来を気にかけてくれている証拠だと考える傾向が強い。その人たちとの関係が愛情のこもったものならなおさらだ。つまり、中国の子どもたちは、中国文化や家族の目標を内在化し、自分のものにしているので、高いレベルの自律的なモチベーションを持っているのだ。親や教師からのプレッシャーがあっても、その目標は彼ら自身が目指しているものと同じなので、彼らは外発的に動機づけられはしない。

なぜ中国の子どもたちがアメリカの子どもたちより自律的なモチベーションを持っているのかについては、元祖タイガー・マザーで『タイガー・マザー』の著者、エイミー・チュアがわかりやすく説明している。「中国の親たちが理解しているのは、何事も上達するまでは楽しくないということです。上達するためには勉強や練習をしなければなりませんが、子どもたちが自分からやりたがることはないので、彼らの好きにさせないことが大事なのです。当然子どもは抵抗しますから、親は不屈の精神を持つ必要があります。何事も最初がいちばん大変であり、西洋の親たちはたいていここで諦めます」[16]

これは私には、外発的動機づけそのものに聞こえる。しかしチュアは、こう続けている。「しかし、正しくやれば、この中国式のやり方は好循環をもたらします。機械的な繰り返しはアメリカでは過小評価されていますが、上達のためには、粘り強くひたすら練習を続けることが何より大切です。算数でも、ピアノでも、投球でも、バレエでも、いったん上達し始めたら、褒められたり感心されたりして満足を得ることができます。そのおかげで自信が生まれ、それまで面白くなかったことが面白くなるのです。ここまで来れば、親が子どもにもっと多くを求めることも楽にできるようになります」だから最初のうちは、親たちは嫌がる子どもに猛勉強や猛練習をさせるのに苦労するかもしれないが、いったん上達しさえすれば、子どもたちは純粋な内発的動機づけによって楽しみを覚えるようになり、自分自身のために上達を目指すようになる。

しかし、たとえ中国の子どもたちが一般に西欧の子どもたちより内発的に動機づけられていたとしても、なかには内発的動機づけが欠けていたり勉強を楽しめない子どももいる。中国のやり方は、そういう子でも、好むと好まざるとにかかわらず猛勉強を続けなければならないということでもある。

批判的思考と創造力

四七九人の大学生と講師たちを対象に行なった、プラットらの調査によれば、中国人は基礎的な知識を、以下の学習プロセスの第一段階と位置づけている。

1. 基礎の暗記と習得
2. 理解
3. 問題や状況への知識の応用
4. 問題追究や批判的分析[17]

たしかにPISAのテストでも、右の第三段階までは中国人は優れているが、その次の「問題追究や批判的分析」はどうだろう。これも得意なのだろうか、それとも、中国式のクラス全体での授業法としっかりした練習法では、上手くできないのだろうか。この点はたしかに、多くの中国の有識者や中国政府も懸念している。二〇一〇年に、当時の首相だった温家宝《おんかほう》は、「子どもたちには知識が必要なだけではない。彼らはどう行動するか、頭をどう使うかを学ばなければならない。私たちは彼らが自分で考え、自由に考えを表明し、自分を信じ、自分の想像力や創造力を働かせることを促進しなければならない」[18]という声明を出している。

このような問題に対処するために、中国政府は二〇〇一年に新しいカリキュラムを導入して、自主性と批判力を持つ生徒を育成し教科間の連携を強化することにした。彼らは「塡鴨式《ティアンヤーシ》」（アヒルに強制的にエサを食べさせて太らせること）と呼ばれる詰め込み教育から脱しようとしている。この言葉は、子どもたちに非常に厳しい試験のための勉強をさせようとする中国の教育体制をよく表していて、初めて聞いたときは、移民のための学校の教師が、アヒルの口からエサを押し込むしぐさをしながら教えてくれた。上海では、学校自体も作成に関与したカリキュラムを作って、子どもたちの革新的な考え方を養おうとする学校が増えている。[19]なかには、授業中に子どもたちが自分たちの考えについて議論し、発表するというような「冒険」をする学校もある。このような新しい取り組みが実って、より大きな創造力と批判的思考が育つか、あるいは真に独立した考え方が生まれて、最近大学に「西洋的価値観を避ける」ようにと言っている政府の手に負えなくなるかどうかは、時がたてばわかるだろう。[20]

　一方で、西欧も現状に甘んじていてはならない。上海ほか、中国各地の生徒たちは高い勤勉意識によって高得点をあげているだけではない。中国の授業は、明確な目標、入念な授業計画に基づく、用例等を使ったわかりやすい説明、練習を重ねて速やかに理解させる方式などで、緻密に構成されている。こういう授業を行なえば、子どもたちに高い成果をあげさせられるだろう。[21]中国人が暗記を好きなことも、「何が作用しているのか」に関する研究結果と一致している。一定の事柄を暗記すれば、作業記憶に多くの余裕をもたらすので問題解決の役に立ち、既存の知識が使える範囲では、内容をはっきりと理解できるようになる。[22]そして、あの中国文化に染み込んだ儒教的な勤勉の精神でさえ、低学年の頃から適切な言葉を使って勤勉の大切さを教え込むことさえできれば、他の国の学校でも、子どもたちに身に着けさせることができるのだ。自分の子どもには中国の子どもたちのようなプレッシャーを与えたくはないが、だからといって彼らから学ぶことがまったくないなどと考えるのは間違っている。

第一四章　移民大国の教育

「多様性はカナダの強みです」

――ジャスティン・トルドー　カナダ首相

バンクーバーで飛行機を降りたときは頭がふらついていて、一瞬、違う国に着いてしまったのかと思った。空港を歩いていて目に映る掲示や広告が、日本語か中国語かわからないが、どれも東アジアの文字で書かれていたからだ。やっと「ティムホートンズ」（カナダのドーナツチェーン）を見つけて、少なくとも北米大陸に来たにちがいないとわかり、私は税関を通って列車で市内まで行くと、最初に見つけたホステルに泊まった。

翌朝は時差ボケのせいで早く目が覚めたので、人々が起き出すまでコーヒーショップで時間をつぶした。カフェラテをチビチビ飲みながら窓の外を眺めていると、身長も体格も肌の色もさまざまな人たちが通り過ぎ、私はくつろいだ気分になった。ロンドンと同じく、バンクーバーはきわめて多文化な都市だ。バンクーバーのあるブリティッシュコロンビア州は、毎年四万人以上の移民を受け入れている。[1]カナダ全体では年間二五万人で、[2]これはカナダに住んでいる人の約五人に一人が外国生まれ、おもにアジアやヨーロッパの生まれであることを意味している。[3]次に訪れたオンタリオ州はカナダで最も多様性に富み、州の教育次官補メアリー・ジーン・ギャラガーは、移民は障壁ではなく「機会と挑戦」だと考えている。彼女はオンタリオ州庁舎で開かれたあるプレゼンテーションで、多様性に富んだ環境で育つことは、子どもたちが他の文化を理解し、将来的に国際問題を解決したり外国相手のビジネスを行なったりするようになるための助けになるので、彼らにとって有利なことだと考えていると述べた。

　この多様性こそ、私がカナダを選んだ理由の一つだ。読解、数学、科学の平均点の順位で選ぶなら、カナダは二〇〇九年のＰＩＳＡでは七位、二〇一二年は一一位だったので、[4] ＰＩＳＡの成績上位五カ国を訪問するという趣旨からすれば、カナダではなく韓国を選び、キムチを食べていなければならないところだ。しかしカナダは、広い国土で地理的に分散していて、非常に多様性があり、またＰＩＳＡの得点の低いイギリスやアメリカと多くの点でよく似た文化を有しているのに、比較的高得点を取っているという点でも非常に特異だ。

　カナダ人は友好的で礼儀正しく、おおらかな人たちだ。日本や中国にあったような堅苦しさはいっさいなく、もちろんじっと見られたり、写真を撮らせてと言われたりすることもなかった。私が滞在した家族の一つは、こういうおおらかさの見本のような一家で、中国からの交換留学生を一学期間ホームステイさせ、その上に私も受け入れてくれるという、メアリー・ジーン・ギャラガーの言葉を体現するような家族だった。ローリーとランディは夕食に向かう途中で寄り道をして、ホームステイしている中国人学生を拾い、会話の席に加えた。彼は初歩的な英語しか話せないが、ローリーは英語を第二言語にしている子どもたちも教えているので、彼のような学生には間違いなく勉強になっていた。

ブリティッシュコロンビア州では、英語が主言語でない子どもたちも普通のカリキュラムの授業を受けるが、一定の基準を満たせば、言語支援のための資金が教育省から出る。

コラム④ カナダの移民政策はPISAの好成績の原因か？

カナダ人の八・四パーセントが南アジア人か中国人だというと、そう多いようには聞こえないが、カナダの移民たちは国じゅうに均等に住んでいるわけではない。そのほとんどは、オンタリオ州、ブリティッシュコロンビア州、ケベック州、アルバータ州という、四つの大きな州に集中している。そしてこの四つの州はまた、PISAの得点が最も高い。中国系カナダ人が人口の一〇パーセントを占めるブリティッシュコロンビア州は、二〇一二年のPISAの平均得点がカナダでトップだった。ここで、ある疑問が生じるのではないだろうか。つまり、前章までアジアの子どもたちの勉強に対する姿勢について述べてきたのだから、読者には当然、「カナダのPISAの高得点は、移民のおかげなのではないだろうか？」という考えが浮かぶだろう。

カナダの移民政策は、経済的に貢献をしてくれそうな人々を歓迎するというものなので、移民には比較的裕福で教育レベルの高い階層が多い。二〇〇八年には、カナダ国内での博士号取得者の四九パーセントが外国生まれだった。当然、その子どもたちも、とても頭が良いことが想像できる。また、二〇〇〇年のPISAのテストを受けた一五歳児の親の「社会経済的背景の国際指標」の平均は、移民の方がネイティブよりわずかに高かった（イギリスでも同じ）[5]。しかしカナダは、裕福で教育レベルの高い移民ばかりを受け入れているわけではない。移民の約九パーセントは難民で、故国にいた頃は飢餓や戦争にさらされていて本を読む余裕もなかったので、総じて学校の成績は良くない。それに、二〇〇九年のPISAのテストにおける移民の第一世代と第二世代の得点を、ネイティブのカナダ人の得点と分けて、彼らが入っている場合と入っていない場合の平均得点を比較すると、移民が入ることで得点は少し落ちる。入らないと五三三点で、入ると五二七点になるのだ（イギリスとアメリカでも、ネイティブと移民のあいだには、同様のわずかな得点差が見られる）。[6] もちろん、移民政策にはPISAの得点への影響どころではない大きな課題がいろいろあるが、カナダのPISAの得点が全般的に高いのは、たんに移民政策のおかげだと誤解する人がいるといけないので、ここで統計値を挙げておいた。

カナダは一〇の州と、広大だが人口の少ない北部の三つの準州から成る。教育は州と準州政府の管轄なので、カナダには一三の教育システムがあり、そのうち一〇州がPISAに参加している。[7] これらの州には驚くほど共通点が多い。[8] すべての州が総合制教育システムを採用しており、使用している教科書も似通っていて、どの州にも強力な教師の組合があり、教師の育成方式も共通のモデルに基づいていて（重要な例外はあるが）、ほとんどの州が同じような評価方式をとっている。[9]

これらの取り組み等のおかげで、カナダは全体的に見ると、PISAの読解と数学と科学のテストにおいて基本レベルに達しない生徒が平均より少なく、また家庭環境の影響が比較的少ないという結果が出ている。普通に見たら教育的には勝ち目のなさそうな国なのに、これほど高い成果をあげている要因は、いったい何なのだろう。

学習困難者への配慮

教育的要因の話に入る前に、最初から順を追って始めよう。カナダには伝統的に、世界恐慌のときに誕生した手厚い福祉制度があり、たとえば女性が妊娠しても医療費はかからない（国民皆保険制度により、医療費は誰でも原則として無料）。この福祉制度には低所得者への支援も含まれていて、支援を受ける母親や幼い子どもたちには、こういう社会的セーフティーネットのない国の母子より栄養不良が少ない。ただこのネットには穴がいくつもあって、カナダは子どもの貧困をなかなか撲滅できないでいるが、ＰＩＳＡのテストを受けた中で、「社会経済文化的背景」の指標がレベル１（貧困家庭であることを示す基準の一つ）より下の生徒の割合は世界で最も低い国の一つだった。

他のＯＥＣＤ諸国とくらべると、五歳より前に幼稚園や保育園に入る子どもは多くないが（カナダでまだ改善の余地のある領域かもしれない）[10]、アルバータ州やケベック州などのいくつかの州には、貧困家庭の子どもたちのための無料の保育施設がある。フィンランドの章で取り上げた研究を思い出してほしい。就学前の数年間は、裕福な家の子どもと貧しい家の子どものあいだの学習ギャップを、広げることも狭めることもできる重要な時期であり、質の良い保育園や幼稚園はギャップを狭めるのに役立つ（ただし質の悪い施設は誰に対しても悪い影響を与える）[11]。五歳頃にはカナダの大部分の子どもたちが幼稚園に入る[12]。そして幼稚園は、なんとも楽しそうだ。

私はある朝、ある小学校に併設された幼稚園で過ごした。すべての掲示物が子どもの身長に合わせてある。以前は気づかなかったが、今はそれが大切なことだとわかる。部屋の周囲には、子どもたちが絵を描いたり、ものを組み立てたり、ごっこ遊びをしたり、考えたりすることを自由に選べるように、さまざまな遊びの基地《ステーション》が配置されていた。考えるためのステーションには、ラミネート加工した蜘蛛《クモ》の絵が置かれていて、上の方に「これはいいやつですか？　わるいやつですか？」と書かれていた（子どもたちもこの程度は読める）。蜘蛛には子どもたちが書いた六枚の付箋が貼られていた。二枚には「いいやつ」、一枚には「いやつ」、もう一枚には「いい」と書かれ、あとの二枚には蜘蛛の絵が描かれていた。

幼稚園の教師のメルヴィンの説明によれば、子どもたちはやりたいことを選んでほとんどの時間を過ごすが、それらの遊びを通して、体を動かす活動や、話したり聞いたり文字を識別したりという、読み書き以前のスキルの習得などの学習成果が得られるようになっているという。こういうスキルを発達させるための可愛い例の一つに、子どもたちが教師の読み上げる言葉を指でなぞり、その言葉の最初と最後の文字の上に指を置いて、言葉を「ハグ」するという遊びがある。こうすることで、言葉という概念の理解を発達させているのだ。

子どもたちは六歳で小学校に入学するが、彼らの教育資金はその地域の平均的な収入を基本にして、大きな差が出ないようになっている。これは、一九八〇年代にカナダ全土で起きた大きな政策転換の結果だ。マニトバ州とサスカチュワン州を除くすべての州と、各州の教育委員会が協議して、公平化のための財政支援を実施することになったのだ。おかげで、ほとんどのカナダの学校の運営資金は、アメリカのように地元の固定資産税だけで賄われるのではなく（その場合は財政的に豊かな地域にある学校ほど潤沢な資金がある）、生徒数に応じて州から交付金が出されるようになった。さらに、地元政府からの追加援助がある場合には、貧しい地域の学校に豊かな地域の学校と釣り合うような追加援助が行なわれることもあるし、もっと貧しい学校に流れることもある。だから、私が訪問したトロント郊外のさびれた地域にある小学校も、かなり設備が整っていて、電子黒板があり、図書室の蔵書も充実していた。また、特別教育プログラム、早期介入プログラム、少年犯罪者のための自然体験キャンプなど、さまざまなプログラムにも州から直接資金が出されている。

私はこのちょっと風紀の悪そうな地域の、あるバス停で、二歳くらいの男の子を乗せたベビーカーを押してきた母親と一緒になった。かれこれ一五分ほど待っていると、やっと来たバスは止まらずに行ってしまった。こういうとき、バス停に並んでいた者は誰もが同じ苦痛を共有し、そこに公共サービスに失望したとき特有の空気が生まれて（少なくともイギリスでは）、見知らぬ者どうしが気軽に話せるようになるものだ。話し始めてすぐ、彼女は私のアクセントに気がついた。

「イギリスの方《かた》？」

「ええ、そうです」

「どうしてオンタリオへ？　休暇なの？」もし休暇中ならどうしてこんなさびれた場所にいるのだろうと、彼女はちょっと怪訝《けげん》そうな顔になった。

「私は世界最高の教育システムを研究しているんです。学校に行っているお子さんはいらっしゃいますか？」

「いるわ、モリーよ。七歳で、二年生になったばかりなの」

「学校ではうまくやってますか？　ここの学校のシステムは良いと思いますか？」

「ええ、良いと思うわ。モリーは読むことが苦手で、とっても難しいと思ってるみたい。だからこの夏は、遅れを取り戻すための授業を受けられるんですって。あの子のためには良いことね。それに無料なのよ、すごいでしょ」

小学校の最初の二、三年のうちに読む能力をしっかりと身に着けさせることは、フィンランドと同じく、カナダでも重視されているようだ。教師たちは授業中、進度の遅い子どもたちを少人数ごとに分けて読み方を教える時間を作り、その間は他の子どもたちには自習をさせていた。ある教師は自習している子どもたちに、トイレと、怪我と、吐きそうなとき以外は邪魔しないで、と言っていた。小学校に入ってきた時点で、子どもたちのレベルには差があるし、呑み込みの早い子もいるので、こういう遅れがちな子へのサポートは必要だ。学習支援教師のジャネットによれば、この差は一つには、生まれた月によるという。

「一一月や一二月という遅い月に生まれた子どもには、まだ読むことを覚えられるほど発育していない子がよくいて、授業中にじっと座って勉強することができないの。ほとんどの子たちは問題なく、どんどん読めるようになっていくけど、私が面倒を見ているのは、それがうまくできない子たちなの。だから私はその子たちに、普通の子は自分で見つけられるようなものを、はっきりと見せてあげるの」

ジャネットは、授業中にこういう落ちこぼれた子どもたちの面倒を見るほか、授業外でも子どもたちを少人数のグループに分けて支援を行なっている。カナダでは、ジャネットのような学習支援教師にはしっかりとした資格があり、教員免許もあり、特別な教育的ニーズに応じた別の資格を持っている場合もある。中学校でも、資格を持った多くの教師たちが配備された学習支援室を見せてもらった。子どもたちは、空き時間やちょっとしたときにそこへやって来て、サポートを受けることができる。カナダではフィンランドと同じく、勉強が難しくてついていけない子どもたちを支援するという難しい仕事は、特別な専門技能を要する仕事だと認識されている。善意はあるが資格のない教育助手に任されるようなことはない。もちろん教育助手の役割を過小評価しているわけではないし、すばらしい教育助手たちと仕事をしたこともあるが、非常に複雑な教育上の問題を抱えた子どもたちが高度な訓練を積んだ専門家の支援を受けるというのは、賢明なやり方だろう。

ジャネットは、子どもたちが遅れを取り戻すのにどう手を貸すかについて説明したあと、私が思いもよらなかった方法を教えてくれた。「たとえば今やっていることの理由を教えてあげるの。自分で考えつかなければ、誰かが正しい方向を教えてあげる必要があるでしょ。何のために文字の発音を覚えているのか。何のために文字の形を見分けるのか。そういうことが大切なんだと思う。ほとんどの子どもは教室の空気でそれを理解するけど、私が教えている学習困難の子どもたちは、それがまったくわからないのよ」うまく覚えられるようになるかどうかには、子どもたちのモチベーションが果たす力が大きいので、ジャネットは彼らからそれを引き出そうとしている。同じような話が、私の訪問したブリティッシュコロンビア州とオンタリオ州で、多くの人たちから聞かれた。

一人ひとりのための入口

オンタリオ州のある小学校の校長は、あなたの職務はどんなものですか、という私の問いかけに、まずこう答えた。「一人ひとりの子どものための入口を用意してあげることです。子どもたちが学校で大事にされていると感じ、社会の一員になろうとするには、どうしたらいいでしょうか」言葉はすてきだが、実際にはどうやるのだろうかと、私は考えた。

「多くのやり方があります。一つはもちろん、学校で人間関係を築くことです。子どもたちの言葉に耳を傾け、彼らがどんなことをしたいか尋ねます。それに、教師や親が取り入れたいと言った提案はどんなものでも、ほとんどダメとは言いません。子どもたちが興味を持っているからと鶏小屋を作ったり、子どもたちが喜びそうだと言うのでサケの放流に行ったりもしましたが、それが良い経験になればいいと思っています。また、チェスクラブや工作クラブをやりたいという希望もあるので、それに資金を出します。私たちが調達する資金は、すべて子どもたちの活動に使われます。子どもたちが興味を持っていることに」

ここまで私は、おもに小学校に目を向けていたが、この校長の姿勢は中学生や高校生にも当てはまり、教師や子どもたちの発言の中にも、教育システムの構築のしかたにも顕著に見られた。高校にはすばらしい課外活動がたくさんある。テニス、アニメ、フリスビー、アムネスティ・インターナショナル（国際人権NGO）、ディベート、ラグビーなど、学校が要望に応じて作る場合もあるし、意欲のある生徒が創部することもできる。カウンセラー（生徒の個人的、社会的あるいは学習上、キャリア発達上の問題を、一対一か少人数のセッションでサポートする専門家）の一人が、たくさん部活があることの重要性について説明してくれた。「一人ひとりに学校に来るメリットができるの。たとえば、このジョーイって子みたいに」と言うと、彼女は机の上のメモを手で示した。「ジョーイは勉強が苦手だけど、バスケットボール部を続けたいから、学校を退学したくないの」ブリティッシュコロンビア州では、ミュージカルの部活ほかいくつかの部活動は、高校卒業に必要な主要教科の単位と並んで、卒業単位として認定されている。私が訪問したある高校では、一〇〇〇人いる生徒のうち六割が部活に入っていると、校長が誇らしそうに言った。

また、すべての高校にカウンセラーが配備されている。しかし彼らの仕事は、心の健康に問題を抱えた生徒をサポートすることだけではない。いろいろな生徒たちと、調子はどうかとか、勉強はうまくいっているかとか、どんな進路に進みたいか、というような雑談をすることも仕事のうちだ。あるカウンセラーは、こう言った。「すべての生徒が学ぶに値します。でも、自分が愛されていて、大切にされていると感じないうちは、『ハムレット』の勉強に関心を示しません」カウンセラーや部活を指導する教師のような、責任ある立場で教育を大事にする大人とのあいだにも、子どもたちは有意義で良好な関係を築くことができる。このことは、子どもたちが何らかの理由で親や担任と良い関係を築けないときには、とくに重要になる。

勉強が簡単だと思っている子どもたちは、よくできることですでにモチベーションを持っているが、そう思えない落ちこぼれがちな子どもたちには、学校に通う理由、努力する理由が必要になるので、こういう人間関係はとくに重要だ。カナダでは、部活動や、それに伴う人間関係の大切さを強調することで、子どもたちに自分も学校というコミュニティの一員だと感じさせ、学校にかかわらせるというやり方がとられているように思われる。このやり方はそれだけでもすばらしいものだが、さらに良い効果をもたらすという研究もある。

コーネリアス＝ホワイトは、教師の個人的な態度（共感とか温かさといったもの）と生徒の成績の関連についての一一九の研究をメタ分析した。その結果、生徒に向き合う教師の態度の違いと、生徒たちの批判的思考、数学、読解のスコアのあいだには強い相関関係があることがわかった。そこで彼は、教師が一人ひとりの生徒を人間として尊重する行動を取ると、子どもの発達を促すことができると結論づけた。[13] オンタリオ州も、「生徒を伸ばす」という戦略における人間関係の影響力を認識し、学校から脱落するおそれのある生徒たちに直接働きかける役目を持つ、「生徒を伸ばす」教師を雇い入れている。

生徒のモチベーションを上げるための、もう一つのシステム面での要素は、生徒のグループ分けに関するカナダの取り組みだ。少なくとも九年生（一四〜一五歳）になるまでは、子どもたちを能力によって別々の学校に分けることも、学校内で別のクラスに分けることも、教科ごとに能力別のクラス編成をすることもなく、そのあとで上級数学クラスが導入される。昔からこうだったわけではない。カナダも他の国々と同じく、学問的な教育にふさわしいのはごく少数の者だけだという前提に立って初期の教育システムを構築し、職業訓練学校と普通科学校に分けるという「分岐型」教育を行なってきた。しかし多くの議論や熱い討論が続けられた結果、一九六八年に、まずいくつかの州が総合制教育システムに転換し、その他の州も一九七〇年代に次第に移行していった。最後の州がこのシステムに転換したのは一九八二年のことだった。この転換が、一九八〇年代の、国際テストにおけるカナダの順位上昇と関係しているのかどうかは明らかではない。

カナダでは、高校は総合制教育システムを採用しているが、科目ごとに異なるレベルの授業があり、生徒たちはカウンセラーとの相談などのサポートを受けたうえで、自分が受ける授業を選べる。だから私が出会ったある生徒（仮にマイクとしておく）は、数学は基礎クラス、英語と社会科は上級クラスを選んでいた。ほとんどの国ではこの年齢までに、生徒たちは全教科で学問的コースに進むか、そうでないコースに進むかに分かれるのだが、この方式はそれとは大違いだ。カナダでは生徒自身の選択がとても重視されている。じつはごく最近、マイクが通っているのとは別のある高校で、第一〇学年の「上級数学」を取る生徒に対し、成績による足切りが導入されたのだが、つまりそれ以前には、あまり数学の成績の良くない生徒でも、「上級数学」クラスに入れたということだ。

生徒が選ぶ科目も広範囲にさまざまなタイプがあるので、もしマイクが望むなら、純粋に学問的なコースと、金属加工や機械学のような職業訓練コースの両方を取って、同じ学校内で勉強することもできる。『ラーニング・トゥ・スクール（*Learning to School*）』の著者ジェニファー・ウォルナーは、「すべての州において、中等教育は生徒の自由を重んじるという確固たる姿勢に支えられている。そのおかげで生徒たちには、個別の道に進む前に自分の強みやスキルがどこにあるかを見つけ出すためのじゅうぶんな時間が与えられる」[14]と述べている。

このように、生徒たちが特定のコースに進む時期を遅くすることは、生徒のモチベーションの高さと関連することが、世界的に明らかになっている。こういう効果について要約したOECDの報告書には、「生徒のモチベーションの高さと、学校システムが生徒を異なる学校やプログラムに振り分ける度合いの強さのあいだには、強い負の相関関係が存在する」と記されている。[15]つまり、外部から認定された能力に基づいて生徒を振り分ける教育システムで学ぶ生徒たちは、カナダのようなシステムで学ぶ生徒よりモチベーションが低いということになる。ただし、シンガポールのモチベーションの高い生徒たちは、おそらく勉学を重んじる儒教文化のおかげで、この傾向からは外れているように思える。

個人主義の限界

こういうようなやり方で、教育に対するカナダのアプローチは、私が訪れた他のどの国よりも子どもたちの要望を満たしている。それは一つには、子どもたちがさまざまな文化的背景を持ち、さまざまな第一言語を有し、しかも全員が同じ教室で教わるというように、たいていの国より多様性に富んでいるせいもあって、対応が迫られているからだ。また一つには、アジアの学校ほど、子どもに勉強をさせることを親に頼れないので、子どもたち自身の興味をもとにモチベーションを持たせるような方法を学校が見つける必要があるからでもある。もちろん、このような要因も子どもの要望も無視することはできるが、そうしないのが、カナダの教師たちの矜持《きょうじ》なのだ。これは感動的なことだ。しかし、私が見たかぎりでは、子どものための個人主義も、その度合いには限度を設けた方がいいように思える。そこで、一つ忠告をしよう。

カナダの多くの教師たちは、子どもたちの学習スタイルに応じることによって、彼らの要望を満たすと言っていた。彼らは、子どもたちには（大人にも）それぞれ好みの学び方があると言う。見て学ぶことが好きな者もいれば、聴いて学ぶことや、実践して学ぶことが好きな者もいる。そこで、もし教師が、一人には図表を与え、もう一人には実践タイプの課題を与えることによって、生徒たちの好みの学び方に自分の教え方を合わせれば、学習成果もあがるという。この嚙み合わせ仮説（meshing hypothesis）はイギリスでは一般的で、私も教師になるためのトレーニングを受けているときに教わった。この仮説に基づく教え方は視覚（visual）、聴覚（auditory）、運動感覚（kinaesthetic）の頭文字を取ってVAKと呼ばれ、私はどの授業でも、このやり方を用いるように言われた。

しかし、こういった学習スタイルに関する理論の問題点は、それが有効かどうかの証拠がほとんどないことだ。三つの大学の四人の高名な心理学の教授が検討したところ、大人も子どもも、尋ねられれば自分の好きな学習スタイルは何かと答えるが、その好みのやり方で教われば良い成果に繫がるかどうかには「実質的な証拠は認められなかった」という。「学習スタイルに関する文献は無数にあるが、それを教育に当てはめた場合の妥当性をテストできるような実験方法さえ、用いた研究はほとんどない。さらには、適切な手法を用いたいくつかの研究で、いわゆる嚙み合わせ仮説をはっきりと否定する結果が出されている」[16]

もちろん、教師たちが概念の説明にいろいろなやり方を用いるべきではないと言っているのではない。だが、概念を説明するのにふさわしい方法というのは、学んでいる者よりも、教える概念や考え方の内容に大きくかかわるものだ。だからたとえばカナダの山脈の構造的特徴について教えるのなら、視覚的な教え方が最もふさわしいし、新しい国に来たばかりの感覚を生徒に考えさせようとするなら、聞き慣れない言葉を使って授業をした方がいいだろう。またとくに難しい内容のものは、二通り以上の方法で説明した方が子どもたちは理解しやすいだろうし、このやり方も多くのカナダの教師たちが取り入れているにちがいない。

けれども、私が注目したいのは、教師の時間が無駄になるかどうかということよりも、ずっと奥の深い問題なのだ。教育環境を生徒に合わせるのは子どもたちのためを思ったやり方だが、短い期間では彼らの低いレベルの要求を満たせるとしても、長期的に見ると子どもたちの不利益になることもある。この問題は学習スタイルに限られたものではないが、それがどう影響してくるかという良い例になる。

読むことが嫌いで、ものを作ったり絵を描いたりすることが好きな五年生のジョーを例に挙げてみよう。彼の学習スタイルは「運動感覚」だというので、教師は彼に、歴史の本に載っているローマの浴場の絵をもとに、自分でも描いてみるようにと指示した。一方、同じ机のサラは、同じテーマで歴史の本を読んでいる。次の授業では、ジョーは詩人の名前を書いた何枚かのカードと、その詩人が書いた有名な詩とを合わせるという課題に取り組むが、サラはその詩を読む。このときの問題は、ローマの浴場と詩についてどちらが良く学べるかということではなく、ジョーは読むことがまったく上達せず、サラは絵を描くことがまったく上達しないということだ。彼らの違い、つまり二人の得意分野と不得意分野は強調され、助長されるが、ジョーの文学面での可能性とサラの芸術面での可能性は、開発され広げられることなく、早くもしぼんでしまう。

私の今回の旅で現実に出合った、個人主義が行き過ぎた例を一つ紹介しよう。私はバンクーバーで、熱意あふれる第一二学年の歴史の教師と知り合い、自分の学校に来て子どもたちに話をしてくれと言われた。彼女は最近、家でビデオを見てくるという宿題を出した。そうすれば生徒たちはその情報をそのまま授業に生かせる。ところが、宿題のビデオを見て来なかった生徒がいて、その生徒と彼女とのあいだに、宿題についての次のような会話が交わされた。

「ビデオは役に立った？」

「いいえ」

「どうして？」

「ぼくが怠けたからです」

「では、あなたは怠けてビデオを見て来なかったのね。じゃあ次の授業でそのビデオを見て、あなたとマンツーマンの授業をしましょう。他の二九人の生徒たちには、作文の見直しか別の課題をしてもらうわ。だから、あなたの言ったことは間違いです。『ビデオは自分には役に立たなかった』というふうに思ったようだけど、じつは、教育的には願ってもないことなのよ。私はというと、そうね、ビデオが役に立たなくてうれしいわ。今度、あなたとみっちり勉強できるから。わかるでしょ」

なんとすばらしい教師だろう。生徒の勉強を手助けし、生徒が怠けて宿題をして来なかったとわかっても、彼を授業に取り込んでみせた。ひょっとしたらこの生徒の家には問題があり宿題どころではないので、教師は彼が落ちこぼれないで済むようにと、授業では例外的な扱いをしているのかもしれない。こういうやり方にはもしかすると、とても立派な理由があるのかもしれない。しかし見たかぎりでは、この教師は、この生徒が生まれつき「怠惰」なのだと考えて、彼は次回も宿題をして来ないだろうと予想し、宿題でやるはずだったことを授業中に教えることで、教育環境をこの生徒に合うように変えるべきだと考えたのだ。もしこの推測通りなら、おそらくこの生徒は、自分はがんばって勉強しなくてもいいと思い込み、この先も勉強をしなくなる。学校という場所は、最後は教師が面倒を見てくれるから、とても居心地がいいかもしれないが、将来彼が、自分は怠け者なので書類仕事はしませんと上司に言ったとしたら、すぐにクビになってしまうだろう。場合によっては、教育環境を子どもに合わせるのではなく、子どもが教育環境に自分を合わせることを学ぶように、大人がサポートすることも必要なのだ。

第一五章　何を基準に評価するか、それが問題だ

「あなたはいつでも自分が決めたときに新しいスタートを切れます。失敗とは転ぶことではなく、そのまま起き上がらないことなのです」

――メアリー・ピックフォード　カナダ出身の女優、プロデューサー

私はバンクーバー近くの小さな町で、マリリンと一緒に楽しい一週間を過ごした。マリリンは小学校二年生の担任で、私を滞在させてくれただけでなく、カナダの感謝祭の家族の集まりに招待してくれて、三種類のパイ（パンプキン、チョコレート、ピーカンナッツ）を振る舞ってくれた。どの国でもそうしたように、何でもいいから学校の仕事を手伝わせてほしいと言うと、マリリンは、二年生の子どもたちを一人ずつ教室から連れ出して、基礎的な知識を評価してほしいと言った。そこで私は子どもたちに、数をいくつまで数えられるか（一一〇をクリアしたら止めた）とか、一定の言葉を読めるかとか、私が言った体の部分を指させるか、といったことを尋ねた。

すると一人の男の子が、私をちょっとからかってやろうと思ったらしい。私はイギリスから来たので、当然、イギリスのアクセントで話すが、「イヤー（耳）」という言葉はイギリスとカナダでは発音が違う。だから私が「イヤー」と言うと、彼は「え？」と言った。このときは本当に困った。今度はできるだけカナダ風のアクセントで「イーヤ――」と言うと、彼は笑って自分の耳を指さした。け

表3：小学三年生の「文芸的記述」におけるブリティッシュコロンビア州学力基準の一部

特徴	まだ目標に至っていない	目標を達成した（最低レベル）	じゅうぶん目標を達成した	目標を上回っている
評価基準	一文がとても短いか繋がらない、あるいは意味が通らない。また基礎的な間違いを繰り返し、文を損なっている。継続的なサポートが必要である。	出来事や考えをある程度まで細かく書くことができるが、文章は曖昧である。ところどころ理解不能で、頻繁な間違いがあるために文が損なわれている。	文章は整っていて、お話や詩を読みやすく書くことができ、細部に面白い点もある。	興味深く独創性のあるお話や詩が書ける。

れどそのあとも、私がイギリス風のアクセントで言うと、どの言葉にも彼は「え？」と言って、生意気そうにクックッと笑うので、私はすべての体のパーツを「カナダ風」に言わなければならなかった。

こうした評価や、「学年レベル」に達している子どもたちの割合を示す、職員室の外に貼られたカラフルな図表やグラフは、カナダの子どもたちの達成目標がいかに幅広いものであるかを物語っている。ブリティッシュコロンビア州は、教師用に「ブリティッシュコロンビア州学力基準」を作成した。これには、それぞれの学年レベルでの子どもたちの達成目標が掲げられていて、「まだ目標に至っていない」「目標を達成した（最低レベル）」「じゅうぶん目標を達成した」「目標を上回っている」という識別子《ディスクリプター》によって段階分けされている。[1] たとえば三年生の記述能力の基準の中に、「文芸的記述」（お話や詩を書くこと）がある。どのようなものか、表3に少し紹介しておいた。公的な書類であり、意味、文体、形式、表現法など、いろいろな面にわたって細かく規定されている。

これらの基準には、それぞれのレベルの文がどんなものかを示す実例がつけられている。人間が識別子に合わせて分類するのは当然難しいので、こういう実例は重要だ。たとえば、「細部の面白い点」には、どんな文があるのだろう。あるコンサートに行ったときの感想で「お気に入りはシンプソンズの歌でした彼らがシンプソンズを知っているのは知らなかったので」という文とか、「シミド（シュミット）先生がオルフェウム（バンクーバーにある劇場）の上に絵をかいている人たちは高い板の上によこになっていると言ったときは少しこわかった」という文はどうだろうか。例文があれば、教師は子どもたちが書いた文章をいくつかの見本と比較して、その基準で判断することができる。これは人間の脳が得意とするスキルだ。[2]

こうした、成果を基本としたカリキュラムへの取り組み方と、子どもたちが何をできるようになるべきかという、達成目標による評価は、一九八〇年代に導入されたが、それ以前の一九六〇年代後半から一九七〇年代には、子どもたちに柔軟に適応できるようにと、カリキュラムは地方の教育委員会や個々の学校に任されてまちまちだった。こうした柔軟性の高い教育的アプローチは、もともと、「融通のきかないプログラム、時代遅れのカリキュラム、現実にそぐわない規則、管理の厳格な組織、誤った教育の目的」（一九六〇年代後半の、オンタリオ州の教育に関するある報告書より）と受け取られていた状況への対抗措置として始まったものだった。しかしそれから二〇年経たないうちに、カリキュラムはまた違う方向に変更され、どの学年にはどんな学習成果が必要かを明確に規定するような教育政策に切り替わった。そしてこの方式が現在まで続いている。国際テストにおけるカナダの得点が上昇し始めたのも、この一九八〇年代からだ。

カナダの「学力基準」はおもに教師が用いるもので、教師は子どもたちが基準を満たしているかどうかを判断する評価テストを自分で作り、その達成度を親に報告する。またブリティッシュコロンビア州試験バンクの教材も利用できる。これには、科学や数学のようなさまざまな教科について、カリキュラムと連動した多肢選択式の問題が入っている。また、四年生と七年生のときには、読解力と記述力と基礎的計算能力に関する州の統一学力試験もあり、こちらは州単位で採点される記述式テストで、「学力基準」に基づいて子どもたちの学力を判定することができる。そして、第一〇〜一二学年で受ける州の統一試験の予行演習にもなる。オンタリオ州も同じようなやり方をしていて、学年ごとに子どもの達成目標を定めているが、統一試験は三年と六年のときに英語と算数の試験（ＥＱＡＯという オンタリオ州の標準試験）を行ない、九年のときに数学、一〇年のときに読み書きの試験を行なう。一九六〇年代から七〇年代にかけては、前述したような州の教育基準に対する反応から、統一試験は廃止されていたが、明確な基準がないと学校の説明責任がはっきりしないという批判が相次ぎ、一九八〇年代後半から一九九〇年代にかけて復活していった。

このような成果に基づくカナダの評価方式は絶対評価と呼ばれるが、これとは違う評価方式をとる国もある。たとえば、シンガポールの小学校卒業試験（ＰＳＬＥ）は相対評価方式（絶対評価の反対）で、子どもの学力を一定の基準に対して測定するのではなく、子どもたちの取った得点の比較によって測定する。ＰＳＬＥで実際に取った得点は、ＰＳＬＥ偏差値に直されるが、この偏差値は他の受験生の得点との比較をもとにして算出される。つまり、自分の点数が悪くても、みんなの点数がもっと悪ければ自分の評価は高くなるし、とても良い点を取っても、みんながもっと良い点を取っていれば、自分の評価は低くなる（シンガポールの試験はどんどん厳しくなると言った「おチビさん」の説明を思い出してほしい）、という状況が生まれる。その子の評価のおもな決定要因は、同級生と比較してどれだけの点数を取ったかということなので、カリキュラムを全部習得したかどうかは、あまり問題にならない。これとは反対にカナダでは、一つの州の四年生全員が、州の定める目標を「じゅうぶん達成した」という評価を得ることも理論的には可能だ（実際にはありそうもないが）[3]。

いかにも専門的に聞こえるかもしれないし、じっさいそうだが、これはまた、教育に対する価値観の根本的な違いにかかわる問題だ。いったい試験というのは、子どもたちを区別するためのものなのだろうか。頭の良い子とそうでない子、価値のある子と価値のない子を分け、その区別に従って機会を割り当てるためのものなのだろうか。あるいは、子どもたちが、社会が必要だと定めた知識やスキルをきちんと習得したかどうか、またはどの程度習得したかを証明するためのものなのだろうか。どちらの考え方にもそれぞれ立場があるし、教育の段階によって、ある程度違ってくるだろう。しかし、カナダの議会で定められているように、一四、五歳までは、すべての子どもに共通の基準を適用し、共通の学校に通えるようにすれば、子どもを相対的に評価してランクづけする必要はなくなる。学力を基準や手本と比較するだけで、教育のために必要な情報はすべて得られる。生徒の成績評価を進路の振り分けや教師の給与の査定に使うのではなく、より良い授業方法や支援の必要な生徒への対応について話し合うのに使うだけなら、相対評価のテストで得られる詳細な結果など必要ない。

知能をめぐるさまざまな事実に向き合う

私はある総合制高等学校で、ブロンドの口ひげを生やし、オーク製の大きな机の向こうから歯切れよく話す校長と、子どもたちは一五歳になるまで共通の基準を目指すべきだという考え方の背後にある信条について、長話をした。このボブという校長は、「完璧な世界ならば、子どもたちは能力別に分けられたりはしない。知力も問題にはならず、興味と情熱、将来の希望、それだけが問題になるでしょう。それに、能力によって分けるということは、誰はどこまで行けるとか、誰は何ができるとか決めつけるための足場を作ることになります。この学校にいる職業訓練科の教師たちはすばらしい教育者だが、学生時代に、能力がなかったからではなく、まだ準備が足りなかったために、普通科ではないコースに進まされたのです。だから私は、誰かの人生を準備ができているかどうかで決定するなんて、とんでもないことだと思います」

彼は言葉を切ると体の位置を変え、次に言うことを考えた。

「どこかの時点で、やる必要はあるでしょう。しかし、一三歳でやる必要は絶対にありません。というより、そんなのは虐待です。『君は頭が悪いから、これからもできるようにはならない』と言っているのも同然ですから。でも、本当は『いいかい、君は今はまだできていないけれど、それは君に能力がないせいじゃない。まだ準備ができてないだけなんだ』と言わなくちゃいけない。私はこの部屋で、しょっちゅう、そう話しています」

ボブは、知能は現代の職場に必要な一番の特性ではないと強調する（この点についてはもう一度触れる）。また、言葉には出さないが、知能に関してさらに二つの考え方を持っている。一つは、知能は固定したものではなく、発達するものだということ（だから準備ができていないだけで、できないわけじゃない）、もう一つはいくぶん微妙なものだ。彼は子どもによってできるようになる年齢が違うと認識したうえで、才能や能力は人によって伸びる度合いが違うことも認めているのだ。

知能の性質に関するこのような考え方は、研究によってしっかりと裏付けられている。じっさい、シンガポールの教育システム（知能は固定したものだという考え方に基づいて構築されている）や日本の教育システム（すべての子どもが同じ知的能力から出発するという考えに基づいて構築されている）の根底にある考え方より、ずっとしっかりしたものだ。ボブの言葉が知能に関するカナダ人すべての考えを代表していると言うつもりはないが、カナダの教育のあり方には、この二つの考え方が背景にある。

たとえＩＱが伸びなくても、（第七章で検討したように）知能は発達する。しかし直線的に徐々に発達していくのではなく、ちょうど子どもの身長が急激に伸びる時期があるように、知能もときどき思い出したように発達するので、子どもはひと月で急速に進歩したかと思うと、続くふた月は進歩が止まったりする。ジャネットが言ったように、読むことがなかなかできなくて他の子に追いつけない子どもたちも同一に扱うという、カナダのこのやり方は、正しい対応さえすればすべての子どもが一定の標準に達することができる、という考え方に基づいている。ボブが校長室で言ったように、高校に入るまで、能力別の学校の振り分けはおろかクラスの振り分けもしないというカナダの国全体の決定は、子どもたちはまだ進路選択をするような発達段階にはないので、その選択肢をせばめない、ということを意味している。

しかし、カナダの教育システムでは、もう一つの点、つまりすべての子どもの知能が同じ度合いで発達するわけではないということも認識されていて、配慮されている。勉強の苦手な子はいる。ある程度は遺伝によって、勉強がよくできる頭脳を持った子どももいれば、同じレベルに到達するためには相当な努力を要する頭脳しか持っていない子どももいる。本書で見て来た通り、カナダでは、フィンランドと同じく、そういう子どもも同等に扱う。達成目標のレベルを下げることなく、他の同級生に追いつけるように、ジャネットのような教師が時間をかけてサポートする。しかしカナダは、とくに優秀な子どもたちの需要にも応じている。

ジャネットに誘われて、普通の勉強では物足りない子どもたちを選抜したグループの活動を見学した。別の教師が、「小学校では、こういう子たちには友だちを助けてあげるようにと言うし、それを通して彼らもいろんな事柄を理解する。でもそれが、同じことの繰り返しばかりになってしまうこともあるの」と言った。こういうできる子どもたちの能力を伸ばす機会も得られるように、彼らはよく少人数で連れ出され、特別なプロジェクトに参加する。私が見学した授業は、さまざまな学年の七人の子どもたちが参加していて、彼らはカナダのある有名人の調査の経過報告をしていた。年上の子どもたちは、ネット上のどの情報源が信頼できるとか、関連事項を引き出すにはどんな言葉を入れて検索すればいいとか、それまでのいくつかのプロジェクトでの経験をもとに、調査するうえでの最良の方法を、年下の子どもたちに手短に説明していた。

同じ知的レベルの子どもたちを一緒にして、自分で調べて興味を追求するスキルと時間を用意するというこの取り組みは、ブリティッシュコロンビア州政府のウェブサイトに掲載された、才能ある子どもたちの指導法に従っている。この指導法は、バンクーバーのユニバーシティ・ヒル中学校の三三人の学力の高い生徒たちの回答に基づいて考案された。彼らは、「もし君たちの教師が、最高の学習環境を用意してあげるよと言ったら、何をしてほしいですか?」という質問をされた。すると、「自分の好きな勉強ができる機会を作ってほしい。何か興味を持てることが勉強したい」とか、「上の学年の子たちと一緒に勉強したい。うまくなじめると思う」という回答が多かった。[4]

ジョン・ハッティが行なった、「才能ある」生徒たちのためのプログラム研究のメタ分析によると、最も効果的な介入の形態は、繰り上げ、つまりとくに能力の高い子どもたちを上の学年に入れることだという。ハッティが定めた学習効果の基準によると、このやり方は、同年齢の他の生徒と比較した場合は効果量が〇・八と高い。しかし同じ生徒を新しい上のクラスの生徒と比較した場合は、効果がゼロになる。だとすると彼らは、その後の学校生活における重要な試験で、不利な立場になってしまうかもしれない。またハッティは、二通りの能力別グループ分けについて検討した。一つのグループは、彼らのために特別に作成されたカリキュラムを学び（効果量〇・三：中程度より低い）、もう一つは子どもたちが能力別にクラス分けされて、同じカリキュラムを違うスピードで学ぶ（本書で紹介してきた能力別の振り分け方式）。しかし後者の効果量は、トップのクラスで〇・一四（低い）しかなかった。さきほどの、ジャネットに見せてもらった少人数グループのような、特別強化クラスというアプローチでは、効果量は平均して〇・三九（中程度）だった。ただし、これらのプログラムの効果は教師の経験によって差が出る。[5]

能力のある子どもたちに、どの程度までどんなやり方で、このような機会を与えるかは、州によってさまざまだ。[6] このようなプログラムを義務化している州はないが、実施を禁じている州もない。どの州も、子どもが一四歳になるまでは能力による振り分けはしないが、高校に入れば、能力のある子どもに違うカリキュラムを学ばせることを基本とした「能力別グループ分け」が用いられる。能力によって別々の学校やクラスに分けることは公平性に悪影響を与えるとされているため、私は、どこかのグループの利益が他のグループの損失になることのない、誰もが利益を得るようなグループ分けが可能なのかどうかを、いつも考えてきた。この疑問がずっとあったので、バンクーバー島のある高校を訪問して、そこで行なわれている取り組みについて耳にしたとき、私はとくに興味をひかれた。この高校は、カナダによくある典型的な高校だということだった。

マリーとは、分子模型がたくさん並んでいる科学実験室で会った。彼女が「アドバンスト・プレースメント（AP）」クラスの授業を見学しないかと誘ってくれたのだ。生徒たちはグループに分かれて、ある反応の速度に影響する因子を調べる実験を考案中だった。APクラスとは、「トップ」の生徒だけが入れるクラスで、教師は大学入学の準備として、かなり進んだ内容をそれが消化できる生徒たちに教える。しかしこの取り組みは、異なる能力の子どもたちをいくつかのクラスに分けるのではなく、たった一つの「能力のあるグループ」を作るというものだ。つまりAPクラス以外は、すべて能力混成クラスだ。成績の悪い子どものためのクラスなど作られてはいないのだ。

授業のあと、マリーが説明してくれた。「私たちは下の子を分けるのではなく、上の子を分けるの。だって、下の子たちを別にしたら、彼らは自分は頭が悪いと思ってやる気をなくしてしまうでしょ。このやり方は、トップのクラスに入れない他のこどもたちには良くないと考える人もいるけど、とても優秀な子どもたちと同じクラスだったときは、普通の成績の子どもたちは気後れしてなかなか手を上げられなかったものだわ。でも今は、積極的になってる」これは考慮に値する話だ。

一卵性双生児の学力を分けるもの

前章で触れたように、カナダでは個人主義が大切にされていることを考えると、子どもの学力基準がいまだに学年単位である（たとえば、四年生の終わりにはこれこれのことができていなければならない、とか）というのは、驚くべきことかもしれない。これは、フィンランド、日本、シンガポール（小学校のみ）、上海と同じく、一四〜一五歳になるまでは、同学年の子どもは全員、同じ目標に向かって勉強する、という方針のためだ。このやり方は、最近までイギリスで行なわれていた個人主義的アプローチとは対照的だ。イギリスでもカナダと同じく、生徒の成績は評価基準に照らして判断されるが、これは「レベル」に合わせて判断され、かならずしも学年と連動していなくてもよかった。小学校に入ったときにレベル1からスタートして、自分のペースと進歩に応じて、何年かかけてレベルを上げていけばよかった。たいていの子どもたちは初等学校を終えるまでにレベル4に到達することが期待される。しかし、到達できなかったらどうなるか。そう、そこがカナダのような学年単位を基本とするアプローチと、「かつての」イギリスのような個人主義的アプローチとの違いなのだ。

生まれてすぐに引き離されて別々の国で育てられた、ある一卵性双生児、コナーとエドワードを例にとって考えてみよう。二人とも特別な支援を必要とするほどではないが、あまり成績は良くない。仮に、カナダにいるコナーは、資格を持った教師から早期に支援を受けたにもかかわらず、小学校の終わりになっても「まだ達成目標を満たしていない」としよう。彼は達成目標に届くために継続してサポートを受けているが、たとえ今は達成できていなくても、中学校では同級生と同じクラスに入れる。中学に入れば一年生に設定された基準を目指して勉強するし、同級生たちと同じ勉強内容を同じように教わるが、彼らに追いつけるように特別なサポートも受ける。高校に入ると、選択教科が一つ減らされ、その時間に支援室で他の生徒に追いつけるように勉強できる。この時点で注目してほしいのは、コナーには、ある科目で「まだ達成目標を満たしていない」ことを言う必要がないということだ。とくに小学生のあいだは。しかし教師や親の方は、彼が相応のレベルに達していないことを認識したうえで、追いつくためのしっかりとしたサポートを受けさせて、これ以上遅れないようにしなければいけない。

一方、大西洋の向こうにいるエドワードは、教育助手の助けがあったのに、初等学校の終わりになっても、まだレベル4に達していなかった。しかし彼はコナーとはかなり違った中等学校生活を送ることになってしまう。中等学校では、初等学校の終わりの試験結果から、彼はレベル3だと判断される。そこで中等学校に入ると、彼は他のレベル3の生徒たちと一緒に、クラスの中の低いレベルのグループに入れられる。このグループは、同級生たちと同じ内容が勉強できるように特別のサポートを受けるのではなく、低いレベルの内容を勉強する。あまり多くのことを学べないので、試験になると、彼らだけが不利になる。そして目標を下げざるをえなくなり、一一歳でやっとレベル4に入れた同級生たちからすら、のけ者にされてしまう。エドワードはほとんど期待をかけられていない。

こうなってしまうのは、子どもの「レベル」を決めること自体が悪いのではなく、子どもがこれから伸びる可能性がレベル分けによって制約を受けるせいだ。私が教えたある学校では、子どもたちは初等学校の終わりのレベルに基づいた「目標グレード」を与えられ、それを筆記帳の表紙に貼りつけなければならなかった。年度の最初の授業に、久しぶりで学校に来て、新しい気持ちで勉強を始めようとしているのに、子どもたちは与えられた目標グレードを、まだ何も書かれていない真新しい筆記帳に貼らなければならない。「A」の子もいれば「C」をつけられている子もいる。ある女の子など、科学で「熱望する」目標グレードがDだった。こんな露骨な伝え方では、生徒たちがいったいどんな気持ちになるか、少しは考えてみてほしい。一生懸命がんばれば上で決めたグレードを達成できるよ、といくら言われたって、充実感の持てる仕事に就ける気にはなれない。

おかしなことに、このやり方はイギリスの教育システムを公正なものにしようという動きから生まれた。イギリスの学校の評価は、その学校の子どもたちの試験の成績で決められる。試験の成績があまり良くなければ、その学校は上から「不適格」という烙印を押され、管理体制が刷新されることもよくある。当然の帰結として、校長は失職の危機に直面するので、大量のストレスと恐怖心を危機に瀕した学校の中にまき散らし、校長が人格者ならともかく、たいていの校長はそのストレスと恐怖心を教師たちにも広める。しかし学校によって基準が異なり、ある学校にはレベル6の生徒が入り、ある学校にはレベル3の生徒が多くなっても、それぞれの子どもに合わせて別々の目標グレードが設定されたらどうだろう。ということで新たに「進度」という評価基準が導入されて、それによる「よくできました」という評価は、何らかの絶対的な基準があるわけではなく、生徒が一定の進歩を示したことを意味するものになった。だから、生徒のそれまでの実績に基づいた、目標グレードなどというものがあるのだ。

目標グレードの背後にある意図は悪くはない。教えがいのある子どもたちを入れ、学校に課せられる「基準目標」を公平化しようとしたのだが、それが功を奏していない理由はいろいろある。まず、このやり方には、低いレベルから始める子どもたちに教師が期待しなくなったり、子どもたちがそれぞれの目標グレードを知ったときに、この子は頭が良くてこの子は頭が悪い、という固定観念ができてしてしまうという問題がある。たとえ教師しか知らなくても、日本の章で紹介したように、教師が子どもにあまり期待しなければ、子どもの前途に悪い影響が出るかもしれない。目標を設定することが有効だというたしかな証拠は出ていないし、[7]また有効であったとしても、目標は目指す本人が決めるもので、他人から与えられるべきものではない。では、さまざまなレベルの子どもたちを一緒にしているカナダは、学校の説明責任という厄介な問題にどう対処しているのだろうか。

責任を誰がどう取るか

説明責任とはどんな意味で、なぜ必要なのだろう。説明責任の意味について考えながら、私はワード文書の中の「accountability（説明責任）」という言葉を右クリックして、同義語を調べてみた。すると「answerability（結果責任）」「responsibility（遂行責任）」「liability（法的責任）」「culpability（過失責任）」という四つの言葉が出てきた。これはちょうどいい。これらの言葉は、イギリスとアメリカの学校の説明責任と、フィンランド、カナダ、日本、シンガポール、上海の説明責任の違いを説明するのにぴったりだ。

この旅で行ったどの国でも、学校の説明責任は「結果責任」と「遂行責任」を意味していた。つまり、校長は学校の運営に責任を持ち、どんなことをどういう理由でやっているのかを、その地域の管轄機関に答えられなければならない。もしきちんと責任を果たしていなかったり、なぜ生徒の成績が下降しているのかとか、なぜ保護者が不平を言っているのかについて、ちゃんとした理由を示せなかったり、納得のいく説明ができなければ、職を失うこともありうる。しかし、もし生徒の成績が下がっていても、学校はそれに気づいていて原因を究明中であり、それに対処するための新しいプログラムやトレーニングを取り入れつつあるということを示しさえすれば、何も恐れることはない。それどころか、この新たな取り組みのために、専門家や他の学校からの支援も受けられるだろう。

しかしイギリスとアメリカでは、学校の説明責任は「過失責任」と「法的責任」であることが非常に多い。すでに述べたように、イギリスの学校が生徒の成績の「基準目標」を下回ったら、あるいは監査が入って「不適格」とか「要改善」という判断が下されたら、政府による責任者の追及が行なわれる。このとき、問題の学校は管理職が交代させられ、校長はクビになることが多い。アメリカには、悪い成績を出した学校に罰金を科す州もある。これらは、問題の多い学校の責任者を罰するというやり方であり、背景にある原因を究明して解決策を探ろうとするのでもなければ、学校が切望するサポートを提供しようとするものでもない。

カナダは、これとは違った取り組み方をしている。学校には明確に説明責任が課されている。一九八〇年代に、学校の説明責任がはっきりしないという声に応えて、多くの州が統一試験を復活させたことを思い出してほしい。しかし、これらの試験結果は、アメリカとはまったく違う用いられ方をしている。私はオンタリオ州で、教育システムの中のさまざまな部署で働く六人のすばらしい教育者と円卓会議を催し、ピザを食べながらじっくり時間をかけて話をした。教師の一人は、ＥＱＡＯという州の統一試験は、その時点の子どもたちの学力にすぎないと言った。「車の検油棒と同じね。もう誰も、そんな試験を恐れないわ、まったくね」そう言ってから、彼女は顔をしかめた。「前はEQAO試験のある三年生の担任になると、死にそうだった。でも今は、それがどういうものか、みんなよくわかっているわ。そう思えるようになるまでに時間がかかったけど、今は、自分の仕事に跳ね返るものではないと、わかってるの」

校長は、クラスの試験結果を担任の責任にはしない。それは「一人の責任ではないでしょう？　六年生の試験結果は、四年と五年と六年の担当教師全員の共同責任」なのだ。試験の結果は、個人が責任を負うものではなく、教師全員が学校の長所や短所について検討するための材料として利用される。「統一試験は私たちを牽引《けんいん》するものではないけれど、ある意味では牽引役でもあるわ。この一年、六年生はあまり成績が良くなかったので、その原因が知りたいの。だから試験結果の、たとえば分数で、どこが弱点なのかを確認するのよ。その弱点を減らすには、何が必要なのかって」

改善は、個々の学校だけの問題ではない。カナダでは、学校は孤立した存在ではない。私はこの円卓会議でルーシーと出会った。ルーシーは教育長で、一万五〇〇〇人が学ぶ一八の学校からなる学校群の責任者だ。私は教育長の役割に興味があったので、仕事でよく会う校長や副校長たちのいる前で、「あなたがいなかったら、どうなるの？」と尋ねた。すると彼女が「監視する人がいなくなって、学校は大喜びするでしょうね！」と答えたので、そこにいる誰もが声をあげて笑った。

それはごく自然に起こった笑いで、「ハハハ、ボスったら冗談ばっかり」というような、こわばった笑いではなかった。その場に集まった教育者たちはみんな打ち解けていて、会場に来たときはお互いに抱き合い、ディアドラ（この会を企画してくれた前教育長）に会えてうれしい、と歓声を上げていた。ブリティッシュコロンビア州でも同じように、教育長と校長たちはかなり打ち解けた間柄のように見えた。たとえば、ある校長が教育長に、「もし、技術の教師の良い情報を教えてくれたら、あなたの足にキスしてプレゼントをあげるよ」と言うのを聞いたことがある。本気で言っていたわけではないだろうが、もし教育長が校長たちから、自分の職務に評価を下す視察官というだけの存在だと思われていたなら、こんな場面はありえないだろう。カナダの学校は公式には視察を受けてはいない。とはいえ、ブリティッシュコロンビア州の教育長の役割は、一九五八年に学校視察部門が廃止されたとき、その部署が持っていた「学校視察」という役目から生まれたものだ。[8]

ルーシーは、私が訪問したトロントの学校を管轄する現在の教育長として、教育委員会（オンタリオ州には七二の教育委員会がある）を代表し、各学校に州の政策を確実に守らせるという仕事をしている。必要とあらば、校長たちと激しいやりとりもする。けれども彼女の役割のほとんどは、むしろ各学校が向上し、お互いに学び合うようにサポートすることだ。彼女も他の教育長たちも、常に学校を回っては校長と話し、授業を見学し、子どもたちを観察している。これは、いわゆる学校視察というものとはまったく違う感じがする。というのも、彼らは非公式に頻繁に学校にやって来て、改善の必要があれば校長や副校長と対策を話し合い、その問題にうまく対処している別の学校を訪ねてみてはどうかと勧めたりするのであって、公然と彼らの面目をつぶしたり、予算を削減したりするというようなことはないからだ。

しかし、もしそういう教育委員会や教育長が間違っていたら、どうなんだろう。これは、「過失責任」や「法的責任」というものの見方をする側から発せられる質問だ。しかしたいてい、彼らは間違わない。なぜなら彼らには、徹底したトレーニングと周到な後継者の育成があるからだ。教育長の職に選ばれているのは、自身がかつては学校長であり、学校の改善にすばらしい実績をあげた人たちだ。それ以前に、教師が校長になるには、教育委員会が行なうトレーニングと選考に合格し、副校長（教育委員会の中で、教育システムのすべての段階においてリーダーの資質を発揮しようとしている人）として実務能力があることを示さなければならない。しかし、データを見るとわかるが、ごくまれに教育委員会がうまく機能しない場合は、以下のようなことが起きる（教育長の言葉による）。「もし教育委員会がひどかったら、教育省に呼ばれて理由を問われます。それから、管轄内の学校をどう改善するかというプランを作成しなくてはなりません。どんな手を打てばうまくいくんだろうって。そして彼らはさまざまなサポートを受けて、改善策を整備し、その次の年にどうなるかを見てから、『改善したでしょうか？』と尋ねます。でも、改善なんて簡単にはできないから、誰も一つの学校が一年で、たとえば四〇パーセントも改善するなんて期待してはいません。私たちが見せたいのは、常に立ち止まらず向上し続ける姿なのです」

第一六章　知識を超えて

「本を読まないで医学を学ぶ者は海図を持たずに航海するようなものだが、患者を診ないで医学を学ぶ者は、まったく航海に出ないのと同じことである」

――サー・ウィリアム・オスラー　カナダの医学者

口ひげを生やした校長のボブを思い出してほしい。彼が知能について一番に主張していたことは、知能というのは職業に就いたときに最も必要な特性ではなく、大事なことはもっと他にあるということだった。これは科学に基づいた言葉ではなく、常識に基づいた言葉だ。一般認知能力テストは、採用者側が雇用する人間に職業遂行能力があるかどうかを判断するための立派な材料だが、このテストの結果だけで人を雇おうとする人事担当者はいない。[1]多くの仕事において、チームの一員としてうまくやっていき、自分の考えをはっきりと人に伝え、組織のために目標に向けて他の人たちを引っ張っていくときには信頼される、という人が求められている。二一世紀型の仕事に必要な「二一世紀型スキル」とよく言われる特性（じつは二一世紀になる以前から多くの仕事で必要とされていた）には、批判的思考、創造力、高いコミュニケーション能力などが挙げられる。

さらに、子どもたちは職を得るためだけに学校に行くわけではない。子どもたちが自分の国の立派な市民になるように、学校ではそれ以外のいろいろな特性を発達させていくべきだと主張する人も多い。どんな特性が求められるのかは、住んでいる国の文化や為政者の考えなどに左右されるだろう。たとえば日本では、先ほど挙げたようなさまざまな特性のほかに、集団の中で他人とうまくやっていき、規則に従い、礼儀正しく、人の役に立ち、他人に迷惑をかけないことが教え込まれる。カナダの場合、教育の四つの大きな目標は、「心を豊かにすること、職業に就くための準備を行なうこと、モラルを発達させること、個性を発達させること」と一般に定義されている。[2] またオンタリオ州では、「オンタリオ州はすべての児童生徒の成功と幸福のために全力を尽くします。州の教育を受ける者は、個人として成功を収め、経済面では生産的で、何事にも積極的な市民になるように、知識、スキル、個性を磨いていきます」と、その目的が定められている。

もちろん、政府の意図と、実際に何ができるかは、まったく別の問題だ。とはいえ、カナダは普通科目でない科目の選択がしやすいうえに、私がカナダで出会った教師たちは、他の四カ国には見られなかったほど、勉強以外のスキルを重視していた。

「リーダーシップ」という科目

ある霧の朝、車で学校に向かいながら、マリリンは新しく受け持つことになった二年生のクラスについて話した。「でも残念なのは、あの子たちはリーダーシップのスキルがとても低いの。その弱点に取り組む必要があるわね」私は驚いた。子どもたちはまだ七歳なのに、リーダーシップについて話しているなんて。

車を赤レンガの平屋の建物の外に駐めると、私はビジターバッジをもらいに受付に立ち寄った。カラフルな廊下を通り、マリリンのあとから教室に入ると、彼女が授業の準備をしているあいだ、印象的な掲示物を見て回った。子どもたちがコートを掛けるとすぐ、思ったとおり彼女は、彼らにリーダーシップの練習をさせ始めた。子どもたちには毎朝行なう仕事があり、それは天気を見て、正しいマークをお天気表に書き入れ、日付も入れるというものだった。子どもたちは持ち回りでリーダーとなってクラスの他の子どもたちにこの仕事を割り当て、それから集まっている全員に向かって「きょうは」と訊く。すると全員が「水曜日！」と続ける。「きのうは」「火曜日！」「明日は」などなど。それから、授業が始まるので、リーダーは全員を自分の机に戻らせる。

リーダーシップは高校でも重視され、選択科目になっていて、卒業単位にも認定されている。私が訪問した日は、生徒たちがいくつかのグループに分かれて、それぞれのイベントを企画するという授業をやっていた。あるグループは地元のホームレスのためにバーベキューを計画し、別のグループはハロウィンをテーマにした校内ダンスパーティーを計画していたし、前のイベントのチケット代から出た利益を計算しているグループもあった。彼らはグループの代表を選出し、予算を立て、関係者たちと話し合い、ポスターを作り、その他いろいろなことをしていた。大人でも、なかなかできないような仕事ぶりだ。

リーダーシップコースを指導しているマーティンは、生徒たちがやることを決めて仕事に取りかかってしまうと、手が空いたので、教室の隅にあるグリーンのソファで私と話をしてくれた。「この子が入ったのは去年で、九年生のときだったけど、とてもおとなしい子だった。あまり自信がなくて、あるときなんか泊まりがけの研修の最中に、ホームシックになって泣き出してしまった。でも今年になって、彼女はものすごく自信をつけてきて、いろんなイベントの計画に積極的に取り組むようになった。今ではいくつかのグループのリーダーになって、自信のない子どもたちを引っ張ってるよ」

リーダーシップの重視とは別に、ブリティッシュコロンビア州は社会的責任遂行能力の基準を設けている。これは、「社会的責任」が独立した授業だという意味ではない。これに伴うスキルと態度は、他の授業や活動を通して発達し、促進されるものだと考えられている。私は、ある中学生たちへのグループインタビューの録音を聞き返していた。ちょうど終わってテープを止めようとしたら、「お互いの話に熱心に耳を傾け、お互いの意見を尊重してくれてありがとう」という教師の声が最後に入っていた。訓練対象のスキルに生徒たちの注意を向けてさせているのだ。「平和的に問題を解決する」とか「多様性を尊重し、人権を擁護する」といったようなものがすべての子どものカリキュラムに入っており、教師は、子どもたちがこれらの目標をどの程度達成しているかを評価する。

このような、普通の勉強以外のスキルに対するカナダの取り組みを、私が訪れた他の国々と比較すると、それらに言及する量の多さと、それらを評価しようとする姿勢の強さがきわだっている。プレゼンテーションスキルの評価も見たことがある。このときは生徒たちが、第一次世界大戦の原因について、自分たちで調べたことを授業で発表していた。また、生徒が理解したマルクス主義の理論を他の生徒にどれだけうまく伝えられたかの採点基準には、創造力が含まれていた。

はっきりさせておきたいのは、私はカナダの教育システムのこのような特徴が、多少なりともPISAの高得点に繋がっている、と言っているのではないということだ。それよりもっと教育にとって大切なことがある。また、私が授業を見学したカナダの教師たちが普通の勉強にはないスキルを教え、評価しているやり方が、最良のものだと言っているわけでもない。そもそも本書における、私の興味の中心でもない。けれども、こうした会話が交わされ、こういう試みが行なわれることは重要だし、それらはテストの高得点をめぐる探求に呑み込まれてしまうような性質のものでもない。悲しいことに、多くの先進的な教育システムにおいて、成果が何らかの方法で計測されるものでなければ政府が優先してくれないという、厳しい現実が存在する（フィンランドは例外だと思われる）。それにはもっともな（「立派な」という言葉は使いたくない）理由がある。人々の税金が公的教育に使われるとき、納税者には自分たちの税金が効果的に使われているかどうかを知る権利がある、という理由だ。しかし大事なものがおろそかにされるとき、私たちはそのような監査システムから脱するか、こういうスキルが脇に追いやられないような計測法を採用する必要がある。

問題解決と発見学習

今までのところ、リーダーシップ、組織作り、プレゼンテーションスキル、多様性の尊重など、普通の勉強とは違うスキルや特性ばかり取り上げてきた。もちろん、学問的な内容のプレゼンテーションもできるが、たとえば鼻からミルクが出る時間について発表することだってできるし、そんな発表でもやはり、人前に立つ自信や、話す内容の組み立て方や、落ち着いてはっきりとした話し方は必要になる。けれども他に、普通科目と密接な関係を持つが、科目の知識と理解からは逸脱する、というスキルも存在する。そのスキルとは、雇用主や政治家に重宝され、各国の経済成長の違いを説明するときに理由としてよく挙げられるもの、批判的思考と問題解決スキルだ。

これらの二一世紀型スキルの重要性を説く人たちは、世界は教育システムが最初に考案された当時とは変わってしまったということ、そして決まりきった手作業はテクノロジーに取って代わられた、ということを指摘する。その結果、雇用主が必要とするタイプのスキルは、段階を踏むような方法では解決にたどり着けない問題とか、答えがいくつもあるような複雑な問題を、チームを組んで解決するというような、コンピューターでは不可能なスキルになる。

このようなスキルの重要性を認識して、一九九〇年代後半から二〇〇〇年代を通して、それを学校で子どもたちに教えるという動きがカナダ全体で起こった。ある学校の校長と話したとき、彼の言葉の中には、オンタリオ州でよく聞いた意見が多く反映されていた。「教育者としての私たちの考え方は、子どもたちはお互いに話し合い、コミュニケーションを取り合い、協力し合っていること、グループに分かれて勉強していること、操作物（数学で、モデルとして使う道具）を使うこと、現実世界の問題を取り上げてそれに取り組むことです。ですから彼らが、理解の助けになるものはきっと見つかる、ということを理解できないときには、そういうスキルが使えるのです」この考え方の根本には、子どもたちが将来直面するかもしれない経験と同じタイプの経験をさせることで、世の中に出て行く準備をさせようという意図がある。

このような考え方に転換してから、学校でそういうスキルを教えなければならないと強く主張するような新しいカリキュラムが、いくつかの州で導入された。また、どう教えるかについても、いろいろ規定された。たとえば、カナダ北西部協定が制定し、マニトバ、サスカチュワン、アルバータ、ブリティッシュコロンビアの各州、ユーコン準州、ノースウェスト準州が実施している、二〇〇六年の

「数学の共通カリキュラム枠組み」には、「問題解決による学習は、すべての学年において、数学で重点的に取り組まれるべきである」「問題解決、論理的思考、連関的思考は、数学に熟達するには必要不可欠であり、プログラム全体で統一されなければならない」と述べられている。のちには、「ある教育活動が問題解決を基本としていると言えるには、わかっているものから答えを求める方法を、生徒に決めさせなければならない。もし生徒がすでに問題解決の方法を与えられていたなら、それは問題解決ではなく、練習である」と詳細に規定している。

これを見ると、新しい数学の内容は、生徒に教えるのではなく、生徒自身がすでに知っていることに基づいて答えを発見するように仕向けなければならないもののようだ。それに、子どもたちが一つの正しい方法を教わって丸暗記することで、学ぶことを軽視するのではなく、数学の問題を解くためにいつも自分で解き方を考えて、それを使うことに重点が置かれている。

このやり方では、議論が起こらないわけがない。事実、子どもたちが独力で答えを発見するよう教師が導くべきか、知る必要のあることを教師が教えるべきかという論争は、いくつもの大陸で何世紀にもわたって繰り広げられ、戦争とまで称されたほどだ。カナダから帰国してから、私はある教育関係の会議で、カナダの数学教授ロバート・クレイゲンに会い、会議のあと、パブで彼をつかまえた。彼はジンジャービールを飲みながら、今では数学の最高の教え方だとされている、発見を基本とした学習法について懸念を表明したうえで、同僚のアンナ・ストッケの書いた論文を挙げてくれた。[3]

アンナは、PISAとTIMSSにおけるカナダの数学の得点について、とても興味深い推論を展開している。彼女は、二〇一二年のPISAのテストにおけるカナダの数学の点数が二〇〇三年より落ちていることに注目している。二州を除くすべての州で著しく下落しているが、アルバータ州が最もひどく、三六点と、不安になるほど下がっている（ちなみに四二点が一年間の勉強量に相当する）。ＴＩＭＳＳでも、参加した三州すべてで、八年生の数学の得点は二〇〇三年より二〇一一年の方が悪い。ただ、分数の問題だけは、思ったよりもほんの少しだけ良かったが。

　アンナは、このカナダ全体の得点の下落は、発見を基本としたカリキュラム、発見を基本とした教科書、発見を基本とした教員養成の導入時期と一致しているという事実に着目し、発見を基本とした学習法の効果を従来の学習法と比較した調査の分析を行なった。そして、トレーニングとカリキュラムを従来の学習法寄りに変えれば（ただし、新しい学習法をすっぱり廃止するのではなく）、得点の落ち込みは食い止められるのではないかと提言している。

　この分野の研究では、他にどんな提言がされているのだろうか。そもそも問題解決型学習は、[4] 子どもが新しい知識を教師に教えられるのではなく、自分が主体となって学ぶものなので、新しい知識や概念を子どもたちに理解させることには、あまり効果的ではない（他の効果についてはのちほど触れる）。[5] ジョン・ハッティは、問題解決型学習の有効性に関して、三万八〇九〇人の子どもたちについて調べた二八五の研究を対象とした、八つのメタ分析の結果を総合し、効果量は平均して〇・一五しかないことを発見した。[6] また、ＰＩＳＡのデータに基づいたＯＥＣＤの最近の研究によると、ほとんどの教え方が授業で何らかの影響力を持っているが、一国を除く上位一五カ国で、教師主導の授業を受けていると回答した生徒たちは、ＯＥＣＤの平均以上の得点を取っていることがわかった。[7] なぜこういう結果になるのかに関する心理学的な理由については、日本の章の**コラム③**で説明してある。[8]

したがって、私も最初は疑念を持っていたのだが、教育法を変えればＰＩＳＡにおけるカナダの得点の低下を食い止められるというアンナの提案には、説得力がある。カナダ全体で発見を基本とした数学を導入したことは、カナダの数学の得点の低下と相関している。全国レベルに近い実験とメタ分析によれば、教師主導でない授業法は生徒の学習にあまり効果的でないことがわかり、なぜこうなるのかの説明もされている。

ケベック州のケースが、私には決定的だった。ケベック州は、カナダ北西部協定諸州の六年も前に、発見を基本とした新しい数学のカリキュラムを導入した。数学の統一試験において、この改革が子どもたちの得点に及ぼした影響が、ケベック大学モントリオール校の経済学者たちによって分析され、数学が得意な子にも苦手な子にも、改革は成績にマイナスの影響を与えていることがわかった。[9] さらにマイナスの影響は、子どもたちが新しいカリキュラムで勉強する期間が長くなるにつれて大きくなっていったうえに、成績の悪い子どもたちに、より深刻な影を落としていった。このことは、ケベック州が他州に先駆けてこの改革を行なったあとの二〇〇三年という時点で、ケベック州のＰＩＳＡの数学の得点が、なぜ他の州より大きくばらついているのかということの説明になるかもしれない。

コラム⑤　数学教授法（ディダクティーク・ド・マテマティーク）

ケベック州のＴＩＭＳＳでの得点は低下したが、世界的にはまだ上位にあり、ＰＩＳＡの得点もＴＩＭＳＳの得点も、カナダの他の州より高かった。アンナ・ストッケは論文の中で、ケベック州の小学校と中学校の教師たちは、教員養成課程で取得しなければならない多くの単位のほかに、他の州と違って、大学で数学も少なくとも二〜三単位取らなくてはならない、ということを指摘している。これに対してオンタリオ州では、小学校教師の養成課程で数学の単位を取ることは推奨されているが、必修ではないので、数学の理解はケベック州の教師たちに及ばない。

私はアニー・サバールというケベック州の数学教授と話をした。彼女は州による教育の違いに関する探査研究に参加している。彼女の研究は次のような考え方に立脚している。「さまざまな違いがありますが、私の見るところ、それはトレーニング、つまり教員養成トレーニングの違いです。たとえば、ケベック州には七年生や八年生はいません。中学一年生と二年生になります。多くの州では七年生と八年生として小学校の教師に教わりますが、ケベック州では数学専門の教師に教わるので、二年多く優れた教師に教わることになるわけです。だから彼らはＰＩＳＡのテストでも良い点が取れるのでしょう。他の州が間違っているとか、ちゃんと仕事をしていないとか言うわけではありません。教師たちがベストを尽くそうと思い、子どもたちのためにがんばっているのはわかっています。でもね、教師に知識がなければ、どうにもできないんですよ」

彼女は、ケベック州が数学で優れているのは教師のトレーニングに原因があるとも思っていたが、さらに研究を進めて、教師が養成中に受けるトレーニングの量だけではなく、そのタイプも区別した。研究の中に、さまざまな州から来た教師たちをフィルムに収めたものがあったが、その中では、いろいろな州から来た教師たちがビデオを見ながら話し合っていた。アニーは、話す内容に違いがあることに気づいた。ケベック州から来た教師たちは、他の州の教師たちよりずっと、数学に注意を向けていた。「彼らはもっぱら教えている概念についての話をしていました」彼女は、これはケベック州の教師たちが数学の「教授法《ディダクティーク》」のトレーニングをよく受けているからだと説明した。アニーによれば、これについてちゃんと説明するのは難しいが、簡単に言うと、「教授法と数学が結びついたもの」だという。他の州の教師たちは教授法（一般的な教え方）と数学（教科として）をそれぞれ教わるが、ケベック州の教師たちは「数学教授法」の講座を取り、そこで生徒の間違いの分析のしかたや、数学のいろいろな概念の解析のしかたを学ぶので、結果として他の州よりそういう授業が多くなる。

イギリスのダラム大学のロバート・コーらは、優れた教え方（この場合は子どもの成績改善につながる教え方と定義されている）とはどういうものかという研究に関する最近の論文の中で、優れた教師の持つ最も顕著な二つの特徴の一つが、ケベック州で「教授法」と言われるものにとても良く似ていると述べている。「教師は、教材についてしっかりと理解しているだけでなく、生徒がその内容をどのように考えるかも理解し、生徒自身の方法の裏にある考え方を評価でき、彼らがよくやる間違いを見つけ出さなければならない[10]」イギリスでは、ＰＣＫ（pedagogical content knowledge、教授法と教育内容の知識）として知られているものがこれに相当する[11]。コーらは、これが生徒の成績を左右するということの強力な証拠を発見し、ケベック州の教師たちが受けたこのようなトレーニング方法が、ケベック州の数学の得点が他の州より高いことを説明するという考え方の信頼性に寄与した。

PCKは、教師が直接教えるやり方でも、生徒が自分で発見するように導く教え方でも、どんな教師のレパートリーも豊かにしてくれることだろう。

教師がどこまで教えるか

どうも論点がずれたようだ。最初は、独力での問題解決や批判的思考のようなスキルの重要性に関する話で始まったのに、従来の学力テストの結果にばかり目を向けてしまった。けれど、後悔なんかしていない。普通科目の成績に目を向けることは、二つの理由から重要なことなのだ。第一に、本書は「最高の成績をあげている」教育システムに関するものなので、国際テストでの得点が大きく落ち込んだことの背後にある原因を究明することは、重要とは言えないまでも、無関係なことではない。第二に、日本の章で見たように、その教科のしっかりした理解がなければ、高度な問題解決も批判的思考もできないので、子どもたちの理解に対して効果的でない方法をいくら使っても、批判的に考えたり問題解決したりできる課題には限りがある。

では、このような方法は、子どもたちの基本的な知識と理解の発達には限られた効果しかあげられないのに、他に良い影響を与えることができるのだろうか。大丈夫、できる。だから、そういう方法を完全にやめるのは無益だ。問題解決型学習は、「子どもたちがすでに表面レベルの知識を持っているときに」、より深い知識と理解を得ることに効果を発揮することができる。[12] 子どもたちが基本的な内容を教わってしまえば、問題解決の手法が使えるようになり、彼らはこれを活用して理解を深めることができるようになる。やってはならないのは、最初から問題解決によって学習内容を学ばせようとすることだ。それでは子どもたちが基本を理解することまで制限してしまい、細かい領域の問題を解決できるような段階にまで到達できなくしてしまう。

学習内容の知識を持ち理解することは、子どもたちが問題を解決したり、ある分野で創造的に考えたりするために必要だが、それだけではじゅうぶんではない。中国やシンガポールの例がそれを教えてくれる。これらの国の中学校の伝統的な授業では、テストが目的の授業内容に疑問や解釈が入り込む余地などなく、子どもたちはかなりの知識を持つようになるが、多くの場合、正しい答えは一つしかないという考え方をするようになる。これは、世界にとって良いことではない。私たちは誰も、どんなものも白と黒には分けられないことを認めて、さまざまな問題を批判的に考えることができなくてはならない。けれども、子どもたちの創造的な思考を制限してしまう柔軟性のない教育法と、子どもたちに何も教えず、すべてを自分たちで発見させるという、その対極にある教え方とのあいだには、とてつもなく大きな開きがある。

たとえばフィンランドの章で紹介した教え方には、クラスで議論をするように教師が導き、子どもたちが意見を出したり、お互いの考えに反対したりするように仕向けるものがあった。日本の小学校では、問題を解くために何が必要か（解き方ではなく）を教える前に、子どもたちに身近な現実にある問題を教師が用意して、それからグループでいろいろ試させていた。シンガポールでは、教師がある実験をやってみせて、知的な質問をはさみながら、子どもたちに何が起こっているのかを考えさせるという授業を見学した。カナダで見学した授業では、カリキュラムで奨励されているよりずっと進んだ、教え方の組み合わせを見ることができた。どの授業でも、学習は教師によって高度に組み立てられていて、教師は子どもたちが学ぶべき目標を念頭に置いて、彼らがどのくらい理解できているかに合わせて、答えが出せるような情報を与えていた。これらのさまざまなやり方を従来型と呼ぶか進歩的と呼ぶかは、私にとって重要ではない。直観には反しているようだが、独力ですべてを学んだからといって、独力で問題解決ができるようにはならない。だからといって、自分で問題解決をしようとしなければ、やはり問題解決ができるようにはならないのだ。

本書で訪れた国々の中で、自分の子どもをどこの学校に通わせたいかと問われれば、私はカナダと答える。カナダの教育システムは完璧とは程遠い。発見学習に不安を感じている親たちがいるのは知っているし、私も親なら不安になるだろう。それにまた、いくつかの州政府が教育費を削減しているので、私がとても感銘を受けたもののいくつかがなくなっていることだろう。しかし全体として、カナダの教育システムはバランスがよく取れているように見えた。普通科目の教え方と、幅広い認知的、社会的、道徳的スキルや特性の教え方とのバランスも良かった。すべての子どもたちに同じ高い達成目標を持たせることと、能力の劣る子どもが能力のまさる子どもに追いつけるように支援の手を差し伸べることによって、一人ひとりに目を届かせることのバランスも取れていた。そして学校組織のレベルでは、学校が説明責任を負うことと、向上のために学校に与えられるアドバイスと支援のバランスも、よく取れていた。

第一七章　高い成果と公平性を実現するための五つの原則

ある夏の夕方、ロンドンで教育関係の会議に出たあと、私は近くのパブの庭で二杯目のピノ・グリージョを楽しみながら、気の合う仲間たちと最近のイギリス教育界について議論を交わしていた。そのとき、ビールのグラスを手にした男性が庭に出てくるのが見えた。友人の友人で、教育大臣のアドバイザーをしている人物だった。グラスを持っていない方の手を振って彼に挨拶すると、彼はこちらにやって来た。

「教育探訪の旅から帰ったんだね、ルーシー」

「ええ」と答えて、私は微笑んだ。

「じゃあ、イギリスの教育システムを改善するためにやるべきことを三つ挙げてくれないか」

私の笑顔が凍りついた。まだカナダから戻ったばかりで、頭の中は目にしたものや交わした会話を消化している真っ最中だった。まだ学んだことの整理もできていない状態で、複雑なうえに政治もからんで混乱しているイギリスの教育システムに当てはめることなど、とてもできなかった（そのうえ空きっ腹にワインを一杯半も飲んでいたし)。しかし今、影響力のある人物が、私の意見を求めている。

「えーと、まず、教員養成機関の数を減らして、フィンランドのように教師の質を向上させることから始めるといいと思います」と、私は言ってみた。

「いや、それは無理だろうね。スクール・ダイレクト(二〇一二年から導入された、在職型の教員養成ルート)に力を入れているし、それに……」

ありがたいことにこのとき、「飲み物を運ぶのを手伝って」という友人の声が話を遮った。恥ずかしながら、私は喜々として友人のところへ飛んで行った。

本書はイギリスについて書いたものではない。フィンランド、カナダ、シンガポール、日本、上海の教育についての本だ。だからここで止めておきたい誘惑に駆られる。結局のところ、質の高い教育を構築するにあたり、いったい何が「うまくいく」のか、確かなことは誰にもわからない(もしわかっているという人がいたら、それは自信過剰だ)。システムのレベルで管理された実験を行なうことは難しい。ときにはシステムの推進者が、適切な評価が受けられるような教育改革を行なうこともあるが、そういうとき私たちにできることは、たんにある特定の政策と関連させて成果を評価することと、それを一つの成功例として役立てることぐらいしかない。しかしいくら不確かなものであろうと、政治家とシステムの推進者は、教育に関する決定をし続けなければならない。そしてその決定は、彼らが代表を務めている社会の意思や願望に影響され、さらにその教育システムのもとで働く教師たちの意思や願望が介在する。そこで私たちは手に入るかぎりの証拠を頼りにこの不確かさに対処して、最善だと思うことを行なっていくしかない。だから私は、どこか特定の国のための教育政策を提案しようという気はないが、ここで止まるつもりもない。私は、高い成果があがり、かつ公平な教育システムの基礎になると信じる五つの原則を、ここに提言しようと思う。

私が訪れた国々は、広さ、文化、多様性、歴史、どれを取っても大きく異なっていたが、イギリスに帰って本書の執筆に取りかかってから数カ月のあいだに、その根底にはいくつかの共通点があることがわかった。[1] といってもそれは、すべての国が同じ手法を取っているという意味ではない。取り組み方や原則は、それぞれの国の状況や政治によってさまざまだ。概してそれらは、実験に耐えるほどの具体性はない（実験に耐える少数の具体的なものは、どんな文化のシステムにおいても通用する）。しかし、それぞれの取り組みや原則から生じる政策自体は具体的だ。それらがたしかに存在していることについては、注に掲げた論文を参照していただきたい。もちろん、本書で挙げる原則は、教育において高い成果をあげ、かつ公平性をもたらし、一五歳児対象のPISAのテストでは数学と読解と科学で高得点をあげさせると、私は信じている。しかしそれだけではない。そこで五つの原則を紹介したあとに、私はとても重要な問題を一つ提起しよう。それは、これらの原則を適用してPISAで高得点を取ろうとすると、他の重要な教育的価値とぶつかることはないだろうか、という問題だ。しかしまずは、入学前から始めよう。

原則1：子どもたちに学校で勉強する準備をさせる

小学校に入って勉強する子どもたちには、準備ができている子もいない子もいる。イギリスでは裕福な家の子どもは本をよく読み会話も多いので、普通よりも早く多くの言葉を覚える。[2] フィンランドと中国の五歳児は、まだ就学前なのに、イギリスの五歳児より算数がよくできる。[3]「常識」で考えれば、貧しい子を裕福な子に追いつかせ、イギリスの子どもたちをフィンランドや中国に追いつかせる最良の方法は、読み書きや計算をできるだけ小さな頃から教えることだろう。だからイギリスではフィンランドとは違い、六歳児に勉強することを求めるのだろうし、[4] 韓国[5]や日本[6]とは違い、幼稚園から算数を教えたがるのだろう。アメリカでも早くから学習を開始させているようだ。最近の研究によれば、アメリカの幼稚園や保育園は学習中心・教師主導となってきており、回答した教師の四分の一が、幼稚園児には自由な遊び時間がないと答えている。[7]

けれどもこの「常識」は、幼児教育の専門家の意見、経済学や心理学の研究、高い成果をあげている教育システムの実態などとはかけ離れている。幼児期の教育はきわめて重要だが、学習的なスキルばかり重視して、もっと幅広い発達や子どもらしい活動をないがしろにしてはいけない。長期的に見た場合、子どものやる気、社会行動、情緒的健全性、自尊心などに悪影響を及ぼすうえに、[8] 学習面での効果も長続きはしない。

学校教育を早く始めた子どもたちは、最初の二、三年は、ほかの子どもたちより成績が良くなることもあるが、小学校高学年にもなるとその差はなくなり、[9] 逆転する場合も多い。[10] イギリス、フィンランド、中国における五歳児の算数理解に関して調査を行なった研究者たちは、「総じて言えば、データを見るかぎり、イギリスの早期教育のやり方が子どもの計算能力の発達にきわめて有益だとは、かならずしも言えない」という結論を出した。[11]

フィンランドとシンガポールと上海の子どもたちは七歳、カナダと日本の子どもたちは六歳になるまで学校に行かない。つまり子どもたちはこの年齢まで読み書きや計算のような学習の成果を示さなくてもいいし、教師たちも幼い子どもたちに点数を取らせるために尻をたたかなくてもいい。それらの国々では、小学校に上がる頃までには子どもたちは勉強に必要なスキルや態度、知識や理解力を発達させていて、学校に入ってからみんな同じように進歩していける。

しかしだからといって、子どもたちがかならずしも自力でこれらのスキルや態度を発達させるわけではない。だから六歳までまったく何の教育もしないで待っているというのは間違いだろう。利用しやすくて質の高い早期教育プログラムの開発は、長期的に見ればじゅうぶんに行なう価値がある。[12]最も効果的なプログラムは、認知スキルを発達させると同時にやる気を高め人格を形成するようなもの、[13]つまり認知的発達と社会性の発達のバランスの取れたものだろう。また認知的発達は、遊びながら学ぶことを通して、学習に向けたスキルを発達させることを基本としている。

子どもたちに読み書きを学ばせるには、まず彼らの暮らしている世界の物事を理解させて名前や言葉を憶えさせ、文字と発音を一致させ、ゲームや歌を通して文字に親しませるようにしよう。正式に算数を学ばせるには、子どもたちが二つの準備的スキルを身につけている必要がある。関係性のスキル（分類、比較、順番、一対一の対応など）と、計算のスキル（量の基本的理解、数を数えること、数字が何に対応しているかをわかったうえでの計算、予想など）だ。[14]中国とシンガポールの子どもたちは、どちらのスキルもイギリスより優れていて、[15]就学前に遊びを通して学習している（たとえば、さまざまな色のおもちゃの自動車を組み合わせたり、並べたり、くらべたりする）。[16]日本の教師たちも、周囲にあるものや活動をうまくアレンジして、子どもたちが量を測ったり数を数えたりすることに興味を持つように仕向けているし、フィンランドの子どもたちも、保育園や幼稚園での遊びを通して、数という概念にいつも触れている。

こうした国々の保育園や幼稚園は、子どもたちが一緒に生活することに慣れるための場所でもあるし、遊びを通して自己を調整し、計画を立て、言語を発達させるという重要なスキルを育てる場所でもある。言語の発達は移民の子どもたちにはとくに必要で、保育園や幼稚園はとても有益だが、残念ながら彼らはこういう施設に行かない場合が多い。[17]

ここで「子どもたちに学校で勉強する準備をさせる」とはどういうことか、はっきり頭に入れるために短くまとめておこう。

豊かな環境と、遊びながら学ぶことを通して、六歳までに社会的スキルと学習に向けたスキルを身に着けさせる。子どもたちには特定の学習成果を求めない。

しかし「準備させる」ことは、ここで終わりではない。子どもたちが学校に入ると、東アジアの教師たちはかなりの時間を使って授業のパターンを教え込み、宿題をすぐに採点して返したり、グループを作らせたりというふうにさまざまな活動を盛り込んで授業を円滑に進めていく。カナダでも、みごとな実例が見られた。毎朝マリリンと一緒に学校に行くと、子どもたちはベルの音を合図に校庭に整列し、並んで教室に入って行った。大勢の七歳児たちにきちんと行動させるのがどんなに大変なことか、私はよく知っている。イギリスで初等学校三年生の担任の代行をしたとき、最後の授業のあと子どもたちに荷物をまとめて帰らせるのが、どれだけ大変だったか。もう、泣きそうだった。しかしマリリンのクラスはそうではなかった。子どもたちはさっさとコートを掛け、カバンの中身を出し、宿題をその日の宿題係に渡し、静かに席に着いて授業の始まりを待つ。おかげで授業から授業へ教室を移動するときに落ち着きをなくすこともなく、何週間も何カ月も何年も経つあいだには貴重な時間が節約されて、その分をイギリスの王様や女王様について勉強したり、グループの中での自己管理のしかたを学んだりすることに使える。

早い時期に時間をかけて授業のパターンを教える。

五カ国のうち四カ国で、小学校でも中学校でも、授業の合間に一〇〜一五分の休憩時間を取っている。子どもたちはその間に息抜きができる。日本と中国では、授業中は静かに集中していた子どもたちが、休憩時間になったとたんに床の上で取っ組み合って遊び、先生も平気な顔をしていた。休憩時間は子どもたちの社会性の発達を促し、授業で疲れた頭を休められ、体を動かす機会にもなっている。フィンランドでは、子どもたちは天気が悪くても外に出る（フィンランド人は「悪い天気なんてものはないよ、不向きな服装をしているだけ」と言う）。中国とシンガポールの子どもたちは、その日の授業に備えて朝の体操もしていた。

子どもたち（と教師）のために、授業の合い間に一〇～一五分の休憩を設ける。

最後にもう一つ言っておきたい。フィンランドとカナダで、子どもたちが学ぶ準備をするのに効果を発揮していたのは、訓練を積んださまざまな専門家のチームがそれぞれの学校に配備されていることだった（小さな学校には常駐しているわけではない）。彼らはすべての子ども（フィンランドの場合）、あるいは支援の必要な子ども（カナダの場合）について議論する。どちらの国でも、私が話した教師や政府関係者たちは、ときには社会的問題や情緒的問題のせいで子どもが学校に適応できない場合もあると言っていたが、彼らはそれを言い訳にしないで、チームの専門家たちのスキルをフル活用し、これらの問題に対して最も適切な措置を取るようにしていた。

学習以外の問題に対処することのできる専門家を学校に置く。

こういう土台をきちんと作って、子どもたちに社会的なスキルを身に着けさせ、就学前のスキルを発達させ、早期に起きるさまざまな問題に対処できれば、問題を抱える子どもたちにも、学校生活やその先の人生をしっかり歩ませることができる。

原則２：きちんと習得できるカリキュラム（そしてやる気の出る授業内容）を作る

一〇歳のジョージは、前に教わった「分数」がよく理解できなかったので、先生が話している「分数のかけ算」が全然わからない。一三歳のアニーは、クラスの半数が小学校のときに勉強しなかったという理由で、原子とは何かという話を三度も聞かされ、大好きだった科学が嫌いになりそうだ。こういう事態を避けるためにも、学年ごとに、決められた一連の知識とスキルを教えるべきだろう。フィンランドと日本とシンガポールでは、カリキュラムは国家レベルで定められている。中国とカナダは民族性が多様で自治体の独立性が高いので、省や州レベルで定められている。

もちろん、国や州の定めたカリキュラムがありさえすれば良いというわけではない。もし内容がお粗末だったら、つまり中身を詰め込み過ぎていたり、内容の順序が不合理だったり、指図ばかり多すぎたりしたら、子どもの学習の害になるだけだし、教師も混乱するだろう。しかし、もしカリキュラムが入念に構築された質の高いもので、試験や教材ともうまく連携していれば、それに沿って学習する子どもたちは、自分の人生を豊かにしてくれる大切なものをきちんと学ぶことができ、それぞれの学習段階で次に進むために欠かせない内容を理解することができる。[18] では、そういうカリキュラムとは実際はどんなものなのだろう。私自身は五カ国（四カ国語）で実施されているカリキュラムをじっくり調べたことはないのだが、最高の教育システムに共通するカリキュラムについて調べた研究者たちが、いくつかの特徴を挙げている。それらは私が現場で見聞きしたものとも一致している。[19]

優れた国定カリキュラム（州、省の場合も）は、

・項目が少ない……学ぶ項目の数を絞って、それぞれを深く掘り下げている。

・レベルが高い……どんな概念やスキルが必要とされるかを明確に示し、文脈や教え方について指図しない。
・順序立っている……学習プロセスに関する研究に基づき、論理的な順序で概念を教えている。

このような国定のカリキュラムと内容豊かな授業計画があれば、すばらしい学校カリキュラムを作り上げることができる。国家や州に共通したカリキュラムがあることの利点は、学校によるカリキュラムの差がないことだ。[20] つまりどの学校でも同じだから、子どもが転校しても大丈夫だし、教育システムの公平性も確保できる。[21]

だからといって、学校の自律性がなくなるわけではない。それには二つの理由がある。一つ目の理由は、国定のカリキュラムは基本を定めたものでしかないということだ。学校が実際に教えていること、また教えるべきことは、国定のカリキュラムに指示されているものよりはるかに幅広い。[22] だからもし政府が、国定のカリキュラムに新しい構想や圧力団体の要求を盛り込みたいと考えても、ぐっとこらえて、教科書や教材の選択は学校に任せなければならない（教育関係者でない人たちの、「ここに、これこれの内容を盛り込みさえすれば」教育システムはずっと良くなるのに、という意見を何度聞いたことか）。

二つ目の理由は、国定のカリキュラムの権限が及ぶ範囲内でも、そのカリキュラムの質が高く、細かい教え方の指示をせず、教えるべき概念だけを示すという基本が守られているかぎりは、それをどのように教えるかは学校側の自由に任されていることだ。たとえばある学校で物質の変化（物質は固体から液体、液体から気体、またその逆の変化を起こすが、そのとき分子はエネルギーを得たり失ったりする）について教えなければならないとする。しかし、暑い日にアイスクリームが溶けるという現象を例として使うか、それとも地元の製鉄所の工程を勉強する授業の一環として教えるかは、子どもの関心を考慮したうえで教師が決める。

カナダの教師たちは、州が定めたカリキュラムの内容を子どもの興味に合わせるのがとても上手い。私が見学した算数の授業ではカボチャを使っていたし、科学の授業ではヨーグルトの容器でモヤシを育てていた。友人になったカナダの教師は、以前私が書いた、各科目についての知識を得ることが重要だという文章を読んで、余白に赤ペンで「子どもたちの人生にとって意味のあるものにしなければ心に残らない」と書き加えた。だから教師は、教え子の一人ひとりをよく知っていなければならない。フィンランドの国家カリキュラムは、二段階で手を加えられる。まず、地域の責任ある立場の教師たちが各学校から集まって、その地域に合った独自のカリキュラムを作成し、そのあとさらに、各学校で子どもたちに合わせた内容に作り変える。

外部の統一試験をあまりに重要視しすぎると、このような自律性はなくなってしまう。そうした場合、教師たちは試験の日程や過去の試験問題に基づいて授業をするようになり、国定のカリキュラムの解釈の自由などに目を向けなくなってしまう。上海、日本、シンガポール、フィンランド、それにカナダの多くの州で、子どもたちが習得すべきカリキュラム構成の原則は共通している。しかし子どもたちがやる気を出すような授業を教師が構築できるかどうかは、その国における統一試験の重要性や、教師の力量などによって違ってくる。もし「鳥とカエル」の話の問題が学期末試験に出るのでなかったら、私は上海で、あれほど何度も「鳥とカエル」の話を聞かされなくても済んだだろう。すべての子どもたちに一つの重要な概念をしっかり教えることは大切だが、子どもたちが楽しみながら集中できるような授業をするのも大切なことだ。

原則3：低いレベルで妥協せず、子どもたちが向上を目指すようにサポートする

もし五つの原則のうち一つだけ覚えておこうと思ったら、この原則を覚えてほしい。この原則は親でも教師でも校長でも、政府の教育関係者でも実行できるし、その効果は家庭にも教室にも学校にも国全体にも顕《あらわ》れる。

私は本書で知能について何度も言及した。なぜなら私たちが知能について考えるということが、教育というものを計画したり遂行したりするときの基盤となるからだ。研究によれば、知的障害がかなり重い場合を除いて、知能は子ども時代を通して発達し続け、発達の速さや程度は遺伝的要因と環境的要因の両方に影響される。テクノロジーの進歩に伴って技術の要らない仕事が減っていく中で、ほとんどの子どもたちをかつてないほど高いレベルまで教育することは、可能なだけではなく、望まれてもいる。

また、子どもの成績はそのときの知能レベルときわめて深く関連しているが、それだけで決定されるわけではなく、授業の質や親のサポート、本人の努力にも大きく影響される。だから仮に、現在の知能研究は間違いで、知能は一〇〇パーセント遺伝子によって決定されているとしても、努力しさえすれば知能を上げられると信じて勉強すれば、学校の成績を上げることはできるはずだ。ありがたい

ことに、そんな嘘をつかなくても、信じて勉強すれば成績が上がることは事実だ。

私が訪ねた国々では、教育システムのレベルで、子どもたちの向上のためにどんなサポートをし、知能は鍛えることが可能だという考え方をどのように支持しているのだろう。五カ国のうち四カ国には、一五歳になるまでに子どもたちが達成すべき共通の目標があった。教師や親たちは、成績の良くない子どもをこの目標に到達させるために、補習授業をしたり、学習塾に通わせたり、「力になるから、がんばってね」と激励したりする。けっして「大丈夫、誰もが算数が得意なわけじゃないから」と言って妥協させたり、違う学校や違うクラスに入れたり、違うカリキュラムを学ばせたりはしない。もちろん例外はあって、特別な支援を必要とする子どもは親の同意のもとに専門的な教師が教えるが、この場合も、学校の成績が悪いからではなく心理学的診断に基づいている。

フィンランドの章で述べたように、能力別の振り分けに関する研究によると、子どもたちをコースの異なる学校に振り分ける年齢が低いほど、不公平と不均等の広がりは大きくなる。しかもその広がりには、親の経済状態（そして在留資格）[23]が大きく影響している。能力による進路分けの時期を遅くすれば、成績の悪い子どもたちには向上する余地が生まれるし、成績の良い子どもたちにとっても、とくに不利にはならない。[24]またポーランドでは、学校の振り分け年齢を一年遅らせただけで、世界銀行の推定によると、PISAで一二〇点以上の得点に相当する効果があったとされ、「これまでのどの教育政策も及ばないほどの劇的改善」だと言われている。[25]

能力別の学校振り分け年齢を一五〜一六歳まで延ばす。

もちろん、違う学校に分ける年齢を遅くするだけではじゅうぶんではない。学校は同じでも、クラスは能力別に分け、子どもたちに向上を目指すことを教えず、期待もかけないというやり方もできる。しかし、フィンランド、カナダ、上海、日本では、そんなやり方はしていない。子どもたちを能力混成クラスで一緒に学ばせ、中学校を修了するまで、レベルの高い同じカリキュラムの習得を目指させる。この原則3は、原則1、2と併せると効果が高い。原則1が実行されて、学校教育が始まるまでに子どもたちのほとんどに授業に対応できるだけのスキルが備わっていれば、最初の能力差も少なく、クラスの全員が足並みを揃えて進むことが容易になる。また原則2が実行できていれば、学ぶ項目の数を減らして習得に重点を置くので、誰もがそれぞれの項目について最低限の基準までは理解できるようになり、理解の早い子どもはより深く探究することができる。

一五～一六歳までは能力混成クラスで教える。

これを実行した場合でも、子どもたちの能力への不信から、彼らが向上する機会が奪われる可能性がある。たとえばスウェーデンは、総合制システムで能力混成のクラス編成をしているが、子どもたちはクラス内で、どの程度の成績が見込まれるかによって、成績別に分かれて勉強している。[26] たとえばいちばん下の「可」のコースの子どもは、かなりレベルの低い勉強しかしない。しかしシンガポール、カナダ、フィンランド、上海、日本で行なわれている教育は、すべての子どもがかなりレベルの高い同じカリキュラムの習得を目指していて（シンガポールについては各コースごとで）、変わるのはそれぞれの子どもに応じたサポートの量だ。進度の遅い子に対して普通の授業でやっていることの違いは、教師がよく注意を払っていたり、できの良いクラスメートが手伝ったりすることぐらいで、長期的な達成目標は他の子どもたちと変わらない。

サポートの内容は主として、教師が一対一で教えたり、少人数を対象に教えたりという形をとる。フィンランドとカナダでは、特別の資格を持つ教師が、短期間、普通の授業とは別に教えたり、昼食時間や放課後に教えたりする。東アジアでは、教科担当の教師が休憩時間を利用して教えたり、放課後に補習をしたりするか、親と話し合って、親が勉強を見るようにしたり、必要があれば家庭教師か学習塾を利用するように勧める。

私が訪問した国々ではあまり見られなかったが（カナダは例外）、能力のある子どもたちをそんな少人数グループに入れて、カリキュラムを越えた何かを学ばせるというのも、とてもすばらしいことだと思う。こういうグループには柔軟性があり、単元によって、サポートを受ける子や能力を伸ばす子が違ってくる。だから子どもたちは、固定した物の見方をしなくなる。「せっかく優秀なグループにいるのだから、頭脳が試されるようなことはしないでおこう。なんだ頭悪いじゃないか、と思われたら困るから」などとは絶対に考えなくなる。

授業前、授業中、授業後のいつでも、資格を持つ専門家による、柔軟性のある少人数グループでのサポートを受けられるようにする。[27]

原則4：教師を「専門家」として待遇する

医者、弁護士、会計士など、専門職と考えられている仕事とそうでない仕事の違いは何だろう。専門職に就くには少なくとも何年かの勉強期間が必要で、そのあいだに医者（あるいは弁護士、会計士）志望の人たちはその仕事の知識体系を理解していく。これらの道に進むには厳しい審査があり、合格すると、その職業の新たな一員として国家的専門機関に登録され、新米専門家としての承認が与えられる。この段階から新米の専門家は仕事を始めはするが、負うべき責任はかなり小さく、ベテランに厳しく監督され、仕事のやり方を指導される。そうやって次第に責任を持って仕事ができるようになり、さらに勉強して上の試験を受け、昇進し、やがて経験の浅い者を指導する立場になっていく。彼らは専門知識を持っているために尊敬されるが、その理由は、その道を進むのはとても大変で、しかも地位が上がれば相当な収入を得られることを誰もが知っているからだ。だから学生は、大学を卒業すると専門職を選びたがる。

私が訪れた国々はすべて、それと似たようなやり方で教師を養成していて、だいたい次のような方式をとっている。まず、教師養成トレーニングを受ける者は厳しく選抜される。トレーニングは信頼性の高い機関で一年以上かけて実施される。そして、トレーニングと実習の両方に合格した者だけが、教師の資格を与えられる。教職に就いても、最初の二、三年は先輩教師の指導を受け、それ以後も毎週の授業計画ミーティングなどを通して、経験豊富な同僚たちと密接な協力関係を築いていく。こうして教師たちに、仕事をするうえでの自律性が養われ、さらに専門的向上のためのサポートも受け、教師という仕事は魅力的なものとなる。したがって教師志望者も増え、養成トレーニングを受ける者を厳選することが可能になる。これが教師専門化のサイクルで、ここには教師たちの内発的動機づけを高めるために必要な三つの要因、すなわち熟達、自律、関係性がある。

教師の養成には、少なくとも一年間の厳しいトレーニングプログラムを課す。その養成プログラムは専門機関の承認を受け、教育に関する専門知識を習得するものでなくてはならない。

資格を取得したばかりの教師は、授業時間を少なくし、同じく授業時間を減らした先輩教師から指導を受ける時間を確保する。教師たちが少人数で集まって授業計画を立てたり、授業を評価したりすることを奨励し、すべての教師が教育面で互いに支え合い、学び合えるようにする。

これとは対照的なやり方は、最低限の基準を満たせば誰でも認め、教師養成プログラムの運営をどんな機関にでも認可し、ろくに監督もせず、所定の条件を満たす者なら誰にでも資格を与え（あるいは資格をまったく必要とせず）、その後もほとんど指導もなく教師どうしの協力体制もない、というやり方だ。この場合に問題となるのは、教え方の最低限のレベルを確保するために、教師を厳重に管理して自律性を制限しなければならないということだ。すると教師の内発的動機づけに悪影響が出て、やる気が低下するので、ちゃんとした仕事をさせるためには、報酬で釣ったり脅したりしなければならなくなる。こんなことを繰り返していると教師の仕事は魅力のないものになり、教師不足に繋がる。

すると優れた人材を選ぶことも難しくなり、教師の地位をさらに下げる結果になる。残った者たちもオーバーワークになって、やる気も減退するだろう。こちらのやり方はさきほどの逆で、いわば「非専門化サイクル」だ。ちなみに実在する教育システムに類似したものがあっても、それは偶然の一致にすぎない。

こういうシステムについては説明するだけで済めばいいのだが、もし自分の国の教育システムが非専門化サイクルに陥っていたら、どうしたらいいだろう。「専門化」の方向に向かわせるチャンスはどこにあるのだろう。フィンランドは、教師養成の第二段階にあたる養成機関の改革を行なった。教師養成カレッジを閉鎖し、トレーニングをすべて、高レベルの八つの大学に移した。シンガポールの場合は、教職に就くことを条件に留学費用や奨学金を出して、教師養成プログラムを魅力的なものにした。カナダでは、労働組合が教師の給与と労働条件を上げるために闘っている（教師の俸給はPISAのスコアと相関がある）。そのため州によって給与や労働条件には差があるものの、教職はいまだに人気がある。中国は、教師の社会的地位を上げるために資格取得条件を厳しくし、段階的なキャリア構造を導入した。

教師になるために大学で勉強し、厳しいトレーニングを受けると、それ自体が教師の地位向上に役立つという以外にも良いことがいろいろある。大学では役立つことがたくさん学べるのだ。言うまでもないことだが、他の専門職と同じで、教師という仕事にもそれに必要な、研究に基づいた知識体系が存在している。子どもの発達学、認知心理学、教科教授法などだ（これらは教育学的知識とも呼ばれる）[28]。これらは単なる教師養成プログラムでは必ず教わるというものではない。だからこの種の教師養成トレーニングが何の異論もなく良いものだとは言えないが、[29] 大学に行ってこういう知識体系をしっかり身に着ければ、教師としての質に大きな差がつく。[30] また驚くにはあたらないが、最高の教育を行なっている国々の教え方のいくつかは、研究に裏打ちされたものだった。**コラム⑥**を参照されたい。

コラム⑥　効果的な教え方の組み合わせ

どんな国においても、実際に行なわれている教育の性質についてたしかな結論を出すことはきわめて難しい。サンプルとして研究したり訪問調査したりできるものがたいてい小規模なうえに少なく、対象を無作為に抽出していると言えないことが多いからだ。しかし、私がこの目で見たり文献で読んだりした実践のいくつかは、これらの国々が国際テストで高得点をあげたことに貢献していると言えるかもしれない。私はここで個人的な見解から「良い」教え方とはどんなものかを述べているのではなく、自分が見聞きして本書で紹介した教え方の多くと、専門の研究によって効果が実証されている教え方を組み合わせている。[31] 本書に登場する、効果が実証された授業法を、このあとに箇条書きで示しておいた。ついでに、効果がないとわかった少数の例も挙げておく（大部分は、本書で調査した国々は実践していない）。

成績の良い国の教師たちが用いている、効果が実証された教え方の例

・前の授業の復習：学習内容の要点を次の授業のはじめと数週間か数ヵ月後に復習する。

・お手本と用例：ペースに気を配って説明し、お手本や用例を使って、学習内容を明確に理解させる。解き方のついた問題と、生徒に自力で解かせる問題を交互に出す。
・問題を深く追求しようとする姿勢：生徒たちに「なぜ」「どうやって」「もし～だったら」「どうしてわかるのか」などと尋ねて、何が要点かを理解させ、それについての知識を関連づける。
・生徒をやる気にさせる：生徒たちは、がんばって勉強すれば知能や能力は向上すると確信できれば、どんどんやる気を出す。教師は生徒の能力を評価するのではなく、結果を出すための努力や工夫、その他の自主性を褒めることによって、生徒たちの信念をさらに強めることができる。生徒たちも教師から認められていると思えば、いっそうやる気を出して良い成績に繋がる。
・暗記：どの教科にも覚えなければならないことがたくさんある。暗記によって長期記憶に収容すれば、作業記憶の負担が減り、既存の知識とスキルを応用することによって当面の問題に対処することができるようになる。暗記する量は科目や内容によって異なる。
・簡単なテスト：教師は、暗記は他の学習形態より記憶を長持ちさせられることを、生徒に納得させることができる。その方法として、簡単なテストを行なうと良い。それによって生徒も自己診断ができる。
・フィードバック：教師が定期的に、明確で目的の定まったフィードバックをすれば、生徒たちの知識を更新でき、生徒たちが教わった知識を理解したりスキルを習得したりするための方法を見つけ出す助けにもなる。

効果のない教え方の例

・子どもの能力を賞賛する。
・要点を生徒自身に見つけさせる。
・生徒たちの好きな学習法に教師が合わせて教える。
・教師が教え聞かせるのではなく、生徒たちに常に何らかの活動をさせる。

五カ国で違っているのは、いつ、どこで、教師たちが専門知識を学び、スキルを習得するかという点だ。フィンランドは初期段階に力を入れてトレーニングし、小学校の教師になるのに五年間学んで修士課程を修了する必要があるが、どの国にもこういうやり方が合っているわけではない。国によっては、優秀な若者は、そんな長いトレーニングに全力を傾けてまで、あまりパッとしない専門職に就きたいとは思わない。日本は、公的な資格はすべて最初に取得するが、同僚による指導や授業研究を通して教師としてのスキルを向上させ続ける。その後、校長になる前にはまた資格試験がある。中国とシンガポールでは、これをもっと体系化している。最初の養成期間はフィンランドより短いが、教師たちは仕事をしながら知識とスキルを向上させるものとされ、昇格していってキャリアの上の方に行けば、新米教師たちに責任を持つ地位にもなる。

このようなキャリアの階段を設けることは、より専門的な向上が必要にはなるが、「非専門化サイクル」に陥った国々にとってはまさに、現状から脱して、教師という職業がもっと尊敬されるために必要なことだろう。

原則5：学校の成績責任と学校へのサポート（制裁ではなく）を両立させる

この原則の重要性を、私はとくに強調したい。各国を旅しているあいだ、それぞれの政府によって行なわれている、学校改革に対する良識のある取り組みに、私は何度も感銘を受けた。しかしそれと同時に、自分の国で行なわれている、それとは正反対の学校改革の取り組み（政府が改善を主導し、もし改善できなければ、学校の管理体制そのものを変えてしまう）に、ちょっと泣きたい気分になる。

両者の違いは、学校が子どもの成績に責任を負っているかどうかにあるのではない。私が訪問したどの国も、学校に対して、比較可能な数値のデータを地方自治体に提出するように求めていた。そのデータのもとは、適度に加減された教師の査定（フィンランド）や、学校単位の試験（日本、上海、シンガポール）や、州単位の試験（カナダのオンタリオ州とブリティッシュコロンビア州）などまちまちだ。世界全体では、外部の統一試験は、ＰＩＳＡの結果および、その結果の公平性（フィンランドの例でわかるとおり、統一試験は高い公平性には必要ではないが）と強く関連づけられていて、シンガポールとカナダのいくつかの州では、これらの結果が学校単位で公表されている。また私が訪問した国々では、その頻度や目的は違っていたが、どこの学校にも、学校訪問という観察形式があった。学校を改善するためには、どの学校が支援を必要としているか、どんな支援が必要かを知っておかなければならない。

学校単位のデータや不定期の全国的調査を利用して、国家レベルあるいは地方レベルで学校の活動状況を観察する。

これらのデータは、学校の支援に使われる。こういうタイプの成績責任のあり方は、過失責任や賠償責任ではなく、実行責任や倫理的責任とでも言うべきものだ。いくつか例を見てみよう。カナダでは、ほとんどの州にある学校の組織について見てきたが、教育委員会が教育長（元校長が多い）を任命し、その下で各学校は「ファミリー」にグループ分けされる。もし州の試験で、ある学校の成績が悪ければ、教育長が校長に直接問い質し、前進するためにはどうすればいいか一緒に答えを探し、場合によっては、同じ「ファミリー」の学校と連携して考える。各学校の校長たちは定期的に会合を開いて方針を共有する。

シンガポールも同じようなやり方をしている。一つの「区」にいくつかの学校があり、それを区教育長が監督し、区教育長は学校の幹部職員たちが効果的な運営をするための指導や助言を行ない、お互いに協調できるように働きかける。しかし、カナダでもシンガポールでも、そもそも学校は立派に運営されているように思える。教育システムがしっかりとした指導者の育成（原則4参照）と後継者の育成を行なっているからだ。

優れた元校長たちのネットワークを活用し、定期的に学校訪問をしたり、現役の校長にアドバイスやサポートをする。

日本では、学校の視察は教育委員会のメンバー五人によって行なわれる。彼らには教師や校長の経験者が多い。ハシモト校長は、「うちの県では一年に五回の視察があり、彼らは授業を見学し、教師たちと話し、年度の終わりにこういうものを作成します」と言って、背後の棚に手を伸ばすと、一冊の冊子を取り出した。「その学校のためのアドバイスと提言です」私がイギリスでは視察は三日しかないと言うと、彼は訝《いぶか》しそうに眉を上げた。「三日では、学校のことが何もわからないでしょう！」

学力が低い学校をサポートするために、日本、シンガポール、上海で行なわれているもう一つのやり方は、力量のある教師を送り込むことだ。上海では、これは「委託管理制度」という大きな政策の一部として行なわれる。私が訪問した学校の一つは、比較的貧困な地域にありながら総合教育を行なって高い成果をあげてきたので、学力の低い別の学校とペアを組むように政府から委託された。そこで必要な資金援助を受けて、何人かの教師と指導者を一人、学力の低い学校に送り込んだ。彼らはその教師たちと仕事をしながら彼らの研修を行ない、しばらくのあいだは学校の運営も引き受けて、優れた運営や教育ができるようになるまで訓練してから、元の学校に戻った。このおかげで委託管理された学校は、その後、学力が劇的に上がるという利益を得たし、指導を行なった教師たちにとっても有益な体験になった。

優れた教師や指導者にやる気を起こさせ、問題のある学校で仕事をさせて、他の教師たちにも教育的指導力を分け与える。

いくつかの国では、これとは対照的な考え方で学校改革が実行されている。その考え方は、正式には「行政責任」と呼ばれるが、一般には「ハードルの高すぎる」成績責任として知られる。それらの国では、責任はモチベーション2・0、つまりアメとムチの方式に基づいている。おもにムチの方だ。一定ラインまで子どもたちの成績をあげられない学校は、閉鎖、接収（永久に）、財政的制裁といった脅しをかけられる。管理職は失職の危機に怯え、それが大丈夫でも、学校の評判の低下に怯える。こういう学校はたいてい仕事がきつく、貧しい地域にあって、資金も乏しい。

理屈のうえでは、その学校の教師と管理職が制裁を避けるためにやる気を出して、懸命に働くか違う方策を立てるようになる、というのだろう。しかし圧迫を加えられることは、まったく新しい解決法を思いつく助けにはならない。むしろ創造性を失ってしまうだろう。厳しい査定にさらされる状況で、創造的な仕事などできない。[32] マッキンゼー・アンド・カンパニー社が行なった最も高い成果をあげている教育システムの研究では、成果をあげるためにはあえて学校単位のデータを公表しないとする、ある「アジアの教育システムの長」の話を引用している。「成績を公表すると、教師のやる気をなくさせ、彼らを無気力にさせてしまう……。彼らは新しいことを学ぼうとしなくなる[33]」そんな彼らががんばって仕事をしたとしても、同じことを繰り返すだけだし、それが役に立たないものだったなら、無駄にしかならない。

あるいは、同じことを繰り返すばかりではなく、悪い方向に変わっていくこともありうる。ある政府関係者はこう言った。「彼らは自分の身を守ることにばかり心を砕いて、生徒たちがテストで良い点を取っているように見せようとするだろう」アメリカとイギリスにおける、ハードルが高すぎる成績責任に関する研究では、教師たちは政府の要求を満たすことだけを考えるようになり[34]、「ギリギリの線」上にいる生徒たちにばかり注意を向けて他の生徒をおろそかにし[35]、成績の悪い生徒はテストを受けないように、特別プログラムに入れ[36]、ひどい場合には点数をごまかす[37]。

優れた成果をあげている教育システムでは、学校の成績が落ちているときは、教師に知識や技能や能力が欠けていて改善できなくなっているということがわかるので、彼らを支援し、どんな方法であっても、学校や子どもたちのためになるような措置をとっていく。校長が改善に乗り気でなかったり、やりたがらなかったりすると、校長を異動させる場合もあるが、これは極端な例だ。

すべての原則を同時に

ここに挙げた五つの原則のうち一つでも実行できれば、教育レベルの向上に役立つかもしれないが、他の四つを実行しないと、それも難しいかもしれない。たとえば、小学校に入った子どもたち全員を最低限の基準に到達させようとするとき、その基準は一年生のうちに達成できるものでないと、学習の始めの時点から落ちこぼれの子どもが出てしまうことになる。教師を専門家として待遇することが目的の、新しいトレーニングを受けて得られる資格を設ければ、優秀な大卒の若者たちを集めることができるが、そのあとで彼らを、良い成果をあげなければ職場を閉鎖するぞと脅したら、みんな去ってしまうことだろう。

教育システムはすべての部分で調和していなければならない。もし、学習内容の習得のために注意深く構築された、とても優れたカリキュラムが中心にあったとしても、試験のための丸暗記でしか高得点の取れないようなハードルの高すぎる試験があれば、誰もカリキュラムになど注意を払わないだろう。本章で示した原則は、互いに補強し合っている。私が訪れた国々では、それぞれ違うやり方で用いられていたが、これらの原則が同時に働いて、数学でも読解でも科学でも、質が高くて公平な教育を行なえるようになっていた。[38]

もちろんこれらの原則は、その国の状況に合わせて用いられた方がいいし、他の国が用いている手法をそっくり真似るのではなく、刺激を受けたところから実行していった方がいい。これが成功した例は、あるイギリスの団体が初等学校と中等学校のグループで行なった「算数（数学）マスター」プログラムだ。これは、シンガポールで行なわれている算数の教え方を基本にしている。このプログラムが普通のイギリスの算数プログラムと違う点は、少ない項目に絞って深く掘り下げて学習させ（原則2）、すべての子どもが一定のレベルに達してから次の内容に進み（原則3）、

高い成果と公平性の根底にある原則

子どもたちに学校で勉強する準備をさせる	→	子どもたちは準備ができる
きちんと習得できるカリキュラム（そしてやる気の出る授業内容）を作る	→	子どもたちは学ぶ
低いレベルで妥協せず、子どもたちが向上を目指すようにサポートする	→	すべての子どもたちが学ぶ
教師を「専門家」として待遇する	→	教師たちが高いスキルを持つ
学校の成績責任と学校へのサポート（制裁ではなく）を両立させる	→	学校に良い影響が出る

教師のための専門的な上達プログラムも備えていて（原則４）、すぐれた授業を学校どうしのネットワークで共有していることだ（原則５）。

イギリスの二人の研究者が、八七校の初等学校と五〇校の中等学校における、一年後のこのプログラムの影響を調べる無作為比較試験（究極の判断基準だ）を行なった。その結果、数値的にはほどほどだが、はっきりとした効果があることがわかり、二人はそれが、けっこうな経済的見返り（すなわち、それによる生涯賃金の増加はプログラムの費用をはるかに上回る）に繋がると推定している。[39]

しかし、経済的な見返りを重視しなければ、どうなるだろう。それ以外の点についてはどうなのだろう。何と言っても教育は数学に限らないのだから。本書で挙げた五つの原則は、他の重要な何かに抵触しないだろうか。次の章では、これらのやり方が代償なしに成立するかどうかについて検討しよう。

第一八章　PISAで高得点を取らせる代償は？

私にはまだ子どもがいない。しかし世界を巡りながら、いつも考えていた。いつか自分の子どもをこの国に連れて来たいだろうか？　この優れた教育システムのもとで学ばせたいだろうか？　と。

最近の全米の調査における、アメリカの多くの親たちの答えと同じく、私も自分の子どもたちには読み書きと数学が得意であってほしい。[1] 科学も得意な方がうれしいが（なにしろ私は科学の教師だから）、世界的な調査で三八パーセントの親たちが望んだように、[2] 医者や弁護士やエンジニアになってもらいたいかどうかはわからない。なにしろ、まだ生まれてもいないのだから。ともかく、私が巡った世界上位の五カ国の教育システムをもとにした五つの原則がなければ、何も始まらない。

私はまた、自分の子どもには幅広い教育を受けさせたいと思っている。もし芸術やダンスの才能に遺伝が関係するのなら、この方面はあまり得意ではないかもしれないが、創造的な芸術に打ち込んで、芸術を通して自分を表現してもらいたいと思う。ラグビーで泥だらけになったり、バスケットボールで汗臭くなったりして帰ってきてほしいし、そのせいで帰りが少々遅くなってもかまわない。そして学校には子どもたちに、自分の住んでいる地域社会と、その中での自分の役割について考えさせてもらいたいし、しっかりした倫理観を身に着けさせてもらいたい。そしてこのような希望は、ＰＩＳＡで高得点を取っている国々のどの学校に子どもを通わせても、実現可能だ。

カナダとフィンランドと日本は、一週間あたりの数学、科学、第一言語の授業時間がＯＥＣＤの平均より少なく、他の授業に使える時間がたっぷりある。上海とシンガポールはＯＥＣＤの平均より多いが、上海の場合、アメリカの子どもたちより週にわずか六分、イギリスより二五分多いだけなので、他の科目の時間を大きく減らすことはない。中国の中学生たちは高校入試の試験勉強をしているときでも、政治、中国語、数学、外国語、歴史、地理、物理、化学、生物、体育、音楽、美術の授業を受けている。

では、その代償は何だろう。高い成果を得るために、何か譲歩しているものはないだろうか。もし、前章で示した五つの原則を他の国々が取り入れたとしたら、その国のＰＩＳＡの得点はきっと上がるだろうが、そこにはどんな代償があるのだろう。

仕事と職業訓練教育

ここに数学が苦手な一四歳の中学生がいる。この先、一五歳、一六歳になっても学校の机に縛りつけられるなんて、嫌で嫌でしょうがない。しかしそれが先生が「押しつけ」てくる唯一の授業形態だ。だから彼は宿題もろくにやらないし、授業にもあまり熱心ではない。しかし、もしおばさんの家から遠くないところに、自動車修理技術を教える評判の高い職業訓練学校があったとしたら、どうだろう。

彼がずっとやりたかった仕事だ。でもそこに入るには、数学と英語でそこそこの成績を取り、先生に良い内申書を書いてもらわなければならない。そこで彼は俄然《がぜん》、やる気を出す。

もちろん質の高い職業訓練を受けられることには、勉強が嫌いな子どもがやる気になる以上に、多くの利点がある。まず思い浮かぶのは雇用の機会が多いことだが、そういう実用面ではなく、政府がこの職業訓練に力を入れるべき、より根本的な理由が存在する。それは、教育は万人のためのものであるべきだ、ということだ。教育は、大学に行くための梯子《はしご》のようなものであってはならない。大学に行けない者、あるいは行きたくない者をさまざまな段階でふるい落として、雇用の機会もない状態で放っておいてはいけない。教育は、一本の樹木のようなものであるべきだ。その木には根本的な知識という幹《みき》があり、そこから多くの専門分野という枝が分かれて多種多様な職業という葉をつける。

すでに述べたように、私は二つの理由から、その幹は子どもたちが一五歳頃になるまで枝分かれすべきではないと考えている。第一の理由は、二一世紀になり、どんな仕事にも教育の必要性が高まったという点だ。二〇世紀には、樵《きこり》や工場労働者になるには小学校教育だけでじゅうぶんだったが、彼らの孫たちは、機械ではできない仕事をするために、より高度なスキルを必要とするようになり、他の子たちと同じように充実した教育を受けるのが当然になっている。第二の理由は、この年齢より前に子どもたちを別々の進路に分けると、その振り分け試験の成績に親の収入が大きく影響するという点だ。親が医者なら問題ないだろうが、もし親が高い教育を受けていなかったり、失業していたり、そもそも親がいなかったりしたら、子どもの進路はかなり不公平な制限を受けることになる。それに、能力別に学問的コースと職業訓練コースに振り分ける年齢を中等教育前期の修了時点まで延ばしても、雇用の妨げにはならない。[3]

フィンランド、日本、上海、シンガポールでは、子どもたちは一五歳を超えてから職業訓練校に分かれて進み、さまざまなタイプの技術教育、職業教育を専門的に学ぶ。フィンランドとシンガポールでは、その後、高等教育に進むこともできるので、普通科の高校に進む資格があるのに技術系の学校に進む子どももいる。これは、職業訓練に対する考え方が変わってきている証拠だ。カナダのほとんどの州では、子どもたちは普通科教育と職業訓練教育の両方を教える高校にも進むことができ、さまざまなコースを組み合わせて、卒業後の専攻や進路を決めることができる。この旅を通して、教育システムに対する私の考えは広がった。以前は貧しい家庭の子どもでも大学に行けるようなものを想定していたが、今は、家庭環境にかかわらず、大学に行かない選択をする子どもたちにも優れた教育機会が与えられるようなものであるべきだ、と考えている。ありがたいことに、一つの教育システムの中で学問的成果をあげることと、優れた職業訓練教育をすることは矛盾するものではなく、むしろ互いに補完し合うことができる。

学校と勉強を楽しむこと

西欧世界で広く信じられていることの一つに、東アジアの子どもたちは成績は良いけれどかわいそうだ、退屈な授業と絶え間ない試験のせいで、勉強の楽しさなんかひとかけらもない、という思い込みがある。しかし実際はそう簡単なものではないと、本書を読んでわかってもらえただろう。シンガポール、上海、日本の子どもたちはさまざまなプレッシャーにさらされているが、かわいそうだとはかぎらない。それどころか、彼らの多くは意外と学校を楽しんでいて、イギリスやアメリカの子どもたちより学校で教わる科目に興味を持っている。ＰＩＳＡのテストを受けたときに生徒たちが答えたアンケートの結果を見ると、それがよくわかる。彼らは、学校をどう思っているかについて、いくつかの質問を受けている。

　図6でわかるとおり、上海、シンガポール、日本の生徒たちは、じつはカナダ、フィンランド、イギリス、アメリカの生徒たちより学校を楽しんでいる（ただし、やはり成績の高いアジアの国の一つである韓国は、かなり下の方に位置する）。つまり高い成果を出す教育システムを持つことは、子どもが学校を楽しむ可能性をなくすものではなく、だからといって、（フィンランドの例を見ればわかるように）それを保証するものでもない。

図6：生徒が報告した幸福度[4]

「学校は楽しい」という意見に「同意する」か「強く同意する」と回答した生徒の割合

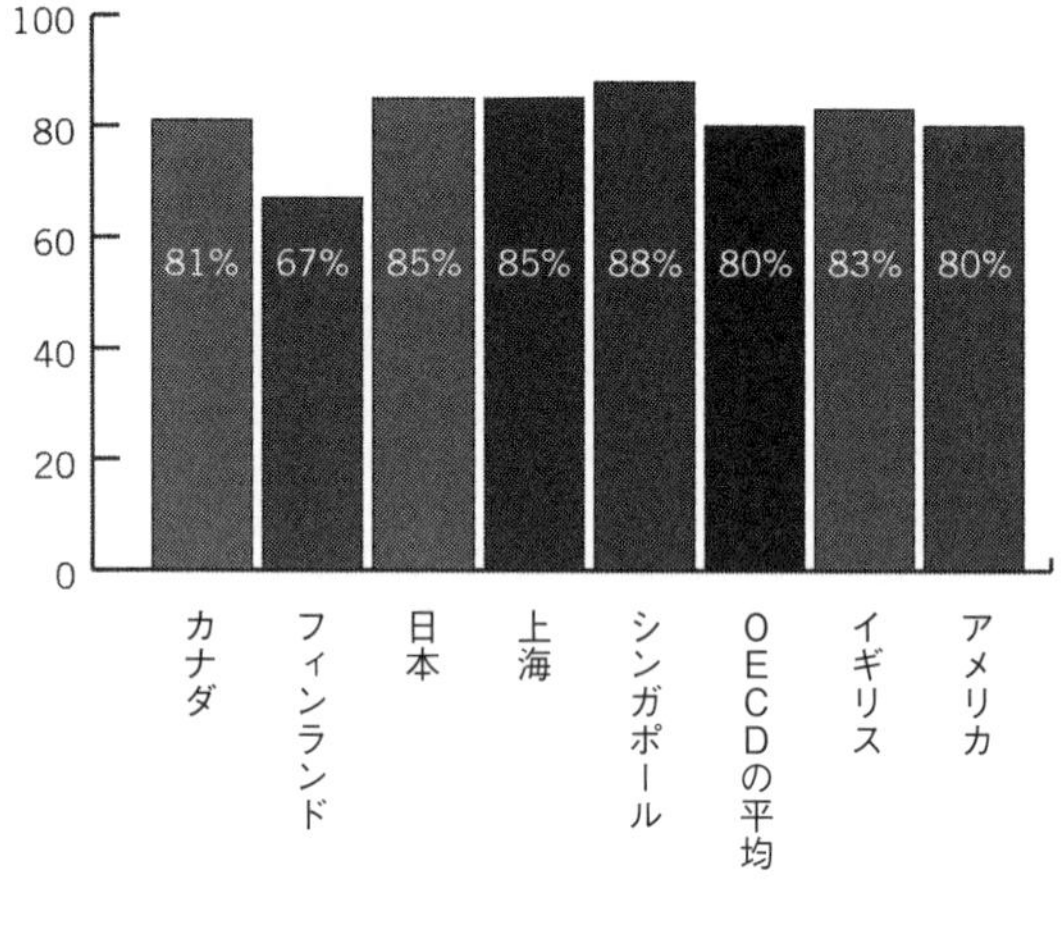

ここには生徒の内発的動機づけにも通じるものがある。図7にあるように、上海とシンガポールの子どもたちは他の国々より多く、数学で学ぶ内容に興味がある、と回答している。ここで、上海のところで論じた二つの理由が思い浮かぶだろう。一つは、中国の子どもたちは教育の重要性を自分で理解しているから、自分の意思で猛勉強するということ。もう一つは、ある単元、ある科目を習得することは、それ自体が喜びをもたらすということだ。アジアの教育システムに関して、私たち西欧人は誤った固定観念を持っている。アジアの教育は、学ぶ喜びとも深い知識とも縁のない試験地獄ばかりで、それがどこでも同じだ、というわけではまったくない。

とはいえ、これらの国々の子どもたちが多くのプレッシャーにさらされているのも事実だ。私がシンガポールと上海で会った親たち

図7：生徒が報告した数学への興味の程度[5]

「数学で学ぶ内容に興味がある」という意見に「同意する」か「強く同意する」と回答した生徒の割合

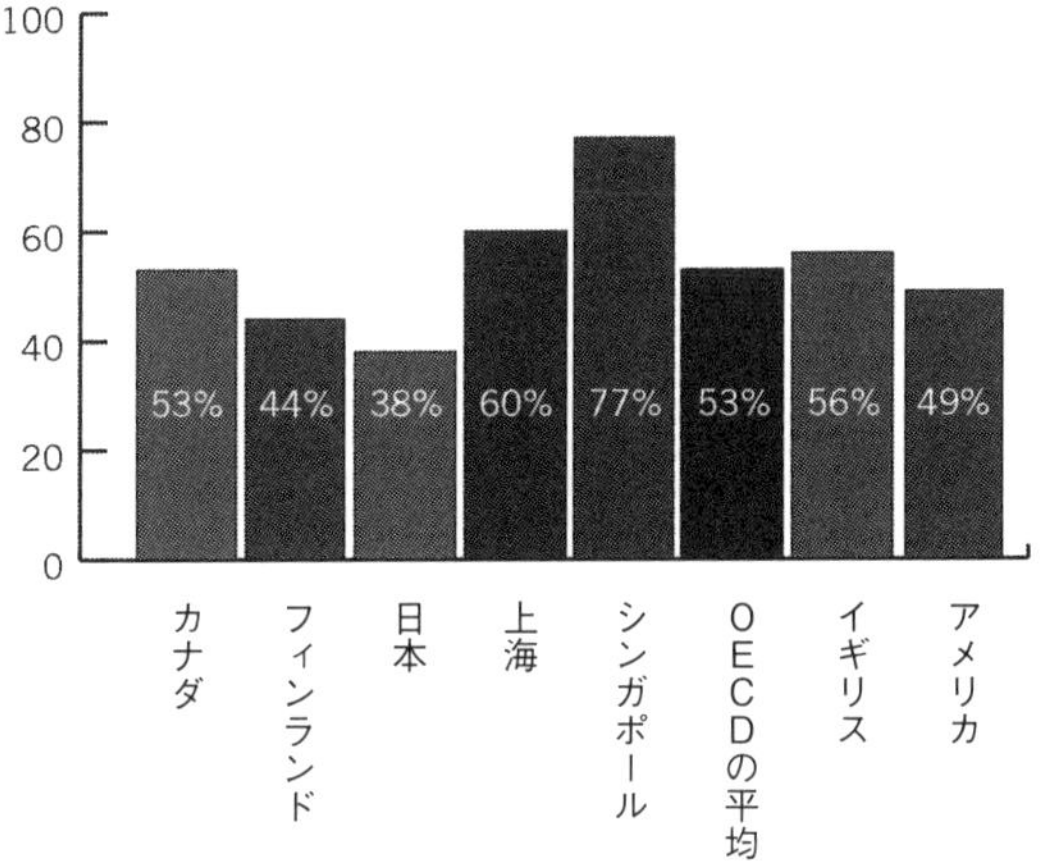

は、子どもたちが勉強ばかりしなければならないことを嘆き、それは自分の国の教育システムがもたらす必要悪だと考えていた。ひょっとしたら、上海とシンガポールのかなりの子どもたちが、学校はけっこう楽しいと感じているのは、学校の外でやらされるきつい勉強よりも、学校の中の方が楽しいからかもしれない。逆に、フィンランドの子どもたちがあまり学校を楽しいと考えないのは、家では自然の中で遊んでいるからではないだろうか。ここに一つ、高い成績の代償になったものがある。中国の高考やシンガポールのPSLEのように、子どもたちがきわめてハードルの高い試験を受けなければならないような教育システムにすることは、私が思い描く、高い成果をあげる教育システムの原則にはない。現にフィンランドやカナダにはそういうものはない。しかし、間違いなくこのプレッシャーのせいで親たちは、子どもに家でも練習問題をやらせたり学習塾に行かせたりし、そのせいで子どもたちは高得点を取る代わりにストレスが高くなる。だから東アジア圏の国々がPISAの上位を独占するのも、不思議なことではない。

もし、アジア地域以外のどこかの国が「打倒中国」を目指して、自分の国の子どもたちを大きなプレッシャーにさらそうとしたら、どうなるだろう。やってみてもいいが、たぶん徒労に終わるだろう。東アジアの国々のプレッシャーの大部分は、試験に対する親たちの考え方から生じている。彼らは学問的な教育に高い敬意を払っている。子どもの試験の成績がその後の人生に影響を及ぼすことをよく知っている。また、総じて競争心が強い。だから真似をしようとしても、同じようなものの考え方をして、子どもが重要な試験を受けるときには仕事を休んでつきっきりで教えるような親たちが自分の国にいなかったら、追いつくことなどできない。

私は、文化や考え方は変えられると思っているが、保守的な大人たちの価値観や行動を変えようとするより、学校の中から変えていく方が効率的だろう。だとすると、アジア以外の国々がＰＩＳＡの順位表のトップになることは見込めないということになるが、私個人としては、それで構わないと思っている。自分の国に合った変化を起こすことを重視して、ＰＩＳＡのトップ一五位以内くらいを目指し、中国人などがまだ成し得ていないことで自分の国の子どもたちの才能を伸ばした方が、ずっと良いのではないだろうか。

二一世紀型スキル

最新のＩＴ技術を使いこなすためのスキルは別として、二一世紀型スキルと呼ばれるものはかなり以前から存在していた。その中には、問題解決、批判的思考、コミュニケーション、創造力などがあり、私たちの祖先はこれらを何世紀にもわたって活用してきたが、最近、また新たに注目されだしたのだ。将来に向けて、仕事のほとんどがこれらのスキルに頼るようになっていくだろう。

教育システムがこの二一世紀型スキルにどう取り組んでいくべきかは、本書の趣旨から外れるのでここでは取り上げないが、前章で示した、高い成果をあげる教育システムを作るための原則が、これらのスキルとうまく整合するかどうかという問題については取り上げておこう。良い成績を取らせることと二一世紀型スキルは、並び立たないものだろうか。そうだと言う人もいる。そういう人は、成績の高い東アジアの国々の政府が、子どもたちに創造力や批判的思考がないことを嘆いているという事実に着目し、良い成績を取らせるシステムそのものが、このような問題を引き起こしているのだと考える。たしかにいくらか的を射てはいるだろう。しかし、それだけではない。

子どもたちを巨大なプレッシャーにさらす教育システムの特徴、すなわちきわめてハードルの高い統一試験を課すという文化が、創造力や批判的思考を抑え込んでしまう。そういう文化のもとでは、たった一回の試験の点数が子どもの教育機会はおろか、その後の就職にまで大きな影響を与えるので、一つの答えしか選べないマーク方式を取らざるをえない。そのことは数学や科学では、あまり問題にならない。答えにたどり着くためにさまざまな方法を試みることはすばらしいが、ロニーが言うように、数学では「創造的な答え」は間違っているのだ。しかし、言語、文学、歴史、政治などの科目で、たった一度の統一試験を目指した授業を行なえば、独創的な考え方や批判的思考を排除して、マーク方式の点の取り方ばかり教えるようになる。政府が批判に過敏な国（シンガポール、中国）や、みんな同じことが尊ばれる国（日本）では、そういう国民性が、点数至上主義の学習法と結びついていて、教師は子どもたちに、箱から外に出るような考え方をさせようとしない。

しかし、統一試験自体がこのような状況を生んだのではない。教師と生徒が揃ってひたすら試験だけに向かって駆り立てられ、より深く、より広く、応用力のある学習をないがしろにした結果なのだ。上海とシンガポールはこのような試験偏重の教育から脱しようとして、学習内容の応用や生徒どうしの議論をもっと授業に取り入れるように、カリキュラムを変更した。今、上海では、「どの問題にも二つ以上の答えがあるはずだ」という言葉がよく聞かれる。シンガポールも日本も、こういう種類の学習をする時間を作るために、カリキュラムの内容を減らすことにした。また日本では、教科横断型授業を増やすことで、より多くの二一世紀型スキルを身に着けさせようとしている。

しかし、きわめてハードルの高い統一試験が依然として存在している現状で、教師たちはこういう方針に従うのだろうか。私がシンガポールと上海で話した何人かの教師たちは、自分たちが本当に力を入れなければならないのは生徒に試験勉強をさせることであり、親たちもそれをよくわかっていて協力してくれていると言った。こんな状況を改善するために、政府の教育機関は苦闘を強いられている。日本の「ゆとり教育」も、小学校の教師たちは喜んで受け入れた（おそらく小学校には大きな試験がないからだろう）が、中学校と高校の教師たちはできるだけやらずに済ませようとしたという。

フィンランドには小学校と中学校に国家レベルの試験がまったくないので、教師たちはカリキュラムの求めに応じ、子どもたちのために最良だと思われる方法で自由に教え、成績を評価している。カナダの各州では、共通テストをバランスよく使うように提案している。これは小学校と中学校で行なわれる不定期な州単位のテストで、子どもたちを審査するためのものではなく、学校がうまくいっているか、介入や支援の必要があるか、ということを見るための、いわば自動車の「検油棒」のような役割を果たす。また高校には年に一度、教師が等級分けしたコース別に州の試験があり、それによって各生徒の卒業資格の約半分が保証される。こうすればテストより授業を重視する余地が残るし、時間が経つにつれて起こるスキルの微妙な変化にも対応できる。

どちらかではなく、どちらも

日本はＰＩＳＡの成績が下がったと気づいたときに「ゆとり教育」に歯止めをかけ、それまでカリキュラムから外していた教材を再び取り入れ、土曜日の授業を復活させた。しかし国際テストの点数と二一世紀型スキルは本当に両立できないものなのだろうか。一年で使える時間は限られているから、時間をめぐるせめぎ合いはあるだろう。新しい授業内容を理解する時間が必要なうえに、その内容を応用し、批判的に検討して、創造力を働かせる二一世紀型スキルを磨く時間を取ることは難しい。

この二つのタイプの学習は同じ授業の中で行なわれ、内容理解から応用へと切れ目なく移行していくが、どちらも時間がかかる。たとえば、冷戦の責任は誰にあるかという問題について、当時の歴史の徹底した理解と二次資料の考察をもとに自分自身の解釈を入れて長いレポートを書くようなもので、たんに事実を暗記したり、小論文ではどんな点を強調したらいいかを学ぶことより、ずっと時間がかかる。熱伝導について学んだ知識を応用して、すてきなランチボックスをデザインしたり、二重ガラスの機能をクラスメートに説明したりすることは、「伝導」の定義を覚えるより時間がかかる。どちらの場合でも、二一世紀型スキルはその時々のテーマに時間をかけ、創造や批判を加えながら、より深く学ぶことによって発達していく。

この時間不足問題には、一見良さそうに見える解決策が二つある。一つは知識を身に着けさせるのをいっさいやめて、スキルを教えることだけに重点を置くことだ。何か知りたければグーグルを見ればいい。しかし残念ながら、問題解決や批判的思考や創造力は、その問題領域の知識がなければ働かないので、これはうまくいかない。もし私が教育システムについて批判的な考えを持てるとしたら、それは私がこの領域についてよく知っているからだ。しかし私は、スコットランドの独立問題については、経済問題についてもスコットランドについてもよく知らないので、知的な意見を言うことはできない。私のパートナーは医者で、多くの医学的問題を解決することができるが、本書のマーケティングに関して私が真っ先に相談する相手ではない。彼は出版業界についてもマーケティングについてもよく知らないからだ。

やはりこのようなスキルは教科内容を教える過程で、子どもたちに実際に問題を解決させたり、批判的に考えさせたりして教える必要がある。事実に関する知識というしっかりした土台もなく、ただ考えるスキルだけを教えようとしても、新しい状況への対応力や問題解決能力は促進されない。[6] すでに知っている知識を授業で使うときは、問題解決、[7] 自己調整手法、[8] 創造力[9] などを、教師の経験則や手法として教えることができるなら、機会あるごとに教えて練習させるのが、いちばん良いやり方だろう。あるシチュエーションを用意するだけで、あとは子どもたちの成長を待つというやり方は良くない。ただしこれは、日本の多くの小学校で行なわれているように、教師が面白い問題を提示して、子どもたちに解決させながら、あるテーマを教えるというやり方がいけないというのではない。本当の問題解決のためには、子どもたちにあらかじめじゅうぶんな知識があることが必要で、そのうえで教師がきちんと導いていくというやり方が最適だ、という意味だ。

時間不足問題を打開するように思える解決策がもう一つある。その前提として、まず、子どもたちには、物事を知り、理解することと、創造力や批判的思考や問題解決のできるスキルを身に着けることの、両方が求められている。ならば、そしてその両方を効果的に行なうための解決策として、これらの二一世紀型スキルを使って学習内容を教えてはどうだろう。つまり、たとえば問題解決手法を使って数学を教えたり、批判的思考によって歴史を教えたりするのだ。このやり方を使えば、概念や思考を教えるために、どのくらい時間を使うかという量的な変化ではなく、学習させる概念の教え方を変えるという質的な変化となり、各教科のシンガポール、上海、日本、フィンランド、カナダの五カ国の教え方とは違った、大きく前進したやり方になるのではないだろうか。ではこのやり方は、子どもたちに概念やスキルを教えるうえで効果的だろうか。

　残念ながらこのやり方は、まずはじめに概念を教えて、次にそれを応用するというやり方より時間の節約になるかもしれないが、子どもたちが期待どおりにはうまく概念を学ぶことはできないので、間違った時間の節約にしかならない。[10] 作業記憶《ワーキングメモリー》の限界のせいで（犬がキッチンカウンターの上の食材を食べてしまう例を思い出してほしい）、子どもたちは、まずはじめに関連のあるさまざまな概念を理解しておかなければ、自力で概念を見つけることはできない。子どもたちが自分で物事に気づき、ひらめきを得ることはとても重要だが、そういうものは、教師がきちんと構成を考え、明確な説明や自由な質問やお手本などを通して子どもたちに知識と理解を身に着けさせるような授業の中に、取り入れた方がいい。子どもたちは、概念を理解して初めてそれについて批判的に考えたり、それを使って問題解決をしたり、創造したりできるのだ。

　問題解決手法によって数学を教えるのではなく、数学を通して問題解決手法を教えた方がいい。批判的思考を通して歴史を教えるのではなく、歴史を通して批判的思考を身に着けさせた方がいい。概念理解のための教育と二一世紀型スキルを使った教育が唯一かち合うのは、学べる概念の数だ。概念を深く学ぶことは、子どもたちが必要なスキルを学べなくなることではない。これらのスキルを使えば子どもたちの概念理解が深まるのと同じように、概念を深く学べば二一世紀型スキルも強化される。

最後に

二〇歳のとき、私が教育の道に進もうと決めたのは、教育が何より重要なことだと思ったからだった。それから一〇年、まず教師として経験を積み、次に五つの国々で学ぶ子どもたちや若者たちと出会うことで、私の信念は成長し、より具体的で成熟したものになった。

教育には、才能を育て、情熱に火をつけ、社会を活性化させ、子どもたちの未来のための枠組みを作り、知識があり、創造的で、地域に貢献する人間を育てる力がある。しかし教育システムは、生徒や教師のやる気を失わせ、誰かの人生のチャンスを奪い、依然として続く不平等をさらに広げることもある。本書は完璧な教育システムを開発するためのハウツー本として書かれたものではなく、世界で高い成果をあげている教育システムの手法や政策を調査することによって、自分の国ではどんな教育が有効かを理解する助けになってくれれば、という気持ちで書かれたものだ。また、これはどうせどこかの国の思想や文化の話じゃないかと失望する人は、思い出してほしい。かつてのフィンランドの教師たちは、すべての子どもに高いレベルの教育を与えられるとは信じていなかった。「古いシステム」の考え方がなくなるまでには、時間がかかった。日本の親たちは、かならずしも教育が重要だとは思っていなかった。義務教育が導入された当初は、子どもたちを学校に行かせるのは大変だった。シンガポールの大卒の若者にとって、教職はかならずしも魅力的な職業ではなかった。一九八〇年代には教師が不足して、外国から雇わなければならなかった。これらの国々のＰＩＳＡにおけるすばらしい成績を、彼らの独自の文化のせいにして、お手本とすることを拒むのは大間違いだ。文化や考え方は変えることができる。そして、学校と教育システムは、それを変える力を持っている。

謝辞

私の両親、ジルとドミニク・クレハンの愛情と支えがなかったら、私は見知らぬ人のお宅に泊まって世界じゅうを旅する自信も、本書を書き上げる自信も持てなかったことだろう。両親はじめ、すばらしい家族のみんなには、どれほど感謝してもしきれない。

私を泊めてくださった先生たちとは、すぐに友人になることができた。この旅が実現し、この本が書けたのは、ひとえにこれらの寛大な心を持つ教育者たちのおかげだ。とくに、たった一度スカイプを通して会話しただけで、最初から私の話に乗ってくれ、家にも学校にもズンバの教室にも招いてくれた、レータ、あなたのおかげよ。

他にも、すばらしい教師たちや子どもたちが広い心で私のために時間を割き、温かく接してくれた（病院に連れて行ってくれたことも二度あった）。シニ、マーリト、ヘリ、エンマ、イルポ、マリリン、ローリー、エリック、ディアドラ、ナディーン、トレヴァー、ジェイコブ、ショーン、ハイディ、アン、ベリンダー、バルプリート、モニカ、デヴィッド、アラン、マーカス、グリニス、イサオ、アンナ、アヤ、エリー、サヤカ、リッキー、サニー、ウェンディ、ミシェル、ジェニー、アンジェラ、ロニー、レイ、ナンシー、みんないつでも好きなときに、バースのわが家に来て、泊まっていって！

本を書こうと思い立ったとき、その実現のためにすばらしい人たちが手を貸してくれた。ジョージア・オッド、ジミー・リーチ、マシュー・クレイトン、イゾベル・キーラン、ディアンドラ・ルプ、クレイグ・アダムズ、ローレン・フルブライト、エイミー・ウィンチェスター――アンバウンド（イギリスの書籍専門クラウドファンディングサイト）の面々だ。著者のあずかり知らないところで一冊の本を作るために注がれる労力と創造の力がどれほどのものか、私はまったく知らなかった。彼らにはとくに、初心者の私を我慢強く導いてくれたことに感謝したい。また、まだ存在もしない私の本のために出資してくださった方々がいなければ、この本が形になることはなかった。ありがとうございます。

本書に込めた数々の考えは、何度も再考することで固まっていったが、それが最終的な形に到達できたのは、目を通してくれた友人や家族たち、マーク・オブライエン、テッサ・ロバーツ、ドム・ワインバーグ、キラン・ギル、ハリー・フレッチャー＝ウッド、アンドルー・サビスキー、それに母さんと父さんのおかげだ。また、サー・マイケル・バーバー、ディラン・ウィリアム教授、サー・クライヴ・ウッドワードのような著名な方々に賛辞を寄せていただいたことを光栄に思う。

とりわけ、ある人物が、私のアイデアはこうした先達の仕事に負うところが大きいと考えてくれた。彼、ティム・オーツはこの一年、私を指導し、貴重な批評と公的な支援を与えてくれた。また、彼がディレクターを務める教育団体ケンブリッジ・アセスメントが、親切にも私の上海旅行の資金を出してくれた。おかげで私は、自分の考えを真剣に受け取ってもらえる自信が持てた。

最後に、本書の執筆中、良いときも悪いときも、心の支えになってくれたフィアンセのマークに感謝したい。ここまで到達できたという幸せは、彼と分かち合うことで倍になった。

解説　教育の旅紀行

オックスフォード大学教授
苅谷剛彦

ロンドンの貧困地区の中等学校で数学を教えていたイギリス人教師が、学校をめぐる旅に出た。OECD（経済協力開発機構）が実施しているPISA（学力到達度調査）で高得点をあげた国々を選び、学校を訪問する。この旅を通じたフィールドワークはユニークなものだ。PISAの成績上位国の学校で働く教師たちのメールアドレスをネットで探し、彼ら・彼女らの学校での手伝いをしながら、その教師たちの自宅に二、三週間滞在させてもらう。こうして、公式のルートで依頼したらあてがわれてしまいそうな「ピカピカの」学校ではないところに入り込む。さらには、教師たちの家族や友人との会話を通じて、「公式見解」とは異なる、その国の教育の実情に迫る。選ばれた国や地域は、シンガポール、上海、日本、フィンランド、そしてカナダである。

帰国後、彼女はクラウドファンディングで出資を募り、旅の記録を一冊の本にまとめた。それが本書『日本の15歳はなぜ学力が高いのか？――5つの教育大国に学ぶ成功の秘密』（原題は*Cleverlands:The Secrets Behind the Success of the World's Education Superpowers*）だ。

明治一〇年代に日本を旅したイザベラ・バード（『日本奥地紀行』の著者）の例を引くまでもなく、イギリス人女性の世界旅行記には定評がある。本書は、それに連なる、優れた（教育の）旅紀行である。旅の原動力は、なによりも好奇心だ。そして、それがもたらす成果は、出会いであり、驚きである。複数の国をまたがる旅を続けることは、自国とも、それ以前に訪ねた国とも、自然と比較を続けることを意味する。そして、比較を通じた発見は、旅人に新たな疑問と、考えるきっかけとを与える。

その疑問に答えるために、旅人は、さらに文献の世界に足を伸ばす。本書の見るべき点のひとつは、優れた旅行記がそうであるように、旅での発見やそこで考えた事柄が、知識の世界と結びつけられるところにある。旅人は、教授や学習に関するさまざまな文献を漁《あさ》る。それは旅をいっそう豊かにする情報つきマップのようなものだ。そして、既存の研究知と結びつけながら、自分で見たこと、聞いたこと、旅での発見を、そこで学んだ知の世界地図にマッピングしていく。読者は、教育をめぐる旅紀行を楽しく読みながら、自《おの》ずと学習や学力をめぐる研究知の世界に誘われていく。

比較の醍醐味《だいごみ》

この教育の旅紀行はさまざまな読み方が可能である。しかし何よりの醍醐味は、イギリス人教師という目を通して、訪ね歩く国々の教育の特徴が、具体的なエピソードを交えて生き生きと描かれているところにある。さらに、著者自身が教師であり、それぞれの国の教師の家に泊まりながらの旅であることから、自ずと教師という仕事への目配りも利く。教え方の特徴に留まらず、教師という職業がそれぞれの社会でどのように位置づけられているか、働き方はどんな具合かが、親しみを込めて報告される。

比較を交えた教育の旅紀行の面白さは、各国の教育事情を伝えるだけではない。それを伝える際に、イギリス人教師という旅人の教育を見る目を通して、イギリスの教育界の「常識」が顔を出す。たとえば、われわれにはなじみ深い「アジア型」教育の風景に驚く著者の筆致に、驚くのにはそれなりの理由があることを読者は発見する。その発見を読者が一歩進めれば、そこからイギリスの教育の常識が浮かび上がる。

このような思考を加味した旅紀行の読み方は、私たちの常識を見直すときに有効となる。とくに日本についての章を読むときにはいっそうの効力を発揮する。イギリス人教師のレンズを通して日本を見たら、日本の教育はどのように見えるのか。その見え方に対する自分たちのわずかな違和感に気をつけながら、日本の教育についての旅紀行を読んでいくのである。

たとえば著者は、日本の教師から「私たちが長いあいだ教わってきた教育システムは、教師が一方的に教えるだけの教育でした」といった発言を引き出す。私たちにはなじみある物言いだ。ところが他方で著者は、イギリスの学校と比較した日本の教育の強みとして、「教師は、必要な知識を、まず教え」た上で、子どもたちに「自力で問題を解決する余地」を与えているとの観察を示す。日本人教師の目から見れば、「一方的に教えるだけの教育」に映っていた教え方が、イギリス人教師の目から見れば、それは「必要な知識」を与える上で不可欠のプロセスであり、しかも、日本の教師たちは、その上で、子どもたちに問題解決をする機会を促していると映るのである。

日本人の常識に照らせば、日本の子どもたちに足りないのは、問題解決の能力だったはずだ。長年

「教師が一方的に教えるだけの教育」の弊害として指摘されてきた。だから、アクティブ・ラーニングの導入が目指された。文科省から見れば、子ども自身に主体的に考えさせる教育はまだ足りない。ところが著者は、このような教え方を通じて身につけた問題解決能力は、「数学で得点を上げるのに効果を発揮する」だけではなく、「たぶん、もっと全般的な問題解決のスキルにも有効だろう」とさらに一歩踏み込んで言う。

こうした著者の観察を、日本の教育への称賛だと手放しで受け取る必要はない。では、ここに示される日本の教育の見方・見え方のギャップから何を読み取ればよいのか。たしかに日本人の目から見れば、アクティブ・ラーニングの導入は、「まだ足りない」が出発点にある。それでは「教師は、必要な知識を、まず教える」を犠牲にすることなく、「まだ足りない」と「行き過ぎ」の境界線をどのように引けばよいのか。

こうした見方・見え方のずれは、ある種の教え方や学び方(暗記学習についてのコラムも参照)を、そのうわべだけ見て否定し、それとは反対のやり方を改革と称して導入しようとする日本の教育政策に疑問を提示する。何を問題と見るか。何がうまくいっていて、何がうまくいかないのか。旅人の観察には、もちろん疑問をつけたくなるようなところもある(たとえば日本の教師たちが時間的な余裕を与えられているという指摘など)。それでも、一部の誤解を含め、そのように見えてしまう「旅人の目」を意識的に活用することで、常識とは異なる視点——うまくいっているとか、いっていないといった判断基準自体の相対化——を読者は得ることができるだろう。視点の相対化のエクササイズとして、本書を読む楽しみ方である。

困難な課題

この教育旅紀行は、訪ねた国々の明るい面を見つけるだけの記録ではない。たとえば、イギリスを含め、訪問した国々に共通する課題として、教育の不平等が言及される。不平等のあらわれ方にも、それぞれの国や地域の特徴が反映する。さらにはそれを解決しようとするアプローチにも違いが出る。

この点で、旅を通じた著者の発見の一つは、能力によって子どもたちを早期に分けて教育することの（悪）影響である。イギリスやアメリカ、あるいはドイツなどと違って、今回訪問した国々では、一五、一六歳までは共通の教育を提供していた。さらには、市場での競争を中心原理とした教育（イギリスのリーグテーブルに依拠した学校選択のような仕組み）とは異なるアプローチが取られていた。そのことで、他の国々に比べれば、教育の不平等をある程度抑制していた。新自由主義への警鐘を鳴らしたかったのだろう。新自由主義的な教育改革発祥の国・イギリスから来た旅人ならではの指摘である。

さらに、とくにアジアの国々や地域では、個人主義の行き過ぎを抑制する価値や制度が不平等の拡大を抑えることに貢献していると著者は見る。もちろん、その裏返しとして、アジア型教育の問題点や限界にも触れられる。だが、ロンドンの貧困地区で教えた経験を持つ著者は、個人主義や自由主義のアプローチが、権利や機会、さらには自由を誰にでも公平に与えるわけではないことを熟知している。

そこから、著者は次の疑問を投げかける。個人や個性の抑圧という面があるにしても、それは教育だけのせいか、それともそれぞれの国の文化や政治の仕組みによるのか。はたして議論の分かれるところである（ちなみに日本について著者は、教育だけに限らず「みんな同じことが尊ばれる国」「箱から外に出るような考え方をさせようとしない」国と見る）。この冷静な線引きをしないまま、主体性や個性を尊重する教育を急ぐ改革を実施すればどんな結果が出るのか。教育改革は不平等を拡大させないのか。少なくとも「知識を教える」ことをやめて、「スキルを教える」ことに専念するアプローチはうまくいかないと著者は見る。

では、何が必要なのか。何ができるのか。あるいは何を見誤ってはいけないのか。それをまとめたのが、一七章「高い成果と公平性を実現するための五つの原則」と一八章「PISAで高得点を取らせる代償は？」である。これらについては、読者がじっくり考えながら読み解くことをお勧めする。

すぐれた旅の紀行文を読み終えた後、読者はまるでそれらの場所を自分で訪れた気分になる。旅を同伴した気分だ。クレハン女史の教育の旅紀行も、私たちを教育の旅に連れ出してくれる。「かわいい子には旅をさせよ」の諺《ことわざ》のごとく、疑似体験とはいえ、旅は人の成長を促す。人の視野を広げ、見たこと、聞いたことが、自分のいつもいる土地とは違った景色を見せてくれるからだ。そして旅から帰った後には、見慣れた自分の土地の風景も違って見えてくる。

その違いに気づいたら、もう一歩だけ、自分でその風景の見え方の違いを考えてみる。なぜ以前には見慣れていたのか、見慣れたことで何を見過ごしてきたのか。それを振り返ってみる。こうして疑似体験の旅を、自分なりの思考とつなげることで、日本の教育の見え方は違ってくるはずだ。だから、本書を読み終えた方も、これから読む読者も、読み終えた後で本を少しだけ置いて、違った風景を見る地点を探してほしい。そしてそこから、自分の見慣れた風景を見回してほしい。少しだけ自分で考えてみてほしい。

そんな教育の旅、思考の旅に連れ出してくれる旅紀行を、お楽しみあれ。

注

第1章

1 Charlemagne. Some remedial lessons are needed for European leaders. 2006. www.economist.com/node/5655172で閲覧可能。

2 *New York Times*; 6th December 2000; www.nytimes.com/2000/12/06/us/worldwide-survey-finds-us-students-are-not-keeping-up.htmlで閲覧可能。2016年5月27日にアクセス。

3 Coughlan S. Pisa tests: UK stagnates as Shanghai tops league table. 2013. www.bbc.co.uk/news/education-25187997で閲覧可能。

4 Bita N. PISA report finds Australian teenagers education worse than 10 years ago. 2013. www.news.com.au/national/pisa-report-finds-australian-teenagers-education-worse-than-10-years-ago/story-fncynjr2-1226774541525で閲覧可能。

5 Sjøberg S. PISA, politics, problems. Recherches en Education 2012;14(4):1-21.

6 Helsingin Sanomat. As translated in: Chung J. An Investigation of Reasons for *Finland's Success in PISA*. PhD thesis. University of Oxford. Oxford, 2001.

7 Mahoney J. Canadians ace science test. 2007. www.theglobeandmail.com/news/national/canadians-ace-science-test/article18150672で閲覧可能。

8 第八学年のサンプルは「国際教育標準分類（ISCED）レベル1（初等教育）の1年目から数えて8年目の学年に在籍しているすべての生徒で、テスト時の平均年齢が13.5歳以上であること」と定義されている。

9 Bergesen OH. *Kampen om Kunnskapsskolen*. Oslo: Universitetsforlaget, 2006. As translated in Sjøberg (2012).

10 Thrupp M. When PISA meets politics - a lesson from New Zealand. 2014. theconversation.com/when-pisa-meets-politics-a-lesson-from-new-zealand-26539で閲覧可能。

11 私もそういうことをしたと思われるといけないが、私は以前に述べたことに反する有力な証拠を見つけたために、この節全体を、最終稿を入稿するわずか1週間前に変更したくらいなので、ご心配なく。私は本書を通してその姿勢を貫いている。

12 Barber, M., Donnelly, K., & Rizvi, S. (2012). Oceans of innovation: the Atlantic, the Pacific, global leadership and the future of education. Institute of Public Policy Research.

Barber, M., & Mourshed, M. (2007). How the world's best-performing

schools systems come out on top. McKinsey & Company.
Mourshed, M., Chijioke, C., & Barber, M. (2010). How the world's most improved school systems keep getting better. McKinsey.
Organisation for Economic Co-operation and Development (OECD). (2013). Strong performers and successful reformers in education: lessons from PISA 2012 for the United States. OECD, Paris, France.
Stewart, V. (2012). A world-class education: Learning from international models of excellence and innovation. ASCD.
Tucker, M. S. (2011). Surpassing Shanghai: An agenda for American education built on the world's leading systems. Cambridge, MA: Harvard Education Press.

13 ただし、アマンダ・リプリーの魅力的な、フィンランド、韓国、ポーランドにおけるアメリカの交換留学生の体験についての本は例外。Ripley, A. (2013). *The smartest kids in the world: And how they got that way*. Simon and Schuster.［邦訳『世界教育戦争——優秀な子供をいかに生み出すか』（北和丈訳、中央公論新社、2014年）］

14 私の取った方法についてもっと知りたい場合は、以下の私のウェブサイトを閲覧されたい。www.lucycrehan.com.

15 OECD. *Learning Beyond Fifteen: Ten Years After PISA*. Paris: Organization for Economic Co-operation and Development (OECD), 2014.

第2章

1 Whitebread D. *The Importance of Play*. London: University of Cambridge, 2012.

2 Kupiainen S, Hautamäki J, Karjalainen T. *The Finnish Education System and PISA*. Helsinki: Ministry of Education Publications, Helsinki University Print, 2012.

3 アンティグア・バーブーダ、バハマ、バルバドス、バミューダ諸島、ケイマン諸島、ドミニカ、グレナダ、マルタ、モーリシャス、サモア、セントキッツ・ネイビス、セントルシア、セントビンセント・グレナディーン、トンガ、トリニダード・トバゴ。

4 Suggate S. School entry age and reading achievement in the 2006 Programme for International Student Assessment (PISA). *International Journal of Educational Research* 2009;48:151-61.

5 McGuinness C, Sproule L, Bojkc C, Trew K and Walsh G. Impact of a play-based curriculum in the first two years of primary school: literacy and

numeracy outcomes over seven years. *British Educational Research Journal* 2014;40(5):772-95.

Schmerkotte H. Ergebnisse eines Vergleichs von Modellkindergarten und Vorklassen in Nordrhein-Westfalen. Results from a comparison of typical kindergartens and preschools in North Rhine-Westphalia. Bildung und *Erziehung* 1978;31:401-11.

Marcon R. Moving up the grades; relationship between pre-school model and later school success. *Early Childhood Research and Practice* 2002;4(1):517-30.

6 Prais SJ. School-readiness, whole-class teaching and pupils' mathematical attainments. *Discussion Paper* No.111. London: National Institute of Economic and Social Research, 1997.

Kavkler M, Tancig S, Magajna L, Aubrey C. Getting it right from the start? The influence of early school entry on later achievements in mathematics. *European Early Childhood Education Research Journal* 2000;8(1):75-93.

7 Suggate S, Schaughency E, Reese E. Children learning to read later catch up to children reading earlier. *Early Childhood Research Quarterly* 2013;28:33-48.

8 私の疑念は完全に消えてはいない。こういう複雑な分野では、思い込みは危険だ。

9 Dee, TS, Sievertsen, HH. *The Gift of Time? School Starting Age and Mental Health*. 2015. www.nber.org/papers/w21610で閲覧可能。

10 Black S, Devereux P, Salvanes K. Too young to leave the nest? The effects of school starting age. *The Review of Economics and Statistics* 2011;93(2):455-67.

11 DfES/Institute of Education. The effective provision of pre-school education (EPPE). *Project: Technical Paper 12 - The final report: effective pre-school education*. London: University of London, 2004.

12 OECD. PISA 2012: *Key Results in Focus*. France: OECD Publishing, 2012.

13 Save the Children. *Early Language Development and Children's Primary School Attainment in English and Maths*. Save the Children, 2016.

14 National Audit Office. *A Literature Review of the Impact of Early Years Provision on Young Children, with Emphasis Given to Children from Disadvantaged Backgrounds*. London: National Audit Office, 2004.

15 Sylva, et al. (2004).

16 Melhuish (2004). メルヒッシュは「発達上適切」とはどういうことを意味するかについて定義していない。近年の研究によれば、子どもに特定の活動をする準備が整ったかどうかを決定するおもな要因は年齢ではなく（子どもの発達の速さには差があるので）、その活動のための必要条件を満たしてい

るかどうかだ。
17 Suggate S. The parable of the slower and the long-term effects of early reading. *European Early Childhood Education Research Journal* 2015;23(4):524-44.
18 Goswami U, Bryant P. *Children's Cognitive Development and Learning*. Cambridge: University of Cambridge Faculty of Education, 2007.
http://cprtrust.org.uk/wp-content/uploads/2014/06/research-survey-2-1a.pdfで閲覧可能。
19 Sylva, K, Nabuco, ME. Research on quality in the curriculum. International Journal of Early Childhood 1996;28(2):1-6.
Elkind D, Whitehurst G. Young Einsteins. Much too early: much too late. *Education Matters* 2001;1(2):8-21.
以下のSpinath and Spinath (2005) とJacobs, et al. (2002)も参照されたい。彼らは、子どもたちが自分の言語能力に気づくことが学ぼうとするモチベーションに影響を与えるということを明らかにした。
Spinath B, Spinath FM. Longitudinal analysis of the link between learning motivation and competence beliefs among elementary school children. *Learning and Instruction* 2005;15(2):87-102.
Jacobs JE, Lanza S, Osgood DW, et al. Changes in children's self-competence and values: Gender and domain differences across grades one through twelve. *Child Development* 2002;73:509-27.
20 All Work and No Play? Presented at: Hay Festival, Hay-on-Wye, 27th May 2016.
21 Kiiveri K, Määttä K. Children's opinions about learning to read. *Early Child Development and Care* 2012;182(6):755-69.
22 Leppanen U, Niemi P, Aunola K, Nurmi JE. Development of reading skills among preschool and primary school pupils. *Reading Research Quarterly* 2004;39:72-93.
23 同上。
24 前掲、Suggate (2009).
25 Chung J. *An Investigation of Reasons for Finland's Success in PISA*. PhD thesis. University of Oxford. Oxford, 2001.
26 Ministry of Justice. Greater focus on education in youth estate. 2013. www.gov.uk/government/news/greater-focus-on-education-in-youth-Estateで閲覧可能。
27 Begin to Read. Literacy statistics. www.begintoread.com/research/

literacystatistics.htmlで閲覧可能。

第3章

1 Hanushek E, Woessmann L. Does educational tracking affect performance and inequality? Differences in evidence across countries. *Economic Journal* 2006;116:63-76.

2 Woessmann L. International evidence on school tracking: a review. CESifo DICE report in: *Journal for Institutional Comparisons* 2009;7(1):26-34. イギリスは調査対象のテストに参加していないので、含まれていない。

3 Woessmann L, Luedemann E, Schuetz G, West, M. *School Accountability, Autonomy and Choice around the World*. Cheltenham: Edward Elgar, 2009.

4 Horn D. *Age of Selection Counts: A Cross-Country Comparison of Educational Institutions*. Mannheim: Unniversität Mannheim, 2008. www.mzes.uni-mannheim.de/publications/wp/wp-107.pdfで閲覧可能。

Duru-Bellat M, Suchaut B. Organisation and context, efficiency and equity of educational systems: What PISA tells us. *European Educational Research Journal* 2005;4(3):181-94.

5 Solsten E, Meditz S. *Finland: A Country Study*. Washington: Government Publishing Office for the Library of Congress, 1988.

6 Schuetz G, Ursprung H, Woessmann L. Education Policy and Equality of Opportunity. *Kyklos* 2008;61(2):279-308.

7 OECD. *Reviews of National Policies for Education: Lithuania*. Paris: OECD Publishing, 2002

OECD. *The Impact of the 1999 Education Reform in Poland*. Paris: OECD Publishing, 2011.

8 Kerr S, Pekkarinen T, Uusitalo R. School tracking and development of cognitive skills. *Journal of Labour Economics* 2013;31:577-602.

9 ジョン・ハッティと教育基金財団（Education Endowment Foundation）がこの研究を要約している。Hattie J. *Visible Learning: A Synthesis of over 800 Meta-analyses Relating to Achievement*. New York: Routledge, 2008.

Higgins S, Katsipataki M, Kokotsaki D, Coleman R, Major LE, Coe R. *The Sutton Trust-Education Endowment Foundation Teaching and Learning Toolkit*. London: Education Endowment Foundation, 2013.

10 Aho E, Pitkänen K, Sahlberg P. *Policy Development and Reform Principles of Basic and Secondary Education in Finland since 1968*. Washington, DC: World Bank, 2006.

注

第4章

1 Pink DH. *Drive: The Surprising Truth About What Motivates Us*. New York: Riverhead Books, 2009.［邦訳『モチベーション3.0――持続する「やる気！《ドライブ！》」をいかに引き出すか』（大前研一訳、講談社＋α文庫、2015年）］

2 Deci EL, Ryan RM. The 'what' and 'why' of goal pursuits: Human needs and the self-determination of behaviour. *Psychological Inquiry* 2000;11:319-38.
 Deci EL, Ryan RM. Facilitating optimal motivation and psychological well-being across life's domains. *Canadian Psychology* 2008;49:14-23.

3 Grant AM. Relational job design and the motivation to make a prosocial difference. *Academy of Management Review* 2007;32:393-417.

4 厳密に言えば、この要素は内発的動機づけには寄与しないが、外的モチベーションの反対にあたる内的モチベーションには寄与する。この違いについては、シンガポールの章で取り上げる。

5 Menzies L, Parameshwaran M. Why Teach? www.lkmco.org/why-teach; 2015で閲覧可能。

6 Varkey GEMS Foundation (2013). *Global Teacher Status Index*. London: Varkey Foundation, 2013. www.varkeyfoundation.org/sites/default/files/documents/2013GlobalTeacherStatusIndex.pdfで閲覧可能。

7 いくぶん異論のあるデータ(Altinok. *An international perspective on trends in the quality of learning achievement*. Paris: UNESCO, 1965-2007.)によると、国際テストにおけるフィンランドの得点は1960年代中頃から上昇し始めたという。この時期は、フィンランドの教師が修士相当の専門職となり、養成機関がカレッジから大学に移行する1970年代中頃より10年も前にあたる。しかし、フィンランドでは、30年にわたって改善が行なわれ続けており、新しいトレーニングを受けた大卒者がこのような改善に寄与したという可能性もある。

8 Izadi R. *The impact of school closures on student achievement - evidence from rural Finland*. Helsinki: VATT Institute for Economic Research, 2015.

9 Autti O. *The Role of Small Primary Schools in Rural Communities*. European Conference on Educational Research, 2011.

10 Leanna CR. The missing link in school reform. *Stanford Social Innovation Review*. Stanford: Stanford University, 2011. www2.ed.gov/programs/slcp/2011progdirmtg/mislinkinrfm.pdfで閲覧可能。

11 Sahlberg P. The most wanted: Teachers and teacher education in Finland. In Lieberman A, Darling-Hammond L (eds.), *Teacher Education Around the World: Changing Policies and Practices*. New York: Routledge, 2012;1-21.

12 Norris N, Asplund R, MacDonald B, Schostak J, Zamorski B. *An Independent Evaluation of Comprehensive Curriculum Reform in Finland*. Helsinki: National Board of Education, 1996; 29.
13 Savola L. Comparison of the classroom practices of Finnish and Icelandic mathematics teachers. *Journal of Mathematics Education at Teachers College* 2010;7-13.
14 Sahlberg P. *Finnish Lessons 2.0: What Can the World Learn From Educational Change in Finland*? New York: Teachers College Press, 2015.
15 OECD. *TALIS 2013 Results: An International Perspective on Teaching and Learning*. Paris: TALIS, OECD Publishing, 2014.
16 前掲、Sahlberg P (2015).
17 Statistics Finland (2011). Population Structure. In Sahlberg P. (2015).
18 Harju-Luukkainen H, Nissinen K, Sulkunen S, et al. *Selvitys maahanmuuttajataustaisten nuorten osaamisesta ja siihen liittyvistä taustatekijöistä* PISA 2012 – tutkimuksessa. As reported by the University of Jyväskylä, 2014. www.jyu.fi/en/news/archive/2014/08/tiedote-2014-08-15-14-56-41-604088で閲覧可能。

第5章

1 Reischauer EO. *Japan: The Story of a Nation*. Tokyo: Tuttle, 1981:127.［邦訳『ライシャワーの日本史』（國弘正雄訳、講談社学術文庫、2001年）］
2 Benjamin GR. *Japanese Lessons: A Year in a Japanese School Through the Eyes of an American Anthropologist and Her Children*. New York: NYU Press, 1998.［邦訳『ニッポンの学校ってどんなとこ？——アメリカの母と子が体験した日本の小学校』（佐藤由紀訳、白楊社、1998年）］
3 Tanikawa M. Free to be. 2003より引用。www.nytimes.com/2003/01/12/education/free-to-be.html-pagewanted=all; 1998で閲覧可能。
4 森田洋司、秦政春、若井禰一、滝充、星野周弘編『日本のいじめ——予防・対応に生かすデータ集』（金子書房、1999年）。http://apjjf.org/-Shoko-YONEYAMA/3001/article.html;1999も閲覧可能。
5 Yoneyama S, Naito A. Problems with the Paradigm: The School as a Factor in Understanding (Bullying (with special reference to Japan). *British Journal of Sociology of Education* 2003;24:3:315-30.
6 Yoneyama S. *The Japanese High School: Silence and Resistance*. New York: Routledge, 2012.

第6章

1 Preamble to the Fundamental Code of Education, 1872 Government Document, in *Children and Youth in History*, Item 129. http://chnm.gmu.edu/cyh/primary-sources/129で閲覧可能。

2 Ministry of Education, Culture, Sports, Science and Technology. *The Establishment of Elementary Schools and Attendance*. www.mext.go.jp/b_menu/hakusho/html/others/detail/1317264.htmで閲覧可能。

3 Ellington L. *Japan*. California: ABC-CLIO, 2009.

4 Rosenthal R, Jacobson L. Pygmalion in the classroom. *The Urban Review* 1968;3(1):16-20.

5 この研究のやり方への批判があることが、最近になってわかった。この分野のより新しい研究論文によれば、授業における自己成就予言ということはたしかにあるが、ローゼンタールの有名な研究が指摘するほど影響力は大きくないという。Jussim L, Harber KD. Teacher expectations and self-fulfilling prophecies: Knowns and unknowns, resolved and unresolved controversies. *Personality and Social Psychology Review* 2005;9(2);131-55.

6 Babad EY. Pygmalion in reverse. *Journal of Special Education* 1977;11:81-90.

7 前掲、Benjamin GR (1997).

8 Yamamoto Y. Social class and Japanese mothers' support for young children's education: A qualitative study. J*ournal of Early Childhood Research* 2015;13(2):165-80.

9 Kariya T. *Education Reform and Social Class in Japan: The Emerging Incentive Divide*. New York: Routledge, 2012.

10 Dang, L. Almost 50% of Japanese women are told they're 'causing trouble' for being pregnant. 2015. http://nextshark.com/japan-women-pregnant-harassmentで閲覧可能。

11 前掲、Benjamin GR. (1997).

第7章

1 Stigler JW, Hiebert J. *The Teaching Gap: Best Ideas From the World's Teachers for Improving Education in the Classroom*. New York, NY: Free Press, 1999.［邦訳『日本の算数・数学教育に学べ——米国が注目するjugyou kenkyuu』（湊三郎訳、教育出版、2002年）］

2 Stevenson HW, Stigler JW. *The Learning Gap: Why Our Schools Are Failing and What We Can Learn from Japanese and Chinese Education*. New York: Summit Books, 1992.［邦訳『小学生の学力をめぐる国際比較研究——日本

・米国・台湾の子どもと親と教師』（北村晴朗、木村進監訳、金子書房、1993年）]

3 同様な点が全米数学審議会（National Mathematics Advisory Panel）でも指摘されている。National Mathematics Advisory Panel in: *Foundations for Success: The Final Report of the National Mathematics Advisory Panel*. Washington, DC, US. Department of Education, 2008. www2.ed.gov/about/bdscomm/list/mathpanel/report/final-report.pdfで閲覧可能。

4 日本は「進歩的」教育を行なっていると信じてきて、この部分を「進歩的」と「伝統的」の対立というふうに読んでいる人のために、余談を二つ紹介しよう。

1. 90年代に子ども時代を過ごした日本の中学校の教師と話したとき、彼女は、小学校でも中学校でも、教師たちはただ内容を教えて、子どもにそれを練習させるだけだったと言っていた。私が、「イギリスやアメリカには、日本の教師たちは子どもたちに自分で問題を創造して解決する余地を与えるから、日本は国際テストでこれほど成績が良いのだと考えている人がいて、その考えは学校訪問の経験から来ています」と話すと、彼女は驚いて椅子の上でのけぞり、眉をつり上げて、こう言った。「ほんと!? どこの学校に行ったの？ 信じられないわ。へえ！」
2. 小規模のグループ学習、情報通信技術（ICT）、1週間以上のプロジェクトという3つの授業法を頻繁に用いていると答えた小学校の教師の割合は、OECD国際教員指導環境調査（TALIS）参加国中、日本が最低だった（TALIS, 2012. Fig 6.3）。

インタビュー、観察、文献をもとに本文でも示唆したように、日本の教師たちは、クラス全体での授業や暗記といった「伝統的」授業法を行ないながら、論理的思考や問題解決といった手法を、綿密に構成された授業の中で効果的に使っているにちがいない。

5 この分析は、ブルッキングス研究所のトム・ラブレスの研究による。www.brookings.edu/research/papers/2014/08/07-new-york-times-math-lovelessで閲覧可能。

6 前掲、Stevenson & Stigler (1992).

7 OECD. TALIS 2013 *Results: An International Perspective on Teaching and Learning*. Paris: OECD Publishing, 2014.

8 調査したOECD加盟国、非加盟国の中で、教師に対する生徒数の比率がさらに高かったのは、メキシコ、コロンビア、チリだけだった。OECD (2015). *Education at a Glance 2015*: OECD Indicators. OECD Publishing, Paris.

9 Whitman NC. Learning from Japanese Middle School Math Teachers. Phi

Delta Kappa Fastbacks 2003;505:7-46.

10 Catherine Lewis and Ineko Tsuchida. Planned educational change in Japan: the case of elementary science instruction. *Journal of Education Policy* 1997 ;12(5):313-31.

11 Japanese education system - school year and juku. http://members.tripod.com/h_javora/jed3.htmで閲覧可能。

12 Weisman, SR. How do Japan's students do it? They cram. 1992. www.nytimes.com/1992/04/27/world/how-do-japan-s-students-do-it-theycram.html?pagewanted=all&src=pmで閲覧可能。

13 Bjork C. Local implementation of Japan's Integrated Studies reform: a preliminary analysis of efforts to decentralise the curriculum. *Comparative Education* 2009;45(1):23-44.

14 Kariya T, Rappleye J. The twisted, unintended impacts of globalization on Japanese education. In Hannum E, Park H, Goto Butler Y (eds.) *Globalization, Changing Demographics, and Educational Challenges in East Asia, Research in the Sociology of Education*. Bingley: Emerald Group Publishing; 2010; Vol 17:17-63.

15 前掲、Bjork (2009).

16 Fish, R. Japan: Recent trends in education reform. 2016. http://asiasociety.org/global-cities-education-network/japan-recent-trendseducation-reformで閲覧可能。

第8章

1 小学校教育は、2003年にやっと義務教育化された。中学校はまだ義務教育にはなっておらず、子どもたちは小学校6年生まで行けばいいが、実際は大多数が中学校やその上に進んでいる。

2 例外として、学校がPSLEの結果発表より前に、音楽や語学などの特別な才能に基づいて生徒の入学を認めることができるという制度を利用して、思いきって学校に直接入学を求める場合がある。

3 これらの数値は年によってわずかに違っている。概算しかないので、合計が100パーセントにならない。

4 Hoh, WK. How David Hoe fought his way to university. 2014. www.straitstimes.com/singapore/how-david-hoe-fought-his-way-touniversityで閲覧可能。

5 このプログラムを揶《や》揄《ゆ》して、略語SDU（Social Development Unit）を「独身（Single)、やけくそ（Desperate)、見苦しい（Ugly)」の意味だと言う者

もいた。

6 知能テストの歴史に関しては、スコット・カウフマンの著書を参考にした。詳細については、彼の著書*Ungifted - Intelligence redefined* (Basic Books, 2013)を参照されたい。

7 「発達が遅れている」とは文字通り、「通常にくらべて精神的、身体的、社会的発達が遅れている」ことを意味している。それが不変の特性であるという共通理解は、本書でこれから見ていく歴史の中で形成されてきた。

8 Binet A. Modern ideas about children. Trans. Heisler S. In: Kaufman, SB. *Ungifted: Intelligence Redefined*. New York: Basic Books, 2013.

9 Asbury K, Plomin R. *G is for Genes - The Impact of Genetics on Education and Achievement*. Chichester: Wiley, 2013.［邦訳『遺伝子を生かす教育――行動遺伝学がもたらす教育の革新』（土屋廣幸訳、新曜社、2016年)］

10 じっさいは、これよりもっと複雑で、何よりもまず、遺伝子と環境は相互作用する。しかし簡単に言えば、本書の説明の通りだ。詳しい説明は、前掲、K Asbury and R Plomin. *G is for Genes - The Impact of Genetics on Education and Achievement*, (Chichester, Wiley, 2013)を参照されたい。

11 前掲、Asbury and Plomin (2013), op. cit., 92.

12 この方針をとるのはシンガポールだけではない。イギリスでも、グラマースクールがまだ存在する地域では、多くはないがそうした方針がとられている。

13 MPs call for rethink of streaming, specialist schools, emphasis on exams. 2016. www.channelnewsasia.com/news/singapore/mps-call-for-rethink-of/2462490.htmlで閲覧可能。2016年5月27日にアクセス。

第9章

1 *Survey on Attitudes & Lifestyle among Primary 4-6 Pupils*. Singapore Press Holdings November, 2000. http://app.msf.gov.sg/portals/0/Summary/publication/SF4-Children.pdfで閲覧可能。

2 Singapore Window. Minister's plea not to belt children. 2000. www.singapore-window.org/sw00/001127a1.htmで閲覧可能。

3 教育相ヘン・スウィーキートは次のように述べている。「私たちは思慮深く、長期的に考えなければなりませんし、小さなことにばかり目を向けてもいけません。これは教育政策をいかに開発するかということではありません。大きな構想を持ち、1つの小さなピースではなく、すべてのピースを正しく配置しなければならないのです」さらにヘン大臣は、教育省の計画は包括的かつ周到なものであり、生徒、教師、保護者、雇用主たちと度重なる分析と

話し合いを行なってきたと付け加えた。www.channelnewsasia.com/news/singapore/education-policy-has-to/で閲覧可能。
4 Singapore 'still world's most expensive city'. 2016. www.bbc. co.uk/news/business-35765378で閲覧可能。
5 Economist Intelligence Unit, 'Starting well: Benchmarking early education across the world'. シンガポールの保育園や幼稚園のシステムには、しっかりしたカリキュラムの指針に基づいた施設もあるが、政府は保育園や幼稚園を誰もが利用できるだけの職員や教師を確保するために、それにふさわしい人材を集めるのに苦労している。この問題は国民に広く知られていて、したがって、シンガポール政府の懸案事項になっている。
6 D A Bell. *The China Model: Political Meritocracy and the Limits of Democracy*. Princeton: Princeton University Press, 2015: 126.
7 Saad, I. MP proposes pilot schools without streaming nor PSLE. 2014.
8 教育相リー・ヨックスアンの談話。*Straits Times*; issue: 14th June 1994.
9 Youth unemployment in Singapore: an overview. 2013. www.elmmagazine.eu/articles/youth-unemployment-in-singapore-an-overviewで閲覧可能。
10 Bol T, Van de Werfhorst HG. Educational systems and the trade-off between labor market allocation and equality of educational opportunity. *Comparative Education Review* 2013;57(2):285-308.

第10章

1 OECD Singapore. www.oecd.org/education/school/programmeforinternationalstudentassessmentpisa/49765882.pdfで閲覧可能。
2 Deci EL, Ryan RM. *Intrinsic Motivation and Self-determination in Human Behaviour*. New York: Plenum, 1985.
3 同上。
4 Deci EL, Koestner R, Ryan RM. A Meta-analytic Review of Experiments Examining the Effects of Extrinsic Rewards on Intrinsic Motivation. *Psychological Bulletin* 1999;125(6):627-68.
5 Ryan RM, Deci EL. Intrinsic and Extrinsic Motivations: Classic Definitions and New Directions. *Contemporary Educational Psychology* 2000;25(1):54-67.
6 前掲、Ryan RM, Deci EL. (2000).

第11章

1 Choi K, Ross M. Cultural differences in process and person focus: Congratulations on your hard work versus celebrating your exceptional brain.

Journal of Experimental Social Psychology 2011;47(2):343-9.
2 Chen C, Stevenson HW. Motivation and mathematics achievement: a comparative study of Asian-American, Caucasian-American, and East Asian high school students. *Child Development* 1995;66:1215-34.
3 Wang Q, Pomerantz EM. The motivational landscape of early adolescence in the United States and China: a longitudinal investigation. *Child Development* 2009;80(4):1272-7.
4 前掲、Stevenson, et al. (1992);105.
5 前掲、Wang, et al. (2009).
6 Heine SJ, Kitayama S, Lehman DR, et al. Divergent consequences of success and failure in Japan and North America: an investigation of self-improving motivations and malleable selves. *Journal of Personality and Social Psychology* 2001;81(4):599.
7 同上。
8 Ng FF, Pomerantz EM, Lam S. European American and Chinese parents' responses to children's success and failure: Implications for children's responses. *Developmental Psychology* 2007;43:1239-55.
9 Li J. *Cultural Foundations of Learning: East and West*. Cambridge: Cambridge University Press, 2012:7.
10 Stipek DJ. *Motivation to Learn: Integrating Theory and Practice* (4th ed). Boston: Allyn & Baker, 2002.
11 Tobin J, Wu D, Davidson D. *Preschool in Three Cultures: Japan, China, and the United States*. New Haven, CT: Yale University Press, 1989.
12 Hess RD, Chang CM, McDevitt TM. Cultural variations in family beliefs about children's performance in mathematics: Comparisons among People's Republic of China, Chinese-American, and Caucasian-American families. *Journal of Educational Psychology* 1987;79:179-88.
13 前掲、Heine SJ, et al.
14 Dweck C. Mindset: *How You Can Fulfil Your Potential*. London: Hachette UK, 2012.
15 Pualengco RP, Chiu CY, Kim YH. (2009). Cultural variations in pre-emptive effort downplaying. *Asian Journal of Social Psychology* 2009;12(1):12-9.
16 Dweck CS. *Mindsets and Math/Science Achievement*. New York: Carnegie Corp. of New York -Institute for Advanced Study Commission on Mathematics and Science Education, 2008.
17 前掲、Li J. (2012);14.

注

18 同上。
19 前掲、Li J. (2012);13.
20 前掲、Dweck CS. (2008).
21 Ng, F. F. Y., Pomerantz, E. M., & Lam, S. F. (2007). European American and Chinese parents' responses to children's success and failure: implications for children's responses. *Developmental Psychology*, 43(5), 1239.
22 Greenberger E, Chen C, Tally SR, Dong Q. Family, peer, and individual correlates of depressive symptomatology among US and Chinese adolescents. *Journal of Consulting and Clinical Psychology* 2000;68(2):209.

第12章
1 Chao R, Tseng V. Parenting of Asians. *Handbook of Parenting* 2002;4:59-93.
2 East China Normal University (2015). Gaokao to be reformed: A better Channel for social mobility?; http://english.ecnu.edu.cn/df/cf/c1706a57295/page.htmで閲覧可能。
3 Qian H, Walker A. In: Tony Townsend and John MacBeath (eds.), *International Handbook of Leadership for Learning*. Germany: Springer, 2011: 209-25.
4 研究者たちは、私立の移住者向けの学校の教育環境が公立校より劣ることを独自に調べ上げた。Chen, Y., & Feng, S. (2013). Access to public schools and the education of migrant children in China. *China Economic Review*, 26, 75-88を参照のこと。
5 Strauss V. So how overblown were No. 1 Shanghai's PISA results? 2014. www.washingtonpost.com/news/answer-sheet/wp/2014/03/20/so-how-overblown-were-no-1-shanghais-pisa-resultsで閲覧可能。

第13章
1 OECD. *PISA 2012 Results in Focus. What 15-year-olds Know and hat they can do with what they know*. Paris: OECD, 2013. https://www.oecd.org/pisa/keyfindings/pisa-2012-results-overview.pdfで閲覧可能。
2 An SH. Capturing the Chinese way of teaching: the learning-questioning and learning-reviewing instructional model. *How Chinese Learn Mathematics: Perspectives From Insiders*. Fan LH, Fan NY, Wong, Cai JF, Li SQ (eds). Singapore: World Scientific, 2014:462-482.
3 Fan L, Miao Z, Mok I. How Chinese teachers teach mathematics and pursue professional development: perspectives from contemporary international

research. *How Chinese Teach Mathematics: Perspectives from Insiders*. Singapore: World Scientific, 2014:43-70.

4 Schleppenbach M, Flevares LM, Sims LM, Perry M. Teachers' responses to student mistakes in Chinese and US mathematics classrooms. *The Elementary School Journal* 2007;108(2):131-47.

5 Qiong LI, Yujing NI. Dialogue in the elementary school mathematics classroom: a comparative study between expert and novice teachers. *Frontiers of Education in China* 2009;4(4):526-40.

6 Fang Y. The cultural pedagogy of errors: teacher Wang's homework practice in teaching geometric proofs. *Journal of Curriculum Studies* 2010;42(5):597-619.

7 Biggs JB. The Paradox of the Chinese Learner. *Asian Contributions to Cross-Cultural Psychology* 1996:180-199.

8 Watkins DA, Biggs JB. *The Chinese Learner: Cultural, Psychological, and Contextual Influences*. Hong Kong/Melbourne: CERC & ACER, 1996.

9 Li J. US and Chinese cultural beliefs about learning. *Journal of Educational Psychology* 2003;95(2):258.

10 Rao ZH. Understanding Chinese students' use of language learning strategies from cultural and educational perspectives. *Journal of Multilingual and Multicultural Development* 2006;27:491-508.

11 Deci E, Ryan R. *Handbook of Self-determination Research*. Rochester, NY: University of Rochester Press, 2002.

12 Wang Q, Pomerantz EM. The motivational landscape of early adolescence in the US and China: a longitudinal investigation. *Child Development* 2009;80:1280-96.

13 Stevenson HW, Lee SY, Chen C, et al. Contexts of achievement: a study of American, Chinese, and Japanese children. Chicago: University of Chicago Press, 1990.

14 OECD. *Ready to Learn: Students' Engagement, Drive and Self-beliefs - Volume III*. Paris: OECD, 2013.

15 Zhou N, Lam SF, Chan KC. The Chinese classroom paradox: a cross-cultural comparison of teacher controlling behaviors. *Journal of Educational Psychology* 2012;104:1162-74.

16 Chua A. *Battle Hymn of the Tiger Mother*. London: Bloomsbury Publishing, 2011:29. ［邦訳『タイガー・マザー』（齋藤孝訳、朝日出版社、2011年)］

17 Pratt D, Kelly M, Wong S. Chinese conceptions of "Effective Teaching" in

Hong Kong: towards a culturally sensitive evaluation of teaching. *International Journal of Lifelong Education* 1999;18(4): 241-58.
18 Reuters. Wen says rote learning must go in Chinese schools. www.reuters.com/article/us-china-education-idUSTRE67U18Y20100831; 2010で閲覧可能。
19 Tan C. *Learning from Shanghai: Lessons on Achieving Educational Success*. Germany: Springer, 2013.
20 BBC News: China universities 'must shun Western values'. www.bbc.co.uk/news/world-asia-china-31052682で閲覧可能。
21 Adams GL, Engelmann S. *Research on Direct Instruction: 25 Years beyond DISTAR*. Seattle: Educational Achievement Systems, 1996.
Hattie J. *Visible Learning: A Synthesis of Over 800 Meta-analyses Relating to Achievement*. New York: Routledge, 2008.
22 Glaser R, Chi MT. Overview. *The Nature of Expertise*. Hillsdale: Erlbaum, 1988: xv-xxvii.

第14章

1 New to BC. Diverse British Columbia: Immigration in Western Canada. http://newtobc.ca/2015/05/diverse-british-columbiaimmigration-in-western-canadaで閲覧可能。
2 OECD. Ontario, Canada: reform to support high achievement in a diverse context. *Strong Performers and Successful Reformers in Education: Lessons from PISA for the United States*. Paris: OECD, 2011.
3 Statistics Canada. *Immigration and Ethnocultural Diversity in Canada*. www12.statcan.gc.ca/nhs-enm/2011/as-sa/99-010-x/99-010-x2011001-eng.cfmで閲覧可能。
4 中国が地方ごとに別々に参加し、カナダは各州がまとまって1国として参加していることが気になる場合は、中国をひとつにまとめて、カナダは2009年に6位、2012年に9位だったと言うこともできる。
5 Entorf H, Minoiu N. What a difference immigration law makes: PISA results, migration background and social mobility in Europe and traditional countries of immigration. *ZEW-Centre for European Economic Research Discussion Paper*, (04-017), 2004.
6 National Centre for Education Statistics International Data Explorer.
7 3つの準州は、アクセスが悪いせいもあって（ヌナブト準州などはコミュニティどうしを繋ぐ道路がないので、飛行機を使わなければならない）PISAに参加していない。このため、カナダの15歳児の1.1パーセントはPISAのテ

ストから除外されている。

8 類似点の多さにもかかわらず、各州の得点には開きがある。その原因の大部分は生徒の家庭環境の違いにあると言える。これが各国間の得点差というより、カナダの各州間の得点差の原因を説明するものだということは、カナダ各州間の教育政策の類似からうなずける。同様に、もし、世界のすべての国の教育システムが同じだったとしても、各国の成績は同じにはならず、そのときの得点差の最も大きな原因は、生徒の家庭環境だろう。すなわち、それがカナダの状況だ。

9 社会学教授で、カナダの教育に関する教科書の著者でもあるニール・グッピーへのインタビューより。 'Ontario, Canada: Reform to Support High Achievement in a Diverse Context', *Lessons from PISA for the United States*, (OECD, 2011).

10 Cappon P. Think Nationally, Act Locally: A pan-Canadian strategy for education and training. (2014).

11 ケベック州の早期保育プログラムは5歳児に悪い影響を与えるということが、ある調査でわかった。以下の研究者たちはその原因として、子どもたちが保育園に行くには幼すぎること、期間が長すぎること、ふさわしい資格のある職員が少ないという環境の悪さを挙げている。

Lefebvre P, Merrigan P, Verstraete M. Impact of Early Childhood Care and Education on Children's Preschool Cognitive Development: Canadian Results from a Large Scale Quasi-Experiment. *CIRPÉE. Working Paper* 06-36, 2006. www.cirpee.org/fileadmin/documents/Cahiers_2006/CIRPEE06-36.pdfで閲覧可能。

12 幼稚園に通う5歳児が著しく増加した（3分の1からほとんど全員へ）のは、1960年代。

13 Cornelius-White J. Learner-centered teacher-student relationships are effective: a meta-analysis. *Review of Educational Research* 2007;77(1):113-43.

14 Jennifer Walner. *Learning to School: Federalism and Public Schooling in Canada*. Toronto: Toronto University Press, 2014:54.

15 OECD (2014). Are grouping and selecting students for different schools related to students' motivation to learn? PISA in Focus 39. Paris: OECD.

16 Pashler, H., McDaniel, M., Rohrer, D., & Bjork, R. (2008). Learning styles concepts and evidence. *Psychological Science in the Public Interest*, 9(3), 105-119;105.

第15章

注

1　オンタリオ州にも学年レベルの達成目標に見出しがつけられているが、ブリティッシュコロンビア州の「まだ目標に至っていない」のような、「否定的な言葉」は使われていない。むしろ彼らは、子どもたちが何を達成したかに焦点を当てている。

2　この考え方がよくわかる説明としては、Daisy Christodoulouのブログ‘The Wing to Heaven’を参照のこと。この中で彼女は比較判断について書いている。

3　ある意味では、絶対評価のテストでさえ、特定の年齢グループの標準という比較対象に基づいている。なぜなら、その基準をもとに判断するのは人間であり、彼らの判断には、「それまでの年月に子どもたちが達成できたこと」という基準も入っているからだ。もし、本文のようなことが実際に起こって、カナダのすべての4年生の子どもたちが学年の達成目標を満たすか、上回れば、達成目標がじゅうぶん高かったのかという批判が当然起こるだろうし、少なくとも関係者が内省することになるだろう。とはいえ、やはり子どもたちが一定の基準によって評価されるか相対的に評価されるか、ということのあいだには、はっきりとした違いがある。

4　British Columbia Ministry of Education. Gifted Education - A Resource Guide for Teachers. www.bced.gov.bc.ca/specialed/gifted/giftedlearners.htmで閲覧可能。2016年6月2日にアクセス。

5　Hattie J. *Visible Learning: A Synthesis of Over 800 Meta-analyses Relating to Achievement*. Abingdon: Routledge, 2008.

6　Kanevsky LS. A survey of educational acceleration practices in Canada. *Canadian Journal of Education* 2011;34(3):153-80.

7　King LA, Burton CM. The hazards of goal pursuit. Chang EC, Lawrence J (eds). *Virtue, Vice, and Personality: The Complexity of Behavior*. Washington, DC: American Psychological Association, xxvi, 2003:53-69.

8　Dunae P. The School Inspectorate 1856 - 1973. www2.viu.ca/homeroom/content/Topics/Programs/inspect.htmで閲覧可能。

第16章

1　Hough LM, Oswald FL. Personnel selection: Looking toward the future-remembering the past. *Annual Review of Psychology* 2000;51:631-64.

2　Döbert H, Klieme E, Sroka W. *Conditions of School Performance in Seven Countries*. Waxmann Verlag, 2004.

3　Stokke A. What to do about Canada's declining math scores. Commentary 427, CD. Howe Institute, Toronto, 2015. www.cdhowe.org/sites/default/files/

attachments/research_papers/mixed/commentary_427.pdfで閲覧可能。

4 問題解決型学習は、下記のGijbels (2005)以後、明確に定義づけられた。それによれば、問題解決型学習には、次の6つの中核となる特徴がある。学習は生徒中心であること、学習は少人数のグループで行なうこと、教師は進行役あるいは案内役であること、根幹の問題は学習のはじめに提示されていること、途中で直面した問題は必要な知識や最終的な問題解決に必要な問題解決スキルを獲得するためのツールとして使うこと、新しい情報は自主学習を通して獲得すること、だ。「問題解決型学習」と「発見学習」は、よく同義のものとして用いられるが、メロ＝シルバーらは、両者のあいだには明確な区別があり、発見学習の場合は教師の指導が少ないので効果も劣ると言う。引用した研究は問題解決型学習に注意を向けているので、学齢期の子どもを支える知識や理解の有効性に関する証拠が乏しいのが残念だ。

Gijbels D, Dochy F, Van den Bossche P, Segers M. Effects of problem-based learning: a meta-analysis from the angle of assessment. *Review of Educational Research* 2005;75(1):27-61.

Hmelo-Silver CE, Duncan RG, Chinn CA. Scaffolding and achievement in problem-based and inquiry learning: a response to Kirschner, Sweller, and Clark (2006). *Educational Psychologist* 2007;42(2):99-107.

5 Kirschner PA, Sweller J, Clark RE. Why minimal guidance during instruction does not work. *Educational Psychologist* 2006;41(2):75-86.

6 Hattie J. Visible learning: a synthesis of over 800 meta-analyses relating to achievement. Abingdon: Routledge, 2008.

7 Echazarra A, Salinas D, Mendez I, et al. *How Teachers Teach and Students Learn*. Paris: OECD, 2016.

8 作業記憶の限界のせいで、子どもたちが予備知識なしに問題を解決できる程度は限られているという主張だ。詳しくはKirschner et al. (2006)を参照のこと。

9 Haeck C, Lefebvre P, Merrigan P. *All students left behind: an ambitious provincial school reform in Canada, but poor math achievements from grade 2 to 10.*

10 Coe R, Aloisi C, Higgins S, Elliot Major L. *What makes great teaching? Review of the underpinning research*. Centre for Evaluation and Monitoring/The Sutton Trust, Durham, 2014.

11「教授法《ディダクティーク》」とPCKには共通点が多いが、違いも大きい。ケベック州の「教授法」はヨーロッパ大陸の伝統に基づいている。数学を教える際にさまざまな比喩を使うことの長所や弱点というような、カリキュラム設計の問題はそ

のひとつだ。「教授法」では、たとえば負数を教える際に、銀行の預金残高、温度、水深などを例として用いる。両者の違いを指摘してくれたディラン・ウィリアムに心から感謝する。

12 前掲、Hattie (2008): 211.

第17章

1 私が訪れたすべての国が、5つの原則全部を実行しているわけではないが、それぞれの原則は、これらの優れた教育システムの少なくとも4つで取り入れられている。

2 Formby S. *Children's early literacy practices at home and in early years settings: Second annual survey of parents and practitioners*. National Literacy Trust, 2014.

3 Aunio P, Aubrey C, Godfrey R, et al. Children's early numeracy in England, Finland and People's Republic of China. *International Journal of Early Years in Education* 2008;16(3):203-21.

4 Alexander R. *The Education of Six Year Olds in England, Denmark and Finland: An International Comparative Study*. London: Ofsted, 2003.

5 Nah KO. A comparative study of mathematics education practices in English and Korean preschools focusing on implementation of curriculum content. *KEDI Journal of Educational Policy* 2011;8(1):

6 Whitburn J. Contrasting approaches to the acquisition of mathematical skills: Japan and England. *Oxford Review of Education* 1996;22(4):415-34. この研究は1996年のものだが、この研究の内容はまだ生きていて、日本の保育園や幼稚園は今も遊びを基本にしている。

7 Bassok D, Latham S, Rorem A. Is Kindergarten the new first grade? Working *Paper Series*, No. 20. http://curry.virginia.edu/uploads/resourceLibrary /20_Bassok_Is_Kindergarten_The_New_First_Grade.pdf; 2015で閲覧可能。

8 Sylva K, Nabuco M. Research on quality in the curriculum. International *Journal of Early Childhood* 1996;28(2):1-6.

Elkind D, Whitehurst G. Young Einsteins. Much too early: much too late. *Education Matters* 2001;1(2):8-21.

Dee T, Sievertsen H. The gift of time? School starting age and mental health. NBER *Working Paper No. 21610*, 2015. http://www. literacytrust.org.uk / assets/0002/4082/EY_Final_report_2014.pdfで閲覧可能。

Black S, Devereux P, Salvanes K. Too young to leave the nest? The effects of school starting age. *The Review of Economics and Statistics* 2011;93(2):455-67.

9 Kavkler M, Tancig S, Magajna L, Aubrey C. Getting it right from the start? The influence of early school entry on later achievements in mathematics. *European Early Childhood Education Research Journal* 2000;8(1):75-93.

McGuinness C, Sproule L, Bojke C, Trew K, Walsh G. Impact of a playbased curriculum in the first two years of primary school: literacy and numeracy outcomes over seven years. *British Educational Research Journal* 2014;40(5):772-95.

Schmerkotte H. Ergebnisse eines Vergleichs von Modellkindergarten und Vorklassen in Nordrhein-Westfalen Results from a comparison of typical kindergartens and preschools in North Rhine-Westphalia. *Bildung und Erziehung* 1978;31:401-11.

10 Marcon R. Moving up the grades; relationship between pre-school model and later school success. *Early childhood Research and Practice* 2002;4(1):517-30.

Suggate S, Schaughency E, Reese E. Children learning to read later catch up to children reading earlier. *Early Childhood Research Quarterly* 2013;28:33-48.

11 Aunio P, Aubrey C, Godfrey R, Pan Y, Liu Y. Children's early numeracy in England, Finland and People's Republic of China. *International Journal of Early Years Education* 2008;16(3):203-21.

12 Heckman JJ. Schools, skills, and synapses. *Economic Inquiry* 2008;46(3):289-324.

13 同上。

14 前掲、Aunio, et al. (2008).

15 Ee J, Wong K, Aunio P. Numeracy of Young Children in Singapore, Beijing Helsinki. *Early Childhood Education Journal* 2006;33(5).

16 Nurturing Early Learners: A curriculum for kindergartens in Singapore. Numeracy. www.moe.gov.sg/docs/defaultsource/document/education/preschool/files/nel-edu-guide-numeracy.pdfで閲覧可能。

17 OECD (2015). Helping Immigrants Succeed at School - and Beyond. https://www.oecd.org/education/Helping-immigrantstudents-to-succeed-at-school-and-beyond.pdfで閲覧可能。

18 Bransford JD, Brown AL, Cocking RR. *How People Learn: Brain, Mind, Experience, and School*. Washington DC: National Academy Press, 1999.

19 この部分では、Tim Oates (2010) 、Schmidt and Prawat (2006)の二つの研究が非常に参考になったので、以下に推奨しておく。

Oates T. *Could Do Better*. Cambridge: Cambridge Assessment, 2010.

Schmidt WH, Prawat RS. Curriculum coherence and national control of

education: issue or non_issue? *Journal of Curriculum Studies* 2006;38(6):641-58.

20 注意。国定のカリキュラムはかならずしも政府が作成する必要はなく、国家的な規模の非政府団体でもかまわない。重要なのは、教師に信頼されることだ。

21 Van de Werfhorst HG, Mijs JJ. Achievement inequality and the institutional structure of educational systems: a comparative perspective. *Annual Review of Sociology* 2010;36:407-28.

22 この違いを指摘してくれたティム・オーツに感謝する。

23 PISAによれば、社会経済的状況と読解と数学の成績を集計してみると、移民の子どもたちで職業訓練コースに進む者は、移民でない子どもたちより44パーセントも多いという。不利な状況に置かれた移民が職業訓練コースやレベルの低いコースに進まざるをえないというシステムは、彼らが習得できる学問的なスキルを制限するだけでなく、将来、社会的地位の高い専門職に就く機会も閉ざしてしまうことになる。

24 Hanushek E, Woessmann L. Does educational tracking affect performance and inequality? Differences-In-Differences Evidence Across Countries. *Economic Journal* 2006;116:63-76.

Woessmann L. International Evidence on School Tracking: A Review. CESifo DICE Report - *Journal for Institutional Comparisons* 2009;7(1):26-34.

Horn, D. Age of selection counts: A cross-country comparison of educational institutions. *Arbeitspapiere - Mannheimer Zentrum für Europäische Sozialforschung*; 107. http://www.mzes.uni-mannheim.de/ publications/wp/wp-107.pdf; 2008で閲覧可能。

Duru-Bellat M, Suchaut B. Organisation and context, efficiency and equity of educational systems: what PISA tells us. *European Educational Research Journal* 2005;4(3):181-94.

25 Jakubowski M, Patrinos HA, Porta EE, Wisniewski J. The Impact of the 1999 Education Reform in Poland. *Policy Research Working Paper 5263*. Human Development Network Education, 2010.

26 Carlgren I. The Swedish comprehensive school-lost in transition? *Zeitschrift für Erziehungswissenschaft* 2009;12(4):633-49.

27 私が訪れたどの国でも、この役目に就いているのは資格のある教師だった。一方で、正規の教員養成課程を経ていない指導者でも、熱意があって十分な教育を受けている場合には、子どもの勉強面およびその他の面での向上をもたらすことは可能だとする証拠も見いだされている。Cook, et al (2014), The

(Surprising) Efficacy of Academic and Behavioral Intervention with Disadvantaged Youth: Results from a Randomized Experiment in Chicago, *NBER Working Paper No. 19862*.

28 Hill HC, Rowan B, Ball DL. Effects of Teachers' Mathematical Knowledge for Teaching on Student Achievement. *American Educational Research Journal* 2005;42(2):371-406.

Sadler PM, Sonnert G, Coyle HP, Cook-Smith N, Miller JL. The influence of teachers' knowledge on student learning in middle school physical science classrooms. *American Educational Research Journal* 2013;50(5):1020-49.

Deans for Impact (2015). *The Science of Learning*. Austin, TX: Deans for Impact, www.deansforimpact.org/pdfs/The_Science_of_ Learning.pdfで閲覧可能。

29 Pomerance L, Greenberg J, Walsh K. Learning about learning: *What Every New Teacher Needs to Know*. Washington, DC: The National Council of Teacher Quality, 2016.

30 前掲、Coe, et al. (2014).

31 ここに、効果的で優れた教え方と学び方に関する5本の論考を紹介しておく。

Ko J, Sammons P. *Effective Teaching: A Review of Research and Evidence*. Reading: CfBT Education Trust, 2013.

前掲、Coe, et al. (2014).

Deans for Impact (2015). The Science of Learning, Austin, TX: Deans for Impact. www.deansforimpact.org/pdfs/The_Science_of_ Learning.pdfで閲覧可能。

Pashler H, Bain PM, Bottge BA, et al. Organizing Instruction and Study to Improve Student Learning. *IES Practice Guide NCER 2007-2004*. Washington, DC: National Center for Education Research, 2007.

前掲、Hattie J. (2008).

32 Byron K, Khazanchi S, Nazarian D. The relationship between stressors and creativity: a meta-analysis examining competing theoretical models. *Journal of Applied Psychology* 2010;95(1):201.

33 Mourshed M, Chijioke C, Barber M. *How the World's Most Improved Systems Keep Getting Better*. New York: McKinsey & Co, 2010:70.

34 Diamond J, Spillane J. High-stakes accountability in urban elementary schools: challenging or reproducing inequality? *The Teachers College Record* 2004;106(6):1145-76.

35 Neal D, Schanzenback DW. Left behind by design: proficiency counts and est-

based accountability. *The Review of Economics and Statistics* 2010;92(2):263-83.

36 Jacob B. Accountability, incentives and behavior: the impact of high-stakes testing in Chicago public schools. *Journal of Public Economics* 2005;89(5-6):761-96.

Jennings J. Below the bubble: educational triage and the Texas accountability system. *American Educational Research Journal* 2005;42(2):231-68.

37 Jacob BA, Levitt SD. *Rotten Apples: An Investigation of the Prevalence and Predictors of Teacher Cheating* (No. w9413). Cambridge, MA: National Bureau of Economic Research, 2003.

38 上海とシンガポールは、子どもたちを能力によって別々の学校に振り分ける年齢をいまだに引き上げてはいない（上海は取り組み中だが）。したがって、これらの教育システムは高い成果をあげているが、公平ではない。

39 Jerrim J, Vignoles A. *The Causal Effect of East Asian 'Mastery' Teaching Methods on English Children's Mathematics Skills* (No. 15-05). Department of Quantitative Social Science-UCL Institute of Education. London: University College London, 2015.

第18章

1 Zeehandelaar D, Northern AM. *What Parents Want: Education Preferences and Trade-offs: A National Survey of K-12 Parents*. Washington, DC: Thomas B. Fordham Institute, 2013.

2 HSBC. The Value of Education: Learning for Life. www.google.com/search?client=safari&rls=en&q=The+Value+of+Education:+Learning+for+Life%E2%80%99&ie=UTF-8&oe=UTF-8&gfe_rd=cr&ei=u65aV6X1EHc8geTho3wCA; 2015で閲覧可能。2016年6月6日にアクセス。

3 Bol T, Van de Werfhorst HG. Educational systems and the trade-off between labor market allocation and equality of educational opportunity. *Comparative Education Review* 2013;57(2):285-308.

4 OECD. *Ready to Learn: Students' engagement, drive and self-beliefs*. Paris: OECD Publishing, 2013.

5 同上。

6 Bransford JD, Brown AL, Cocking RR. *How People Learn: Brain, Mind, Experience, and School*. Washington, DC: National Academy Press, 2000.

7 Pellegrino JW, Hilton ML. *Education for Life and Work: Developing Transferable Knowledge and Skills in the 21st Century*. Washington, DC: National Academies Press, 2012.

8 Dignath C, Buettner G, Langfeldt HP. How can primary school students learn self-regulated learning strategies most effectively? A meta-analysis on self-regulation training programmes. *Educational Research Review* 2008;3(2):101-29.
9 Scott G, Leritz LE, Mumford MD. The effectiveness of creativity training: A quantitative review. *Creativity Research Journal* 2004;16(4):361-88.
10 Kirschner PA, Sweller J, Clark RE. Why minimal guidance during instruction does not work: An analysis of the failure of constructivist, discovery, problem-based, experiential, and inquiry-based teaching. *Educational Psychologist* 2006;41(2):75-86.

日本《にほん》の15歳《さい》はなぜ学力《がくりょく》が高《たか》いのか？
５つの教育大国に学ぶ成功の秘密
2017年10月10日　初版印刷
2017年10月15日　初版発行
＊
著　者　ルーシー・クレハン
訳　者　橋《はし》川《かわ》　史《ふみ》
発行者　早川　浩
＊
印刷所　中央精版印刷株式会社
製本所　中央精版印刷株式会社
＊
発行所　株式会社　早川書房
東京都千代田区神田多町２－２
電話　03-3252-3111（大代表）
振替　00160-3-47799
http://www.hayakawa-online.co.jp
定価はカバーに表示してあります
ISBN978-4-15-209715-6　C0037
Printed and bound in Japan
乱丁・落丁本は小社制作部宛お送り下さい。
送料小社負担にてお取りかえいたします。

ハヤカワ・ノンフィクション

9《ナイン》プリンシプルズ

——加速する未来で勝ち残るために

WHIPLASH
伊藤穰一＆ジェフ・ハウ
山形浩生訳
46判並製

MITメディアラボ所長が
クラウドソーシングの父と組んで贈る
「AI時代の仕事の未来」

「地図よりコンパス」「安全よりリスク」「強さよりレジリエンス」……追いつくのも困難な超高速の変革がデフォルトの世界で生き残るには、まったく発想の異なる戦略が必須だ。屈指の起業家とジャーナリストによる必読のイノベーション／ビジネスマニュアル。